AF545463

KONSTANTIN LEHMANN

DIE RESILIENZ SCHMIEDE

Erschaffe deine unzerstörbare Rüstung

Email: info@edition-lunerion.de
www.edition-lunerion.de

Psiana eCom UG
Berumer Str. 44
26844 Jemgum

INHALT

Schmiede deine Resilienzrüstung!

Manche Menschen sind wahrlich beeindruckende Persönlichkeiten. Lässt man sich von ihnen ihre Lebensgeschichte erzählen, kann man es kaum glauben, was ihnen widerfahren ist. Und trotzdem stehen sie nun vor einem – stark, selbstbewusst und wohlauf. Wie kann es sein, dass Menschen nicht an ihrer Vergangenheit zerbrochen sind? Wie ist es ihnen gelungen, einen solch harten Schicksalsschlag zu überwinden und sogar gestärkt daraus hervorzugehen, während er andere Menschen ins lebenslange Verderben geführt hätte? Wie ist es möglich, dass diese Menschen ihr Leben heute als glücklicher und zufriedener als noch vor dem traumatischen Ereignis beschreiben? Was Menschen mit dieser inneren Stärke verbindet, ist eine Art Superkraft: **Es ist die Fähigkeit der sogenannten Resilienz.** Was genau das ist und wie auch du diese Anlage in dir hervorrufen und stärken kannst, ist das Thema dieses Buches. Habe nun viel Freude bei der Entdeckung deiner persönlichen Resilienz.

Hinweis: In diesem Buch findest du an verschiedenen Stellen QR-Codes, die dich zu Audiodateien führen. Falls du keine Möglichkeit hast, diese zu scannen, kannst du alle Dateien auch über diesen Link finden: https://bit.ly/48GGb8h

RESILIENZ: HAT MAN SIE ODER HAT MAN SIE NICHT?

Was verbirgt sich nun hinter der mysteriösen Superkraft, die manchen Menschen in besonders schweren Zeiten beisteht? Resilienz ermöglicht dir, trotz widrigster Umstände den Mut nicht zu verlieren. Sie sorgt dafür, dass du deine Zuversicht behältst, selbst innerhalb von Krisen und Schicksalsschlägen. Schwerwiegende Herausforderungen und Traumata kannst du mithilfe der Resilienz besser verarbeiten und du kannst sogar lernen, wie du diese für dich nutzt. **Kurz gesagt:** Du wirst dazu befähigt, Druck auszuhalten, ohne daran zu zerbrechen, oder wie Winston Churchill einmal passend sagte:

„Die Kunst ist, einmal mehr aufzustehen, als man umgeworfen wird."

Der Begriff Resilienz stammt aus dem lateinischen „resiliere", was mit „abprallen", „nicht anhaften" oder „zurückspringen" übersetzt werden kann. Damit wird die Bedeutung des Wortes bereits sehr gut beschrieben, denn Resilienz umfasst die Fähigkeit, Widerstände, Krisen oder Traumata an sich abprallen zu lassen, statt sich von diesen niederdrücken zu lassen. Die Bezeichnung stammt ursprünglich aus der Materialkunde, denn Stoffe, die selbst bei extremen Spannungen nicht zerbrechen oder kaputt gehen, sondern zu ihrer ursprünglichen Beschaffenheit zurückkehren, werden als resilient bezeichnet. So ist zum Beispiel Gummi ein überaus resilientes

Material, aber auch Bambus zeichnet sich durch seine Nachgiebigkeit und Elastizität aus.

Ebenso kann auch die Psyche des Menschen „federnd" sein, Stöße „abprallen" lassen und nach schmerzhaftem Druck wieder in den Ursprungszustand „zurückspringen". Sie kann tatsächlich mit einem Bambus verglichen werden, der selbst bei starkem Wind und Wetter nicht brechen kann, weil er dank seiner inneren Spannkraft und Belastbarkeit äußerem Druck einfach nachgibt, statt dagegenhalten zu wollen. Diese Persönlichkeiten, die wir als resilient bezeichnen, zerbrechen nicht an Problemen und lassen sich nicht unterkriegen, auch wenn das Leben einmal hart ist. Mit einer beeindruckenden Widerstandsfähigkeit begegnen sie den Launen des Schicksals und halten aus, was kaum auszuhalten scheint. Es sind wahre Stehaufmännchen, die sich – komme, was wolle – immer wieder zurück auf ihre Füße aufraffen, selbst dann, wenn sie wiederholt von schweren Krisen umgeworfen wurden.

Resiliente Menschen sind in der Lage, Störungen und Veränderungen in ihrem Leben zu verkraften und sich darauf einzustellen, ohne dass sich grundlegend etwas verändert. Sie gleichen also Traumata und Schicksalsschläge mithilfe der inneren Widerstandsfähigkeit so aus, dass diese nicht ihr Leben überschatten und negativ beeinflussen können. Sie sind psychisch gesehen so robust, dass sie traumatische Ereignisse sogar für sich nutzen, obwohl diese ursprünglich nichts Gutes an sich zu haben schienen. Es ist eine Kunst, sich aus der Asche zu erheben, nachdem ein Schicksalsschlag wie Feuer das eigene Leben verbrannte. Und es ist schon fast ein Wunder, als Phönix daraus hervorzugehen. Denk nur einmal an den weltberühmten Astrophysiker Stephen Hawking, der bereits früh an der Nervenkrankheit ALS (Amyotrophe Lateralsklerose), einer unheilbaren Nervenkrankheit, erkrankte und dennoch die Wissenschaft maßgeblich prägte, oder an den Schauspieler Arnold Schwarzenegger, der in jungen Jahren jeden Tag physische Gewalt durch seinen Vater ertragen musste und dennoch zu einer selbstbewussten und starken Weltberühmtheit auf der Leinwand heranreifte. Dies sind jedoch nur ein paar wenige bekannte Beispiele für resiliente Menschen, die es ansonsten zahlreich auf der ganzen Welt gibt. Denn Resilienz ist eigentlich gar keine Superkraft, denn das würde bedeuten, dass nur wenige Auserwählte mit dieser gesegnet wären und der Ottonormalverbraucher sich keinerlei Hoffnung zu machen bräuchte, jemals Zugang zu diesem Geschenk zu bekommen. Nein, keineswegs, denn resiliente Menschen sind genau wie du und ich. Jeder kann die Fähigkeit der Resilienz besitzen und in sich kultivieren. Natürlich gibt es Persönlichkeiten, die von sich aus bereits robuster und widerstandsfähiger sind als andere, trotzdem kann Resilienz erworben und weiter ausgebaut werden. Wie bei vielen Dingen im Leben ist dies ein lebenslanger Weg, den es jedoch zu beschreiten lohnt. Zunächst erhältst du einen Überblick darüber, welche Qualitäten die Grundpfeiler der Resilienz darstellen, bevor du die Faktoren kennenlernst, die die psychische Widerstandsfähigkeit steigern und vermindern.

Was resiliente Menschen auszeichnet: Die Grundpfeiler der Resilienz

Hast du schon einmal den abgedroschenen Spruch „Was mich nicht umbringt, macht mich stark“ gehört? Genau das beschreibt Resilienz ziemlich gut. Menschen mit dieser Fähigkeit gelingt es, selbst in stressigen Situationen Ruhe zu bewahren, den Überblick zu behalten und die persönliche Leistungsfähigkeit beizubehalten. Doch was genau zeichnet diese Menschen eigentlich aus?

- **Optimismus**: Menschen, die die Fähigkeit der Resilienz besitzen, müssen zumindest einen gewissen Grad an Optimismus in sich tragen, denn wer den Launen des Schicksals standhalten will, muss trotz aller Probleme positiv in die Zukunft blicken können. Diese Persönlichkeiten betrachten Krisen als Herausforderungen, die temporär sind und überwunden werden können.

- **Realismus**: Trotz allem Optimismus bleiben resiliente Menschen stets auf dem Boden der Tatsachen. Es wird weder beschönigt noch unterdrückt. Sie akzeptieren die Dinge so, wie sie sind. Diese Persönlichkeiten stecken sich deshalb realistische Ziele.

- **Zielstrebigkeit**: Bleiben wir bei den Zielen: Eine weitere Qualität widerstandsfähiger Menschen ist es, sich klare Ziele zu stecken und diese diszipliniert zu verfolgen. Selbst bei auftretenden Problemen und Rückschlägen fühlen sie sich nicht entmutigt, um aufzugeben. Dabei ist jedoch anzumerken, dass diese Menschen keineswegs starrsinnig und ohne Rücksicht auf Verluste vorgehen, sondern stets wissen, wann ein Ziel noch Sinn ergibt und wann es aufgegeben werden sollte.

- **Analysefähigkeit**: Um Herausforderungen bewältigen zu können, müssen resiliente Menschen erst einmal das eigene Denken und Handeln hinterfragen können. Haben bestimmte Verhaltensweisen Probleme hervorgerufen, so können diese nicht durch dieselben Muster behoben werden. In der Regel befindet sich deshalb die Lösung außerhalb der eigenen starren Gedanken- und Handlungsstrukturen. Resiliente Menschen sind in der Lage, ihre Perspektive anzupassen, um so alternative Wege aufzudecken.

- **Anpassungsfähigkeit**: Resiliente Menschen sind keineswegs starr, wenn es um ihre Ansichten und Ziele geht. Solange diese realistisch sind und zur Verbesserung der Gesamtsituation beitragen, werden sie beibehalten und weiterhin verfolgt. Ändert sich die Situation jedoch, wodurch sich andere Strategien als sinnvoller und effektiver herausstellen, so passen diese Persönlichkeiten ihre Vorhaben und Einstellungen dementsprechend an.

- **Selbstbewusstsein**: Persönlichkeiten mit Widerstandsfähigkeit zweifeln nicht an sich selbst und den eigenen Fähigkeiten. In ihnen ruht der feste Glaube, mit dem Leben zurechtkommen zu können. Sie haben die Rolle des Opfers abgelegt und betrachten sich vielmehr als Schöpfer, der das Glück in seinen eigenen Händen trägt.

- **Handlungskontrolle**: Resiliente Menschen übernehmen Verantwortung für ihre Taten und bleiben deshalb nicht passiv, sondern nehmen aktiv am Leben teil. Statt impulsiv zu handeln, überlegen sie lieber zweimal, bevor sie etwas tun. Eine weitere ihrer Qualitäten ist der sogenannte Gratifikationsverzicht, der ihnen erlaubt, auf sofortige Belohnungen zu verzichten, insofern dies das Erreichen eines zukünftigen Ziels unterstützt.

• **Impulskontrolle**: Resiliente Persönlichkeiten haben das große Ganze im Blick und können deshalb auch Aufgaben bewältigen, die sie eigentlich nicht mögen, die jedoch notwendig sind. Sie sind zielorientiert und konzentriert bei der Sache.

• **Aufgeschlossenheit**: Widerstandsfähige Persönlichkeiten sind sich bewusst, dass sie soziale Wesen sind, und nutzen daher auch die Ressourcen ihrer Mitmenschen bei der Bewältigung von Krisen. Stabile und langfristige zwischenmenschliche Beziehungen spielen in ihrem Leben eine bedeutsame Rolle. Ihre Einfühlsamkeit und Kommunikationsfähigkeit zeugen von einer hohen emotionalen Intelligenz.

• **Gefühlsstabilität**: Um einen Schicksalsschlag in eine Wachstumschance zu transformieren, muss ein resilienter Mensch in der Lage sein, seine eigenen Gefühle anzunehmen und diese zu ergründen. Erst dadurch können sie ihre Empfindungen so steuern, dass sie zur Bewältigung der Krise beitragen.

Schutzfaktoren der Resilienz: Faktoren, die die psychische Widerstandsfähigkeit steigern

Es gibt gewisse Faktoren, die unsere Fähigkeit der Resilienz begünstigen. Diese werden als Schutzfaktoren bezeichnet und beinhalten physische wie psychische Dinge, die sich förderlich auf die Widerstandsfähigkeit eines Menschen auswirken. Hier findet eine Unterteilung in

- personale und
- soziale Ressourcen

statt. Die **personalen Ressourcen** umfassen alles, was innerhalb der Persönlichkeit auf kognitiver und emotionaler Ebene geschieht, wozu die Selbstwahrnehmung, Selbststeuerung, Selbstwirksamkeit, soziale Kompetenz, Problemlösungsorientierung und der Umgang mit stressigen Situationen gehören. Die **sozialen Ressourcen** hingegen richten den Fokus auf das, was außerhalb der eigenen Persönlichkeit vonstattengeht. Dementsprechend zählen zwischenmenschliche Bindungen, für das eigene Leben prägende

Personen, die Familie oder die Erziehung hierzu. Auch das soziale Umfeld eines Menschen einschließlich der vorherrschenden politischen Lage, der Kultur oder die finanzielle Situation der Familie spielt hier eine Rolle.

Der bedeutendste Schutzfaktor der Resilienz: Das soziale Netzwerk

Eine Langzeitstudie mit der Bezeichnung „The children of Kauai: Resiliency and recovery in adolescence and adulthood" (zu Deutsch: Die Kinder von Kauai: Resilienz und Erholung in der Jugend und im Erwachsenenalter) von 1992 der amerikanischen Psychologin Emmy Werner zeigte auf, dass eine enge Korrelation zwischen den zwischenmenschlichen Beziehungen und der Fähigkeit zur Resilienz besteht. Um Krisen bewältigen und Schicksalsschläge meistern zu können, benötigt der Mensch zumindest eine einzige stabile und vertrauensvolle Bindung zu einer Bezugsperson. Das muss nicht zwangsläufig ein Elternteil sein, denn auch ein Freund oder andere Verwandte können diese Rolle einnehmen. Der zentrale Punkt ist, dass diese Bezugsperson unterstützend einwirkt und Wertschätzung entgegenbringt. Demnach ist es für deine psychische Widerstandsfähigkeit essenziell, dass du in deiner Kindheit durch eine verlässliche Bezugsperson Unterstützung erhalten hast und auch als Erwachsener ein Teil eines stabilen sozialen Netzwerkes darstellst.

Weitere Schutzfaktoren

Neben dem sozialen Netzwerk, das von entscheidender Bedeutung ist, spielen weitere Faktoren eine Rolle bei der Fähigkeit der Resilienz. Unter anderem ist die **soziale Kompetenz** ein wichtiger Punkt, denn ist der Mensch in der Lage, auch nach Hilfe fragen zu können, wenn er sie braucht, wird ihm bewusst, dass er nicht alle Probleme allein bewältigen muss. Dies macht ihn wiederum resilienter, da er weiß, dass andere Menschen ihm den Rücken stärken. Des Weiteren ist die **Selbststeuerung** ein Schutzfaktor, der uns ermöglicht, in schwierigen Situationen gefühlstechnisch angemessen zu reagieren. Eine gute **Selbstwahrnehmung** stellt sicher, dass wir unsere Fähigkeiten realistisch einschätzen können. Die **Fähigkeit, Verantwortung zu übernehmen**, katapultiert dich aus der Opfermentalität heraus und erinnert dich daran, dass du selbst Schöpfer deiner Emotionen, Gedanken, Worte, Taten und der Situation bist. **Akzeptanz** ist ein weiterer Schutzfaktor, der Resilienz fördert, da du fähig bist, die Veränderungen des Lebens anzunehmen, wenn du sie nicht beeinflussen kannst. Natürlich zählt auch der **Optimismus** zu dieser Liste, denn er lässt dich zuversichtlich in die Zukunft blicken und erinnert dich daran, dass es sich immer lohnt, aufzustehen und weiterzumachen. Eine **Problemlösungskompetenz** wirkt sich ebenso positiv auf die Resilienz aus, genauso wie die **Zukunftsorientierung**, bei der du dein Denken langfristig ausrichtest. Zudem ist es wichtig, mit **Stress umgehen** zu können, denn erst dann gelingt es dir, selbst bei widrigsten Umständen auf deine Fähigkeiten zurückzugreifen. Ein weiterer Schutzfaktor besteht in der **Fähigkeit, mit vorhandenen Ressourcen haushalten zu können**. Zudem hilft das **Gefühl der Kohärenz** bei der Überwindung schwerer Krisen, denn dieses ermöglicht dir, die Situation als einen Bestandteil des großen Ganzen zu sehen. So kannst du erkennen, dass es einen höheren Sinn hinter der Bewältigung deiner Herausforderungen gibt.

Risikofaktoren: Faktoren, die die psychische Widerstandsfähigkeit mindern

Spannend sind zudem jene Dinge, die dich daran hindern, Resilienz zu entwickeln oder zu kultivieren. Die sogenannten Risikofaktoren der Resilienz beschreiben Faktoren, die mit der physischen sowie psychischen Gesundheit des Menschen in Konflikt geraten. Man kann jedoch nicht sagen, dass diese Risikofaktoren grundsätzlich negativ für dich sind, denn es sind die Herausforderungen des Lebens, die dein innerstes Potential hervorlocken. Wenn du niemals irgendwelchen Krisen ausgesetzt wärst, würdest du nichts Neues mehr hinzulernen und du könntest als Persönlichkeit nicht wachsen. Diese Entwicklung kann nämlich nur auf Grundlage von Dingen und Situationen geschehen, die zunächst über deinen derzeitigen Fähigkeiten und Kompetenzen liegen. Stellst du dich jedoch diesen Bewältigungsaufgaben, wirst du daran wachsen. Ohne Risikofaktoren gäbe es also kein persönliches Wachstum und damit auch keine Resilienz. Gäbe es keine Krisen, bräuchte der Mensch schließlich keine innere Widerstandsfähigkeit, um mit diesen zurechtzukommen. Natürlich ist es von Mensch zu Mensch abhängig, inwiefern ein Risikofaktor einen Einfluss auf die Persönlichkeit hat. Je sensibler er auf diesen reagiert, desto intensiver nimmt er ihn wahr. Auch, wie häufig die Risikofaktoren auftreten, wie lange sie anhalten und mit welcher Kontinuität sie bestehen, nimmt Einfluss darauf, wie stark sie den Menschen beeinflussen. Die folgenden Auflistungen aus dem Jahr 2022 entstammen der Bundeszentrale für gesundheitliche Aufklärung (kurz: BZgA).

Biologische und genetische Risikofaktoren

- ansteigendes Alter
- männliches Geschlecht
- genetisch bedingte Störungen des Fett- und Glukosestoffwechsels
- genetisch bedingte Arterienverengungen der Herzkranz- oder Hirngefäße
- genetisch bedingte ungünstige Verteilung von Fettgewebe
- oxidativer Stress

Verhaltensbezogene Risikofaktoren

- aktives und passives Rauchen
- schädlicher Alkoholkonsum und -missbrauch
- falsche Ernährung
- Bewegungsmangel, Übergewicht
- erhöhter Blutfettspiegel und Fettstoffwechselstörungen
- Bluthochdruck

Umweltbezogene Risikofaktoren

- Luftverschmutzung
- Schadstoffe und toxische Substanzen (zum Beispiel ionisierende Strahlung, Asbest, Blei und Kohlenmonoxid)
- Belastung durch Lärm, Schichtarbeit, beruflichen Stress, geringe berufliche Entscheidungs- und Handlungsspielräume, fehlende Gratifikation im Beruf
- Belastung durch neue Arbeitsformen (zum Beispiel Veränderung von Lebensrhythmen, Arbeitszeiten und Überforderung)
- unzureichende Möglichkeiten zur Regeneration in den eigenen vier Wänden
- Belastung durch Stressoren (zum Beispiel finanzielle Probleme, Diskriminierung und familiäre Konflikte)
- mangelnde soziale Unterstützung, soziale Isolation und Einsamkeit

WARUM DU RESILIENZ NACHTRÄGLICH SCHMIEDEN KANNST

Resilienz ist eine Fähigkeit, die sich im Laufe jedes Lebens verändert, da sie genauso wandelbar ist wie deine Existenz selbst. Wie du bereits gelernt hast, ist diese Eigenschaft von gewissen Grundpfeilern und Faktoren abhängig, sodass du, wenn du einen Einfluss auf diese nimmst, ebenso deine psychische Widerstandsfähigkeit ganz einfach steigern kannst. Es ist also keineswegs in Stein gemeißelt, ob ein Mensch resilient ist oder nicht.

Du selbst bist der Schmied deiner eigenen Resilienzfähigkeit – daher entstammt der Name dieses Buches: **Die Resilienzschmiede.** Die Fähigkeit, sich nicht so leicht von den Launen des Schicksals umhauen zu lassen und gestärkt aus Krisen hervorzugehen, ist nicht genetisch bedingt und kann deshalb „geschmiedet" werden. Kein Mensch wird als resilient oder nicht resilient geboren, denn es ist eine Qualität, die sich erst mit der Interaktion mit dem persönlichen Umfeld im Laufe des Lebens ergibt. Sicher ist es leichter, mit Herausforderungen umzugehen, wenn du bereits in der Kindheit Werte und Eigenschaften wie

- Selbstwirksamkeit,
- Selbstwertgefühl,
- Selbstständigkeit,
- Durchhaltevermögen,
- Konfliktfähigkeit und
- Mitgefühl

beigebracht bekommen hast. Warst du zusätzlich in der glücklichen Position, stets eine stabile, zuverlässige und vertrauensvolle Bezugsperson an deiner Seite zu haben, die deine Entwicklung unterstützte und dir Wertschätzung entgegenbrachte, weist du im Erwachsenenalter die besten Voraussetzungen für eine bereits ausgeprägte Fähigkeit zur Resilienz auf. Solltest du jedoch nicht zu dieser Gruppe von Menschen gehören, sei nicht entmutigt. Wie bereits gesagt: In jedem Alter kannst du etwas für deine Widerstandsfähigkeit tun. Resilienz entspricht einem lebenslangen Lernen. Genauso, wie sich der Charakter mit der Zeit anpassen kann, kann sich auch die innere Widerstandsfähigkeit verändern. Das Stichwort lautet hier: **Neuroplastizität.**

Neuroplastizität: Die Fähigkeit der ständigen Anpassung

Du hast es der sogenannten Neuroplastizität deines Gehirns zu verdanken, dass du neue Fähigkeiten, wie ein Musikinstrument oder eine Sprache, erlernen kannst. Sie bildet das Fundament für die Lernprozesse des Menschen, und zwar von dem Moment, in dem du geboren wurdest, bis zu deinem letzten Atemzug.

Definition Neuroplastizität:
Neuroplastizität beschreibt die Fähigkeit des Gehirns, sich in seiner Funktion und Struktur durch das Knüpfen und Entfernen neuronaler Verbindungen an neue physiologische Bedingungen anzupassen.

In deinem Gehirn befinden sich etwa 100 Milliarden Nervenzellen, die sich stets verändern. Um die unzähligen Informationen zu verarbeiten, die tagtäglich auf dich einprasseln, werden rund um die Uhr neuronale Verbindungen neu aufgebaut, verstärkt oder abgebaut. Es ist also abhängig von dir selbst und deinem Umfeld, wie sich dein Gehirn formt. Verbindungen zwischen Nervenzellen, die immer wieder genutzt werden, werden weiter ausgebaut und gekräftigt, während all jene, die ungenutzt bleiben, verkümmern.

Beispiel:
Wenn du zum Beispiel sehr gerne und viel kochst, wirst du im Laufe der Jahre immer mehr Fähigkeiten und Wissen in diesem Bereich ansammeln. Weil du dieses praktische Wissen jeden Tag in der Küche zur Anwendung bringst, wird sich dein Gehirn durch ein ausgeprägtes neuronales Netzwerk diesbezüglich darauf einstellen. Wenn du hingegen Mathematik schon immer verabscheut hast und sie glücklicherweise seit der Schulzeit nicht mehr benötigst, wird es nicht lange dauern, bis du all das damals erlernte Wissen rund um Zahlen und Rechnungen einfach vergessen hast, weil dein Gehirn diese Informationen aufgrund von fehlender Verwendung aussortiert.

Demnach gewinnen Gehirnareale an Masse, die regelmäßig im Einsatz sind, da sich mit der Zeit ein umfangreiches Netzwerk aus miteinander verbundenen Nervenzellen aufbaut. So unterliegt dein Gehirn einer ständigen morphologischen Veränderung.

Für die Thematik der Resilienz bedeutet dies, dass du die Qualitäten deiner Persönlichkeit, die mit der inneren Widerstandsfähigkeit korrelieren, fördern musst, um zu bewirken, dass sich dein Gehirn auf mehr Resilienz einstellt. Übst du dich also zum Beispiel in emotionaler Intelligenz, worauf in einem gesonderten Kapitel noch genauer eingegangen wird, stärkst du deine Anpassungsfähigkeit oder verbesserst deine Kommunikationskompetenz, so werden sich neue neuronale Verbindungen diesbezüglich in deinem Gehirn aufbauen und bereits vorhandene werden sich verstärken, denn: Was genutzt wird, wird aufgebaut, was ungenutzt bleibt, verkümmert. Je mehr du deinem Gehirn signalisierst, dass diese Fähigkeiten wichtig für dein Leben sind, indem du sie immer wieder zum Einsatz bringst, desto leichter wird es für dich sein, diese zu kultivieren und anzuwenden. Somit steigerst du automatisch deine eigene Resilienz. Dieser Prozess erfordert jedoch auch die Bereitschaft, an sich selbst zu arbeiten.

Resilienz als Ergebnis von introspektiver Selbstarbeit

Resilienz geht unweigerlich mit der Bewusstwerdung des eigenen Selbst einher. Du musst dich selbst kennenlernen, um zu erkennen, welche Fähigkeiten und Kompetenzen in dir stecken, die dir erlauben, mit den Herausforderungen des Lebens umzugehen. Es ist nahezu unmöglich, dieser introspektiven Arbeit aus dem Weg zu gehen, denn erst der Blick in deine innere Gedanken- und Gefühlswelt eröffnet dir den Raum, der es dir erlaubt, an dich selbst zu glauben und darauf zu vertrauen, dass du stark genug bist, um Krisen zu bewältigen. Ziele können nur erreicht werden, wenn du realistisch bleibst und dich selbst und die Situation analysieren kannst. Ebenso kannst du dich nur den Veränderungen des Lebens anpassen, wenn du dich selbst hinterfragst. Erst das Erkennen und Annehmen deiner Gedanken und Gefühle machen es dir möglich, deine Reaktion auf Probleme zu steuern. Aus diesem Grund ist Selbst-Bewusstsein, und zwar in der direkten Bedeutung des Wortes, von wichtiger Bedeutung für die Resilienz. Wer lernen möchte, widerstandsfähiger zu werden und ernsthaft eine Verbesserung im Leben zu bewirken, kommt also nicht um die introspektive Selbstarbeit umhin. Doch keine Sorge: Mit diesem Buch wird dieser Prozess erleichtert und sogar zu einer spannenden Reise, die dich näher zu deinem inneren Selbst bringt.

Wer braucht Resilienz?

Resilienz geht jeden Menschen etwas an. Das Leben ist nun mal nicht immer ein sprichwörtlicher Ponyhof. Es passieren früher oder später Dinge, mit denen der Betroffene nicht gerechnet hat beziehungsweise die ihn schwer treffen. Wir alle müssen durch harte Zeiten durch, bevor wir wieder die schönen Seiten des Lebens genießen können. Es gibt keinen Ausweg aus dieser natürlichen Ordnung – und das ist auch gut so. Erinnere dich an die Risikofaktoren, die den Menschen zwar bedrohen, aber eben auch für sein persönliches Wachstum sorgen.

Herausforderungen und Krisen im Leben sind eher die Regel als die Ausnahme, weshalb die Frage, wer Resilienz braucht, leicht zu beantworten ist: Wir alle können von mehr psychischer Widerstandsfähigkeit profitieren – ohne Ausnahme.

WIE DU MIT DIESEM BUCH ERFOLGREICH DEINE RESILIENZ AUFBAUEN KANNST

Stelle dir dieses Buch als einen Ratgeber für deine persönliche Resilienzschmiede, mit dir als Schmied deines eigenen Glückes, vor. Wie jeder andere Handwerker auch, benötigst du zum „Bearbeiten" und „Formen" deiner Psyche Utensilien, die es dir erlauben, eine Veränderung zum Positiven vorzunehmen. Es werden dir in diesem Buch deshalb 7 konkrete Werkzeuge an die Hand gegeben, mit denen du aktiv wichtige Qualitäten und Fähigkeiten deiner Persönlichkeit herausarbeiten kannst, die dein Leben bereichern werden. Schon allein die Förderung dieser wird ein Gewinn für dich und deine Mitmenschen sein, doch gleichzeitig wirst du damit deine innere Widerstandsfähigkeit aufbauen können. Visualisiere dich selbst als einen besonders resilienten Menschen mit all seinen Eigenschaften.

- Wer wärst du, wenn du keinen Zweifel daran hegen würdest, dass du fähig dazu bist, die Probleme in deinem Alltag zu lösen?
- Wer wärst du, wenn du Herausforderungen nicht nur meistern würdest, sondern ihnen sogar mit Selbstbewusstsein entgegentrittst, weil du dich auf den damit einhergehenden Wachstumsprozess freust?
- Wer wärst du, wenn du gestärkt aus jedem Schicksalsschlag herausgehen könntest?

Dieses Buch soll an den Alltag angelehnt sein und praktische Tipps und Strategien zur Verfügung stellen, damit du deine Resilienz aufbauen und stärken kannst. Das Ziel ist es, dass du besser in der Lage bist, mit Stresssituationen umzugehen, persönliche Schwierigkeiten zu bewältigen und psychische Widerstandskraft im alltäglichen Leben zu entwickeln. Dabei ist die praktische Anwendung der Übungen und Tipps von Bedeutung, denn die Theorie bringt leider nur wenig, wenn sie nicht in die Tat umgesetzt wird. Deshalb umfasst dieser Ratgeber sämtliche Bereiche deines Lebens, unter anderem deine zwischenmenschlichen Beziehungen innerhalb der Familie, Freundschaft und Partnerschaft sowie deine persönlichen Ziele oder deine berufliche Karriere.

Diese intensive Arbeit in der Resilienzschmiede mit den unterschiedlichen hier vorgestellten Werkzeugen fördert zudem deine allgemeine geistige Gesundheit, indem negative Emotionen reduziert werden, das Selbstwertgefühl gesteigert und insgesamt mehr Wohlbefinden kultiviert wird. All das führt dazu, dass du dir selbst ein widerstandsfähigeres und damit erfüllteres Leben bescheren kannst.

Wie du mit diesem Buch arbeiten kannst

Es wird dir empfohlen, dass du dir dieses Buch Kapitel für Kapitel vornimmst. Im Folgenden werden dir insgesamt sieben Werkzeuge der Resilienzschmiede vorgestellt und näher beleuchtet, wobei jedes mit einigen hilfreichen Übungen und Tipps präsentiert wird:

- die Macht der Selbstwahrnehmung,
- emotionale Intelligenz und soziale Kompetenz,
- die Kunst der Anpassungsfähigkeit,
- die Sinnfindung und Lebensgestaltung,
- die Selbstfürsorge und das Selbstmitgefühl,
- die Kommunikation und Konfliktlösung sowie
- die Resilienz in Beziehungen und der Familie.

Nutze die Techniken, um wirklich eine Veränderung in deinem Leben herbeizuführen und deine Resilienz zu steigern, denn erst dann, wenn du die hier niedergeschriebenen Worte mit deinen Taten zum Leben erweckst, werden sie einen merklich positiven Einfluss auf deine Psyche haben. Du selbst bist jedoch dafür verantwortlich, die Übungen auszuführen. Niemand anders kann dies für dich tun. Erlebe selbst, was diese Techniken für mehr Widerstandsfähigkeit mit dir machen.

Es ist ratsam, dass du die Übungen an den Stellen im Buch ausführst, an denen du dich befindest, um den bestmöglichen Nutzen daraus zu ziehen. Du kannst sie natürlich auch mehrfach ausführen oder an deine Persönlichkeit anpassen, sodass diese noch besser auf deine derzeitige Lage einwirken können. Sehe dieses Buch als Anregung und Motivation für ein besseres und leichteres Leben – dies ist das Hauptanliegen der Resilienzschmiede.

1. Werkzeug: Die Macht der Selbstwahrnehmung

DIE ROLLE DER SELBSTREFLEXION

Wie bereits angedeutet wurde, müssen wir uns zunächst einmal unserem eigenen Selbst bewusst werden, bevor wir uns daran machen, unsere innere Widerstandsfähigkeit zu steigern. Wer sich selbst kennenlernt,

- baut Verständnis für die eigenen Gedanken, Gefühle, Worte und Taten auf,
- lernt, sich selbst anzunehmen und wertzuschätzen,
- wird verstehen, was einem selbst guttut und was nicht,
- erkennt die persönlichen Probleme und Themen, die einen belasten,
- kann Lösungen für diese kreieren,
- erkennt seine Eigenverantwortung an,
- sieht sich selbst als Schöpfer der eigenen Realität,
- kann sein Potenzial erkennen und so besser nutzen,
- entwickelt sich weiter,
- lebt selbstbestimmter und
- macht sich so unabhängiger von auftretenden Schwierigkeiten und Krisen.

Selbstreflexion ist demnach ein wichtiges Werkzeug der Resilienz, da sie dir ermöglicht, eine Perspektive einzunehmen, die dein Verständnis für dich selbst verbessert. Bei der Reflexion der eigenen Gedanken, Worte und Taten oder einer bestimmten Situation distanzierst du dich kontrolliert von dir selbst oder dem jeweiligen Ereignis, um so die Sichtweise auf das Geschehene zu ändern. In der Regel empfindest du deine innere Welt als so dominant, dass du meist unbewusst nicht in der Lage bist, das große Ganze wahrzunehmen. Kennst du die Momente, in denen du dich so verletzt und missverstanden von einem anderen Menschen fühlst, dass du nur an deinen eigenen Schmerz denken und dabei keinen Raum für Gedanken zulassen kannst, die sich auf den anderen beziehen? Zwar ist dies verständlich, doch leider entgeht dir dadurch die Sichtweise deines Gegenübers – schließlich gibt es immer zwei Seiten der Medaille zu betrachten. Durch die Selbstreflexion kannst du das Ungleichgewicht entschärfen: Du löst dich für einen Moment von deiner persönlichen Perspektive und betrachtest die Situation von oben, als würdest du ein unbeteiligter Zuschauer sein. Hier wird von der sogenannten **Meta-Ebene** gesprochen, die dir ermöglicht, dich von deinen eigenen Empfindungen so zu distanzieren, dass du auch die anderen Aspekte der Situation analysieren kannst, die dir zuvor verborgen blieben.

Die Meta-Ebene

Die Meta-Ebene kann als eine erhöhte Perspektive beschrieben werden. Dabei nimmt der Betroffene eine neue Sichtweise ein, die auch mit einer Vogelperspektive verglichen werden könnte, da eine bestimmte Situation von oben betrachtet wird. Durch diesen neuen Blickwinkel, der eingenommen wird, werden alle Seiten des Konflikts offengelegt und rein sachlich dargelegt. Statt sich von den eigenen Emotionen überwältigen zu lassen und starr an der eigenen Meinung festzuhalten, kann der Betroffene so verstehen lernen, was die anderen Beteiligten in der Situation zu ihren Worten, Gefühlen und Taten bewegt hat. Dadurch wird deutlich, dass die eigene innere Welt nicht immer der absoluten Wahrheit entspricht, sondern dass es auch andere Wege gibt, Dinge zu betrachten und Probleme zu lösen. Die Meta-Ebene ermöglicht dir also, sozusagen aus deiner eigenen emotionalen Rolle zu schlüpfen und die der anderen beteiligten Personen einzunehmen, um die Gesamtsituation mit all ihren Fakten verstehen zu lernen.

Hilfreiche Tipps für die Meta-Ebene

• **Die richtigen Bedingungen schaffen**: Wenn dich der Chef mit einer neuen Aufgabe nervt, während du bereits im Chaos deines Schreibtisches ertrinkst, oder wenn die Kinder nach Aufmerksamkeit schreien, während du selbst gerade erst vom stressigen Arbeitsalltag nach Hause gekommen bist, einen Streit verarbeiten musst und den ganzen Tag noch nichts gegessen hast, ist kein richtiger Zeitpunkt, um sich zu reflektieren. Stress und Zeitdruck verlagern die Aufmerksamkeit des Geistes auf die Dinge, die gerade am dringendsten erledigt werden müssen. Es hat also wenig Sinn, krampfhaft zu versuchen, in diesen Momenten das eigene Verhalten so ganz nebenbei ergründen zu wollen. Selbstreflexion ist am effektivsten, wenn du dir Ruhe und Zeit dafür nimmst. Schaffe also Entspannung, bevor du in deine innere Welt eintauchen möchtest.

• **Regelmäßigkeit etablieren**: Selbstreflexion ist keine einmalige Sache, die, einmal ausgeführt, das ganze Leben lang anhält. Sie ist vielmehr ein lebenslanger Prozess, der dich mit jeder erneuten Wiederholung ein bisschen näher zu dir selbst bringt. Mache die Reflexion deshalb zu einem festen Bestandteil deines Lebens, womit auch schon der nächste Tipp eingeleitet wird.

• **Übung macht den Meister**: Je häufiger du dich selbst reflektierst, desto besser wirst du diese Fähigkeit entwickeln. Das liegt an der Neuroplastizität deines Gehirns, die bereits erwähnt wurde. Die Meta-Ebene einzunehmen, scheint bei den ersten Malen noch ein schwieriges Unterfangen zu sein. Vielleicht vergisst du diese sogar komplett in den Momenten, in denen du sie am dringlichsten bräuchtest. Doch mit der Zeit wird die Selbstreflexion ein fester Bestandteil deines Reaktions- und Verhaltensmusters werden, sodass du nicht einmal bewusst darüber nachdenken musst.

Die Wirkung der Selbstreflexion

Besonders in Konfliktsituationen ist die Selbstreflexion ein Werkzeug, das dir hilft, eine schnellere und für alle Seiten bessere Lösung zu erzielen. Selbstreflexion ermöglicht dir, Fehler nicht wiederholen zu müssen, die du in der Vergangenheit gemacht hast. Du kannst also die Ereignisse, die bereits geschehen sind, nutzen, um daraus in der Gegenwart zu profitieren und Erkenntnisse für die Zukunft zu sammeln. So ist es möglich, den selbstgesteckten Zielen Schritt für Schritt näher zu kommen. Ehrlichkeit zu sich selbst ist ein indiskutabler Bestandteil der Reflexion, denn belügst du dich selbst über deine Gefühle und Ansichten, wirst du nicht weit kommen. Die Wahrheit kann manchmal schmerzlich sein, doch sie wirkt befreiend. Erst dann, wenn du ehrlich zu dir selbst bist, kannst du alle Sichtweisen der Meta-Ebene aufdecken, die Fakten erkennen und dadurch das bestmögliche Resultat für dich selbst finden. Bei der Selbstreflexion geht es keineswegs darum, Selbstkritik zu üben und sich für die eigenen Fehler zu bestrafen. Möchtest du, dass sie gelingt, musst du kritisch bleiben, ohne verurteilend zu sein. Das, was dich weiterbringt, sind konstruktive Erkenntnisse und positives Denken. Die Selbstreflexion dient schließlich der Erreichung von mehr Wohlbefinden und Glück im Leben und nicht der Erklärung und Rechtfertigung deiner Schwächen und Misserfolge. Du stellst dir also nicht die Frage, *warum* dir etwas passiert ist, sondern *wozu* es passieren musste

– ein Perspektivwechsel, der dich aus dem Opferdenken heraus in die Handlungsfähigkeit führt.

Beispiel:

Die Trennung von einem Partner, den du über einen langen Zeitraum hinweg geliebt und mit dem du viel durchgestanden hast, ist sehr schmerzhaft, ohne Frage. Doch wenn die Gründe für eine Trennung überzeugend genug sind, ist es wichtig, dass du diesen Schritt gehst. Du wirst während dieses Prozesses viele Erkenntnisse über dich selbst und darüber, was du konkret willst und was nicht, ziehen können. Und wenn du dich dann für eine neue Liebe öffnest, kannst du all diese Informationen in die neue Partnerschaft einfließen lassen, um diese so noch harmonischer, respektvoller und liebevoller zu gestalten als die vorherige.

Rein die Beobachtungen und Wahrnehmung von dem, was geschieht und geschehen ist, steht im Vordergrund, denn genau diese Ergründung deiner eigenen Gedanken- und Verhaltensmuster zeigt dir auf, was deine innere Welt und deine Handlungen beeinflusst. Der Großteil deines Lebens wird von deinem Unterbewusstsein gesteuert, sodass du meistens nicht bewusst kontrollierst, wie du dich verhältst. Durch die Reflexion deines Selbst erhältst du einen Einblick, was in dir eigentlich vorgeht und was deine tiefsten Bedürfnisse, Wünsche und Träume sind. Häufig verbirgt sich hinter oberflächlichen Reaktionsmustern, Empfindungen und Worten ein tieferer Sinn, der dir leider so lange verborgen bleibt, bis du dein Bewusstsein darauf richtest. Du kannst dich schnell sehr verletzlich fühlen, wenn du dir deine innere Welt einmal genauer anschaust, denn hier liegen nicht nur deine innigsten Hoffnungen und Dinge, die du dir selbst noch nicht eingestehen konntest, versteckt, sondern eben auch deine Ängste und Sorgen. Deshalb ist es wichtig, dass du dir selbst Mitgefühl entgegenbringst, denn du hast es wie jeder andere Mensch auch verdient, verstanden, akzeptiert und wertgeschätzt zu werden für das, was in dir vorgeht.

Hilfreiche Tipps für mehr Mitgefühl

- **Schenke dir selbst Mitgefühl.** Nur, wenn du dazu in der Lage bist, dir selbst Mitgefühl zu geben, kannst du dies auch bei anderen Menschen. Nimm dich also selbst nicht aus der Liste derjenigen heraus, die Mitgefühl verdient haben.
- **Lenke deine Aufmerksamkeit auf dein Gegenüber.** Um sich in seine Lage versetzen zu können, musst du gut zuhören können und verstehen wollen, was vor sich gegangen ist und geht. Das erfordert deinen Fokus.
- **Stell dir vor, du selbst wärst in der Lage des anderen.** Wenn du dich gedanklich in die Rolle eines Mitmenschen begibst, kannst du ansatzweise fühlen, was dieser fühlte.
- **Frage nach der Ursache.** Ignoriere nicht einfach die Gefühlslage anderer Menschen, sondern frage konkret danach. Ergründe, warum dieser gerade traurig oder wütend ist.

Verbesserst du so deinen Zugang zu deinen eigenen Bedürfnissen und den Dingen, die du persönlich brauchst, damit du ein resilienteres und erfüllteres Leben führen kannst, wirst du gleichzeitig besser dafür sorgen, dass du diese Dinge auch erhältst.

Übung: Selbstreflexion zur Verdeutlichung von Eigen- versus Fremdwahrnehmung

Die folgende Übung wurde dazu konzipiert, um dir bewusst zu machen, wie stark deine Eigenwahrnehmung von der deines Umfeldes abweichen kann und wie sehr sie dein Leben beeinflusst. Du benötigst dafür einen Zettel und einen Stift.

So gehst du vor:

Nimm dir ein wenig Zeit, um die folgenden Fragen zu beantworten. Reflektiere deine gesamte aktuelle Lebenslage und bleibe ehrlich zu dir selbst. Du musst das Ergebnis niemandem zeigen.

- Was sind meine Stärken?
- Was sind meine Schwächen?
- Warum schätzen mich andere Menschen?
- Was denken, fühlen und sagen Menschen über mich, nachdem ich gegangen bin?

Nun bitte mindestens einen anderen Menschen aus deinem persönlichen Umfeld, diese Fragen über dich zu beantworten. Am besten ist es jedoch, wenn du so viele Individuen wie möglich befragst, um ein möglichst authentisches Ergebnis zu erhalten. Bitte diese Menschen um vollkommene Ehrlichkeit.

- Was hältst du für meine Stärken?
- Was hältst du für meine Schwächen?
- Warum schätzt du mich als Freund / Partner / Schwester / Kind / usw.?
- Was denkst, fühlst und sagst du über mich, nachdem ich gegangen bin?

Vergleiche nun die Antworten deiner Freunde und / oder Familienmitglieder und erkenne die Unterschiede zwischen deiner eigenen Wahrnehmung und der deiner Mitmenschen über dich. Das erlaubt dir, interessante Rückschlüsse auf dein Selbst zu ziehen, die dir möglicherweise zuvor verborgen blieben. Häufig weichen die Aussagen unserer Mitmenschen über uns stark von unserer eigenen Meinung von uns ab, was damit zusammenhängt, weil wir uns selbst aus einer ganz anderen Perspektive erleben, als es unser Umfeld tut.

Sollte dir die eine oder andere Antwort eines Mitmenschen suspekt vorkommen, ob im positiven oder negativen Sinne, versuche einmal, deren Sichtweise einzunehmen und sich selbst aus der Perspektive des anderen zu erleben.

- Wie wirkst du auf diesen?
- Welche deiner Worte und Taten waren am eindrücklichsten für diese Person?
- Würdest du vielleicht sogar dieselbe Antwort über dich formulieren, wenn du in dem Körper und Geist des anderen gesteckt hättest?

DIE KRAFT POSITIVER PSYCHOLOGIE

Was du von dir selbst glaubst, die Art, wie du über das Leben denkst und wie du Schicksalsschläge bewertest, entscheidet darüber, ob du glücklich bist oder ein trostloses Dasein führst. Wer sich selbst nicht leiden kann und alles, was ihm passiert, als Angriff und Aufforderung zum Kampf sieht, wird niemals Wohlergehen und Entspannung empfinden, weil er sich diese Gefühle nicht erlaubt. Wer jedoch beschließt, sich auf das Gute zu konzentrieren, in Herausforderungen Chancen zum Wachstum sieht und positiv in die Zukunft blickt, dessen Leben wird sich zur Erfüllung hin entwickeln.

Positive Psychologie: Die Wissenschaft hinter dem Glück

Die positive Psychologie befasst sich mit genau diesem Effekt. Dieser Wissenschaftszweig fokussiert sich, im Gegensatz zur klassischen Psychologie, nicht auf geistige Erkrankungen und Dinge, die den Menschen psychisch krank machen, sondern auf Faktoren, die das Leben lebenswert machen. Sie stellt die Stärken des Menschen heraus, stellt Überlegungen an, wie positive Gefühle erzeugt werden und wie mehr Glück empfunden werden kann. Es ist die Psychologie des Wohlergehens. Ein bedeutender Grundpfeiler der positiven Psychologie ist die Achtsamkeit, die im übernächsten Kapitel näher beleuchtet wird, und eben die Resilienz. Forscher haben herausgefunden, dass die innere Widerstandsfähigkeit maßgeblich dazu beiträgt, dass der Mensch Glück und Erfüllung im Leben findet. Wer sich wohl fühlt, ist nicht nur allgemein gesünder, sondern verlängert sogar seine Lebensspanne. Gleichzeitig führt er stabilere zwischenmenschliche Beziehungen, arbeitet effektiver und verzeichnet mehr Erfolge in privater wie beruflicher Hinsicht. Glückliche Menschen begegnen ihrem Umfeld freundlicher, positiver und hilfsbereiter als unglücklichere. Sie nehmen aktiver am Leben teil, weil mehr Energie und Lebensfreude in ihnen stecken, die sie für ein noch erfüllteres Dasein einsetzen. Die positive Psychologie möchte diese Aspekte im Menschen fördern, da sie sich bewusst ist, dass echte Gesundheit und Begeisterung für das Leben nicht aus der Abwesenheit von Krankheit und Problemen resultieren. Es reicht nicht, Schmerz und Leid zu reduzieren, um sich besser zu fühlen. Was die meisten Menschen nicht sehen, ist, dass viele dazu neigen, sich auf das Negative zu konzentrieren. Um eine echte Verbesserung in deinem Alltag zu mehr Glück zu realisieren, ist es essentiell, dass du den Fokus darauf legst, was dich erfüllt.

- Welche Stärken liegen in dir verborgen?
- Wie kannst du dein angeborenes Potenzial nutzen?
- Wie kannst du deine Fähigkeiten zum Einsatz bringen, um deine Gesamtsituation zu steigern?

Diese und weitere Fragen stellt sich die positive Psychologie und animiert dich damit dazu, aktiv deines eigenen Glückes Schmied zu werden. Sie weist dich dazu an, Motivation in deinen bisherigen Erfolgen zu finden, statt deine Fehler zu analysieren. Sie will, dass du deine Stärken ausbaust und diese tagtäglich, so oft es nur geht, auslebst, statt deine Schwächen ausradieren zu wollen. Sie fordert dich dazu auf, dass du Chancen suchst und erkennst, statt dich von Schicksalsschlägen außer Gefecht setzen zu lassen. All das steigert nicht nur deine Resilienz, sondern verbessert zudem deine psychische Gesundheit und verhilft dir zu einem Leben voller Wohlergehen und Erfüllung.

Die 5 Säulen des Glücks

Einer der Psychologen, der die positive Psychologie mit am meisten prägte, ist der US-Amerikaner Martin Seligman (* 1942), der ein Modell entwickelte, das die 5 Säulen des Glücks aufzeigt. Es trägt den Namen „PERMA“ und veranschaulicht, welche Faktoren dich zu mehr Wohlempfinden führen und damit deine Fähigkeit der Resilienz steigern.

PERMA ist ein Akronym für

- P – Positive Emotions (englisch für „positive Emotionen“)
- E – Engagement
- R – Relationships (englisch für „zwischenmenschliche Beziehungen“)
- M – Meaning (englisch für „Sinn“)
- A – Achievement (englisch für „Leistung“)

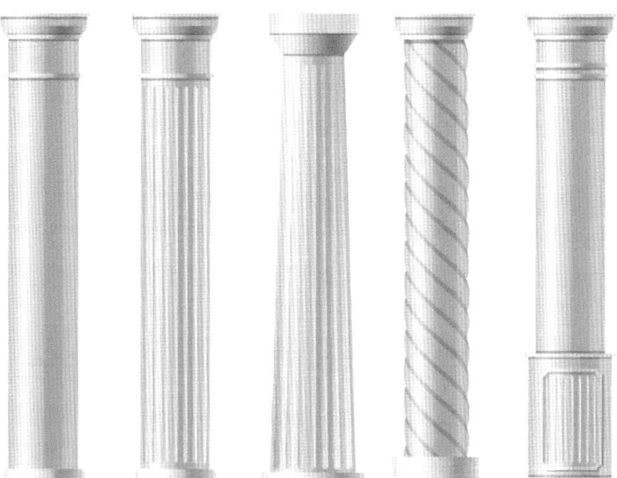

Säule 1: Positive Emotionen

Wenn du glücklich sein möchtest, ist es nicht ausreichend, negative Gefühle abzulegen, denn es ist nicht das Ausbleiben von Negativität, das dich gut fühlen lässt, sondern das Empfinden positiver Emotionen. Überwiegen diese, steigt das Wohlgefühl. Sich gut zu fühlen ist tatsächlich eine Entscheidung. Auch, wenn es nicht immer ganz einfach ist, solltest du dich häufig daran erinnern, positive Gefühle wie Freude, Dankbarkeit, Interesse, Hoffnung, Heiterkeit, Stolz, Inspiration, Spaß und Liebe zu kultivieren.

Hilfreiche Tipps für das Kultivieren positiver Emotionen

- Verbringe Zeit mit Kindern und erlebe, wie viel Freude diese beim unbekümmerten Spiel empfinden. Lass dich mitreißen.
- Visualisiere einen Menschen in deinem Leben, den du sehr wertschätzt und liebst.
- Sei humorvoll und tue lustige Dinge oder verabrede dich mit Freunden, mit denen du viel Spaß hast.
- Befasse dich eindringlich mit Themen, die dich sehr interessieren.
- Bleibe stets hoffnungsvoll und vertraue darin, dass sich alles zum Guten wendet.
- Erinnere dich an Situationen, in denen du all deine guten Seiten und Fähigkeiten zum Einsatz bringen konntest und über dich selbst hinausgewachsen bist. Sei stolz auf dich und deine beeindruckende Leistung.
- Suche aktiv nach Inspirationen, die dich motivieren, selbst aktiv an deinem Leben und deinem Glück zu arbeiten.
- Gönne dir regelmäßige Vergnügen.
- Nutze jede Gelegenheit, um deinen Liebsten zu sagen, was du für sie empfindest.

Säule 2: Engagement

Es macht den Menschen glücklich, jenes auszuleben, für das er sich interessiert und was er gut kann. Es ist uns ein inneres Bedürfnis, uns in Tätigkeiten zu vertiefen, die uns leicht fallen, weil wir sie aus dem Herzen heraus lieben. Dabei engagieren wir uns für einen größeren Zweck, den wir nicht unbedingt verstehen müssen. Der ungarische Psychologe Milhaly Csikszentmihalyi (1934-2021) bezeichnet diesen Zustand des intensiven Engagements als „**Flow**". Es ist ein Erlebnis, bei dem der Mensch mit seiner Tätigkeit scheinbar verschmilzt und damit jegliches Gefühl für Zeit und Raum vergisst. In diesem Zustand nimmt er weder Probleme noch Ängste oder Sorgen wahr. Es scheint, als ließe er sich von der Aktivität absorbieren, wobei seine Aufmerksamkeit vollständig auf dieser liegt. Ein Mensch während des Flows befindet sich im gegenwärtigen Moment, wobei keinerlei vergangene Ereignisse oder zukünftige Konsequenzen oder Belohnungen eine Bedeutung haben. Das Flow-Erlebnis zeichnet sich durch die Qualität der Aufgabe aus, die ausgeführt wird. Nur dann, wenn die Tätigkeit für den Ausführenden zwar herausfordernd, aber nicht überfordernd ist, kann er in diesen Zustand geraten. Die Anforderungen der Aufgabe müssen also realistisch sein und leicht über den Fähigkeiten des Betroffenen liegen, sollten sich jedoch noch im Rahmen des Möglichen befinden. Ansonsten überkommen ihn Ängste und Zweifel, die den Flow unterbinden. Milhaly Csikszentmihalyi formulierte das in einem passenden Satz:

„Freude entsteht an der Grenze zwischen Langeweile und Anspannung. Dort, wo Herausforderungen und Handlungsfähigkeit im Gleichgewicht sind."

Weitere Merkmale des Flow-Zustandes liegen darin, dass die Handlungsziele klar definiert sind und der Ausführende ein unmittelbares Feedback erhält. Die Aufgabe muss sich auf ein abgegrenztes Feld beschränken und der Betroffene empfindet stets ein Gefühl der Kontrolle über seine Tätigkeit und die Ergebnisse.

Hilfreiche Tipps für den Flow-Zustand

- Damit du dich voll auf deine Aufgabe fokussieren kannst, musst du alles, was deine Aufmerksamkeit auf sich ziehen könnte, beseitigen. Externe Faktoren, wie das Handy, Lärmbelästigung oder anderes, eliminierst du besser, bevor du mit der Aufgabe beginnst. Für interne Ablenkungen, wie Gedanken, kannst du dich mit einer kurzen Visualisierung auf den Flow einstimmen: Stelle dir vor, wie du all deine derzeitigen Gedanken in eine Box packst und diese für die Zeit, in der du den Flow erleben möchtest, verschließt.

- Beende Angefangenes, um zu verhindern, dass diese unvollendeten Aufgaben deine Aufmerksamkeit auf sich ziehen.

- Wenn du magst, schalte dir angenehme vertraute Musik ein, die dich entspannt. Sie sollte nur minimalen oder besser gar keinen Text haben und von der Lautstärke so gewählt werden, dass sie nicht zu dominant wirkt.

- Eine Phase der langanhaltenden Konzentration, wie sie im Flow von dir verlangt wird, kann durch ausreichendes Trinken, einen ausgeruhten Körper und einen gut belüfteten Raum unterstützt werden.

- Werde dir des klaren Ziels deiner Aktivität bewusst. Setze dir einen knapp bemessenen Zeitrahmen für die Aufgabe fest, damit du produktiv arbeitest.

- Bleibe so konzentriert wie möglich, doch gönne dir Pausen, wenn du diese benötigst. Das menschliche Gehirn arbeitet in der Regel für 1,5 bis maximal 2 Stunden wirklich fokussiert, danach sinkt die Leistungsfähigkeit. Eine Erholungsphase von etwa einer halben Stunde schenkt dir wieder Energie.

Beispiel:
Möchtest du konzentriert arbeiten, kläre zunächst, was du erreichen möchtest und wie lange das Ganze dauern soll. Musst du zum Beispiel E-Mails beantworten, formuliere ein konkretes Ziel: „Ich werde in der nächsten Stunde alle meine 12 ungelesenen E-Mails beantworten und versenden." Lege nun los, nachdem du alle potenziellen Ablenkungen beseitigt hast und die Rahmenbedingungen stimmen.

Säule 3: Zwischenmenschliche Beziehungen

Wie du bereits in Erfahrung bringen konntest, spielt das soziale Netzwerk eines Menschen eine entscheidende Rolle, wenn es um die Resilienz geht. Es ist also nicht verwunderlich, dass es ebenso eine Säule des Glücks darstellt, denn ohne tiefgehende Bindungen fühlt sich der Mensch als soziales Wesen schnell einsam. Schon als Baby besitzen wir ein ausgeprägtes Bedürfnis nach Nähe, Verbundenheit und Zugehörigkeit, das, wenn es nicht erfüllt wird, uns sogar den Tod bringen kann. Dies ist jedem Menschen angeboren, wird also nicht erst im Laufe des Lebens erlernt. Stabile und sichere zwischenmenschliche Beziehungen, auf die wir uns verlassen können, sind wie ein Fels in der Brandung oder ein Anker im Sturm des Lebens – wenn wir wissen, dass wir nicht allein sind und trotz widrigster Umstände immer auf unsere Familie und Freunde zählen können, weil diese uns bedingungslos lieben, begegnen wir dem Leben mit einer ganz anderen Sichtweise. Wir wagen mehr, weil wir uns der Unterstützung anderer sicher sind, wir scheuen weniger Risiko, weil uns das Sicherheitsnetz unserer Mitmenschen auffangen wird, und wir können Schicksalsschläge besser verarbeiten, weil wir in den Armen unserer Liebsten Mitgefühl, Rat und Halt finden.

Säule 4: Sinn

Erfüllung und Glück können sich im Leben ausbreiten, wenn der Mensch einen tieferen Sinn in seinen Handlungen und der Ausübung seiner Fähigkeiten findet. Was für den Arzt das Retten zahlreicher Leben und für den Architekten das Schaffen von ästhetischem Lebensraum für andere Menschen ist, kann für den Tischler die Herstellung funktionaler und lebenserleichternder Möbel sein. So kann jedes Individuum einen tieferen Grund dafür finden, warum er am Leben ist und was er der Welt zu geben hat.

Säule 5: Leistung

Die letzte Säule des Glücks beruht auf der Neigung des Menschen, sich Ziele zu stecken und diese erreichen zu wollen. Es ist uns ein inneres Bedürfnis, das zum Ausdruck zu bringen, was wir gerne tun und was wir besonders gut können, weshalb es nur logisch ist, wenn wir dahingehend höhere Vorhaben anstreben, die uns noch ein bisschen mehr fordern. Intuitiv wissen wir, dass uns Ziele dazu motivieren, uns zu verbessern und über uns hinauszuwachsen. Leistung zu erbringen und sich stets weiterzuentwickeln sind Aspekte, die maßgeblich zu deinem persönlichen Wohlbefinden beitragen. Deshalb fühlen sich Erfolge für uns auch so bestätigend an und spornen uns noch mehr an.

Die Kreativität ist eine Facette des Menschen, die viele Farben und Formen annehmen kann. Was jedoch einheitlich ist, ist, dass jede Persönlichkeit diese in sich trägt. Auch, wenn der Wunsch, diese Kreativität auszuleben und zu schöpfen, manchmal ein wenig im Alltagsstress und in den Problemen des Alltags verschüttet zu sein scheint, so ist er dennoch in jedem von uns präsent. Dein Inneres verlangt förmlich danach, etwas zu schaffen, was Eindruck hinterlässt und anderen Menschen dienlich ist. Deshalb nimmt dein Selbstwertgefühl stark zu, wenn du deine höheren Ziele erreichst, wodurch sich nicht nur deine Fähigkeit, Glück zu verspüren, steigert, sondern eben auch deine Resilienz.

Optimismus: Der Schlüssel zu einem glücklicheren Leben

Ein wichtiger Bereich der positiven Psychologie beschreibt der Optimismus, denn Menschen, die sich auf das Positive ausrichten, werden als glücklicher, gesünder, beliebter und sogar mit einer höheren Lebenserwartung beschrieben. Es ist dabei nicht die Rede von blindem und naivem positivem Denken, sondern einer gesunden optimistischen Einstellung dem Leben gegenüber. Die Forschung belegt, was jedem bereits intuitiv klar ist: Das positive Denken segnet Optimisten mit mehr Erfolg in privater und beruflicher Hinsicht, mit mehr Leistungsfähigkeit, Motivation, Wohlbefinden und Lebensmut. Das liegt daran, dass sie anders denken, fühlen und handeln, wenn sie sich auf das Gute und die Chancen hinter den Herausforderungen fokussieren.

Wer hingegen pessimistisch auf das Leben blickt, lässt sich von Ängsten und Sorgen einnehmen. Er sieht überall nur Negatives und alles und jeden scheinen ihn bedrohen zu wollen. Das führt dazu, dass er sich automatisch vor der Welt schützen will, wodurch er sich zurückzieht und passiv wird. Er findet keinen Sinn in seinem Dasein, dem Ausleben seiner Wünsche und dem Verfolgen seiner Träume. Die Motivation geht gegen null, so sieht der pessimistische Mensch leider aber auch keine Chancen und kann keinen Erfolg verzeichnen. So ebbt auch jegliches persönliches Wachstum ab, wobei sich die inneren Einstellungen, Glaubens- und Gedankenmuster hin zu einer düsteren und hoffnungslosen Sichtweise entwickeln.

Optimismus geht nicht nur Hand in Hand mit einem glücklicheren und erfüllteren Leben, sondern auch mit der Fähigkeit der Resilienz. Positiv denkende Menschen sind robuster und können deshalb leichter schwere Schicksalsschläge verkraften. Statt im Leid und Schmerz zu ertrinken, können diese sich mit Glaubenssätzen wie „Auch das wird vorübergehen", „Es wird mir bald besser gehen" oder „Ich kann damit umgehen" ihre eigene Rettungsleine zuwerfen. Optimisten blicken mit Zuversicht in die Zukunft und gehen davon aus, dass alles zum Besten geschieht. Diese innere Haltung ist besonders in den Zeiten der Herausforderungen und Krisen eine wertvolle Quelle der Kraft, die ihnen die Energie zum Weitermachen liefert.

Hilfreiche Tipps für mehr Optimismus

- **Achte auf die kleinen Dinge.** Dich umgeben jeden Tag wunderschöne Dinge, die meist im ganzen Stress und in der Hektik gar nicht bemerkt werden. Das ist schade, denn diese haben die Macht, deine Gedanken wieder auf das Positive auszurichten. Freue dich deshalb über jedes Lächeln, über die Sonnenstrahlen oder die Farben der Natur. Es gibt immer und überall einen Grund, um sich gut zu fühlen.

• **Finde das Positive in den Dingen**. Mache es zu einer täglichen Übung, in allen Dingen, die dir geschehen, das Gute zu finden. Richte dich auf das Gute und Schöne in deinem Leben aus. Konzentriere dich auf die Verbesserung deiner Stärken und Talente statt auf die Beseitigung deiner Fehler. Geht dir dein Chef mal wieder so richtig auf die Nerven? Suche nach seinen besten Eigenschaften, die sich positiv auf deine Arbeit auswirken. Hast du es satt, schon wieder so lange an der Kasse warten zu müssen? Finde Gründe, warum es gut ist, dass du hier und jetzt zu einer kleinen Pause gezwungen wirst. Ärgerst du dich über eine vermeidliche Schwäche deines Charakters? Finde heraus, in welchen Situationen der Vergangenheit sich ebendieser Aspekt deiner Persönlichkeit als gut und hilfreich herausgestellt hat.

• **Umgib dich mit positiven Menschen**. Deprimierte und pessimistische Mitmenschen ziehen dich und deine Laune herunter. Wenn du dich häufiger mit diesen umgibst, adaptierst du deren negative Einstellungen. Fördere deshalb den Spaß, Humor und die Positivität in deinem Leben, indem du Zeit mit Menschen verbringst, die genau diese Schwingungen verbreiten.

• **Glaube an dich selbst.** Hab Vertrauen darin, dass du fähig bist, mit all den Problemen und Konflikten deines Alltags umzugehen. Du besitzt großartige Fähigkeiten und Eigenschaften, mit deren Hilfe du alles meistern kannst, was das Leben dir zusendet. Glaube daran.

• **Rufe dir vergangene Erfolge in Erinnerung**. Solltest du doch einmal Probleme mit dem Glauben an dich selbst haben, denke nur einmal daran, was du bereits Großartiges erreicht hast. Schwelge in Erinnerungen, in denen du erfolgreich warst, und bade in dem Gefühl, dass du talentiert, fähig und tatkräftig bist.

• **Praktiziere Dankbarkeit**. Das Gefühl der Dankbarkeit ist ein wahnsinnig starker Booster für mehr Optimismus und Resilienz. Sie richtet augenblicklich deinen inneren Fokus auf das Gute aus und erinnert dich daran, wie viel Positives bereits Teil deines Lebens ist.

Übung: Dankbarkeit als Resilienz-Booster

Lege dir ein eigens auf die Dankbarkeit ausgerichtetes Tagebuch an. Nimm dir vor, ab sofort jeden Abend ein bisschen Zeit zu investieren, die positiven Ereignisse des Tages herauszufiltern und zu dokumentieren. Das brauchen nur wenige Minuten zu sein, denn selbst diese kurze Zeit reicht aus, um dich in ein Gefühl der Dankbarkeit zu versetzen. Mache dies zu einem festen abendlichen Ritual und du wirst schon bald eine Veränderung in deinem Leben bemerken. Es wird dir leichter fallen, für das, was du bereits hast, dankbar zu sein und dich somit auf das Gute auszurichten. Deine positivere und optimistischere Wahrnehmung beschert dir somit nicht nur mehr Wohlbefinden, sondern du steigerst damit tagtäglich ganz einfach deine Fähigkeit der Resilienz, die dir in schlechten Zeiten zugutekommen wird.

So gehst du vor:

Notiere in dein Dankbarkeitstagebuch mindestens 5 Dinge, die den Tag über gut gelaufen sind und für die du dankbar bist. Die folgenden Fragen können dir dabei Anreize liefern.

- Was ist mir heute Gutes widerfahren?
- Welche Dinge oder Menschen haben mir ein Lächeln beschert?
- Welche Begegnungen mit anderen haben mich heute erheitert?
- Womit bin ich heute zufrieden gewesen?
- Worauf kann ich heute stolz sein?
- Welche meiner Vorhaben sind mir heute gelungen?

STRESSBEWÄLTIGUNG UND STRESSMANAGEMENT

Im Rahmen der Selbsterkenntnis und Selbstwahrnehmung wirst du früher oder später auf das Thema Stress stoßen. Dieses unliebsame Gefühl wird bei jedem Menschen durch andere Faktoren, die sogenannten Stressoren, ausgelöst, sodass dies eine individuelle Erscheinung ist, die einen unterschiedlich starken Effekt auf Menschen hat.

Stressoren: Stressauslösende Reize

Als Stressoren werden Reize bezeichnet, die im Organismus zu Stress führen. Dazu gehören Stressoren, die durch äußere, innere oder soziale Faktoren ausgelöst werden, wie zum Beispiel

- Hitze oder Kälte,
- der Verkehrslärm,
- die persönliche finanzielle Situation,
- Kritikäußerungen gegenüber der eigenen Person,
- ungeklärte zwischenmenschliche Konflikte,
- Mobbing,
- Angst,
- Einsamkeit,
- Trennung und Verlust,
- Konkurrenz- und Zeitdruck,
- psychische oder physische Über- und Unterforderung,
- Existenzangst oder
- Erkrankungen.

Traumata, Krisen und Konflikte: Stressoren der Extraklasse

Wenn du vor Herausforderungen stehst, Zeiten der Krise erlebst oder dich inmitten eines traumatischen Erlebnisses befindest, reagiert der Körper unmittelbar mit Stress. Wie intensiv dieser wahrgenommen wird, ist, wie bereits erwähnt, vom jeweiligen Individuum abhängig, doch dass der menschliche Organismus auf widrige Umstände mit Stress reagiert, ist sicher. Es ist ein Mechanismus, der bestimmte körperliche und geistige Reaktionen auslöst, um dadurch mit Belastungen aus der Umwelt umgehen zu können. Dadurch werden sämtliche körperliche und geistige Funktionsweisen des menschlichen Organismus beeinträchtigt. Dies wird als ein unangenehmes Gefühl der physischen und psychischen Anspannung und Belastung wahrgenommen, das dann auftritt, wenn du durch einen Stressor zu intensiv beansprucht wirst oder dich gar durch ihn überfordert fühlst.

Stress verstehen: Was im Körper geschieht, wenn du Stress empfindest

Stress löst einen körperlichen Mechanismus aus, der die Bronchien der Lunge weitet, damit du in der Lage bist, mehr Sauerstoff aufnehmen zu können. Dadurch verändert sich die Atmung, denn du atmest sowohl schneller als auch flacher. Auch deine Herzfrequenz steigt an, da das Herz schneller und intensiver zu schlagen beginnt. Die Folgen sind ein erhöhter Blutdruck und die Verengung der Blutgefäße. Gleichzeitig wird die Muskulatur verstärkt durchblutet, damit sie stärker angespannt werden kann und für den Einsatz bereitsteht.

Doch warum tut dein Körper das eigentlich? Der menschliche Organismus ist unglaublich weise, möchte dich jedoch mit dem Stress ganz und gar nicht ärgern. Es gibt einen tieferen Sinn für diesen Mechanismus, der durch den Körper aufgrund von inneren und äußeren Reizen initiiert wird. Wenn du verstehst, was eigentlich hinter dem Stress steckt, der auch mit Schicksalsschlägen und Lebenskrisen einhergeht, kannst du erkennen, dass dein Körper dir in erster Linie nur helfen möchte. Er sichert damit dein Überleben.

Empfindest du einen Stressor als zu stark, schüttet dein Körper Stresshormone wie Cortisol und Adrenalin aus. Diese biochemischen Botenstoffe signalisieren dem gesamten Organismus, dass er sich auf den Stressor einstellen und sich der Belastung und Anspannung anpassen kann. Es ist demnach eine Alarmreaktion, die dich vor einer vermuteten oder tatsächlichen Gefahr bewahren will.

Beispiel:
Wenn ein Löwe plötzlich vor dir aus dem Busch springt und dich mit hungrigem Blick und tropfendem Zahn mustert, ermöglichen dir die oben beschriebenen körperlichen Anpassungen, dass du in Sekundenschnelle reagieren kannst, indem du wegläufst oder kämpfst. Dein Körper ist mit jeder Phase auf die Steigerung deiner Leistungsfähigkeit ausgerichtet: Deine Muskeln sind gespannt, die Lunge arbeitet auf Hochtouren und der gesamte Organismus arbeitet optimal, um dich vor der bedrohlichen Situation zu schützen.

Nur begegnen dir in deinem modernen Leben innerhalb der Gesellschaft heutzutage äußerst selten echte Bedrohungen wie hungrige Löwen. Trotzdem werden eine Kürzung des Einkommens, ein Streit innerhalb der Familie und eine potentielle Erkrankung als genauso existenzbedrohend empfunden wie ein Räuber, der dir ein Messer ins Herz stoßen will. Demnach lösen auch Reize, die sich von unmittelbaren Bedrohungen unterscheiden, Stress in dir aus. Das Problem bei diesen ist jedoch, dass sie häufig zu lange anhalten und deswegen Schaden anrichten. Ursprünglich ist Stress nämlich eine kurzfristige Reaktion des Körpers, die spätestens dann nachlässt, wenn du erfolgreich vor dem Löwen fliehen konntest. Doch die ständige Angst davor, den Job zu verlieren, und die damit einhergehende finanzielle Krise sind Gefahren, die nicht einfach nach wenigen Minuten oder Stunden vorüber sind. Diese Stressoren halten bei einigen Menschen teilweise sogar über Monate oder gar Jahre an – was so vom Körper nicht vorgesehen ist – und haben deshalb mitunter schwere Folgen auf die körperliche und geistige Gesundheit des Menschen.

Psychische und physische Symptome und Auswirkungen

Die Folgen des Stresses zeigen sich auf sämtlichen Ebenen. Psychische Auswirkungen können sich zum Beispiel durch die folgenden Symptome zeigen:

- innere Anspannung
- Unruhe und Nervosität
- Konzentrationsprobleme
- Gedächtnisschwierigkeiten
- Reizbarkeit
- Angst
- Wut
- Unzufriedenheit
- Burn-out

Bei langanhaltendem Stress kann die Gesundheit der Psyche stark unter den Folgen leiden, die das menschliche Wohlbefinden enorm einschränken können. Des Weiteren können sich physische Auswirkungen durch folgende Symptome äußern:

- Kopfschmerzen und Migräne
- Schwindel
- Übelkeit und Erbrechen
- muskuläre Verspannungen
- Störungen des Herz-Kreislauf-Systems
- Beschwerden des Magen-Darm-Traktes
- Zyklusstörungen bei Frauen

• **Identifiziere deine persönlichen Stressoren** und reduziere diese gezielt. Hast du zum Beispiel erkannt, dass du sehr lärmempfindlich bist und laute Geräusche dich schnell stressen, kannst du an deinem Arbeitsplatz dafür sorgen, dass du besonders ungestört arbeiten kannst. Bitte dafür die Mitarbeiter um Verständnis und Ruhe. Möglicherweise kannst du sogar an einen Schreibtisch oder in ein Büro wechseln, der bzw. das sich durch seine ruhige Lage auszeichnet.

• **Reflektiere dich selbst**: Vertrittst du möglicherweise Meinungen und Glaubenssätze, die in dir Stress auslösen? Hinterfrage deine Einstellungen gegenüber dir selbst und anderen einmal gründlich.

• **Achte auf deine körperliche Gesundheit.** Ernähre dich gesund, trinke genügend, schlafe ausreichend und bewege dich regelmäßig, damit dein Körper stark und widerstandsfähig ist, wenn der nächste Stressor auftaucht.

• **Nutze konkret körperliche Bewegung, um Stresshormone abzubauen.** Sport wirkt wie eine Wunderpille, weshalb viele beruflich sehr eingespannte Menschen ausgiebige körperliche Aktivitäten fest in ihren Alltag integrieren. Schon dreißig Minuten am Tag reichen vollkommen aus.

• **Lache den Stress weg**. Der Körper ist nicht in der Lage, gleichzeitig zu lachen und Stresshormone auszuschütten. Versetze dich also bewusst in einen humorvollen Zustand und lass die dadurch ausgeschütteten Glückshormone den Stress in deinem Körper vertreiben.

• **Praktiziere aktiv Entspannungsübungen**. Yoga, Massagen, Meditationen, Tanzen, ein Bad nehmen, Atemübungen und mit dem Partner kuscheln sind einige Inspirationen.

Die aufgezählten körperlichen und geistigen Symptome zeugen von der negativen Seite des Stresses. Dabei ist jedoch nicht jeder Stress gleichzeitig negativ. Beim Stress wird zwischen dem sogenannten Disstress und dem Eustress unterschieden.

Disstress versus Eustress: Der Unterschied zwischen gutem und schlechtem Stress

Wenn wir den Begriff Stress gebrauchen, sprechen wir in der Regel vom **Disstress**. Dies ist die negative Form dieser Erscheinung, wobei der Betroffene einen Stressor als Bedrohung und Hindernis empfindet. Er fühlt sich von diesem überfordert, wodurch seine Motivation und sein Engagement vermindert werden. Er befürchtet, der Krise nicht gewachsen zu sein, und sieht deshalb wenig Sinn darin, mit konkreten Handlungen dagegen vorgehen zu können.

Eustress hingegen zeigt, dass Stress auch eine positive Erscheinung sein kann. Bei dieser Art des Stresses sieht der Betroffene den Stressor als eine Herausforderung, die durchaus zu bewältigen ist. Dadurch steigt die Motivation zum Lösen des Problems an, weil dies als wünschenswert, erreichbar und im Rahmen des Möglichen eingeschätzt wird. Eustress wirkt also als ein innerer Antrieb, weil du dich der Aufgabe gewachsen fühlst. Die ausgeschütteten Stresshormone bewirken, dass du besonders leistungsfähig und fokussiert arbeiten kannst – zumindest für einen kurzen Zeitraum. Stress kann dir demnach sogar dabei helfen, Schwierigkeiten zu meistern – wichtig ist hier nur, ob du ihn als Bedrohung oder positive Herausforderung wahrnimmst.

Stress und Resilienz

Je mehr Resilienz du besitzt, desto weniger stark reagierst du auch auf schwierige Umstände, die potentiell Stress verursachen können. Wenn du beispielsweise eine positive und optimistische Einstellung zum Leben pflegst und um ein stabiles soziales Netzwerk um dich herum weißt, so wird dir ein finanzieller Engpass möglicherweise weniger Schlaf und Kraft rauben, als es bei einem Menschen der Fall ist, der deutlich weniger resilient ist. Vielleicht erkennst du sogar die Herausforderung und Chance auf Wachstum hinter der temporären monetären Notlage und reagierst auf die Situation mit Eustress. Wer resilient ist, ist demnach in der Regel weniger gestresst als ein vergleichsweise weniger robuster Mensch. Äußere und innere Stressoren haben durch die innere Widerstandsfähigkeit weniger

Einfluss auf die Psyche der Persönlichkeit und können ihr demnach weniger anhaben. Du kannst dir das folgendermaßen bildlich vorstellen: Ein resilienter Mensch hat diverse Werkzeuge, wie sie in diesem Buch vorgestellt werden, so verinnerlicht, dass ihm ein reich gefüllter mentaler Werkzeugkoffer zur Verfügung steht, der Utensilien für jeden potenziellen stressauslösenden Lebensumstand bereithält. Wann immer er nun einer Herausforderung gegenübersteht oder das Leben seine Launen an ihm auslässt, bedient er sich an seinem inneren Werkzeugkoffer und sucht sich die Technik heraus, mit der er das Problem am besten bewältigen kann – ob es der Optimismus, die Dankbarkeit, die Anpassung, eine zwischenmenschliche Verbindung, die Kommunikation oder anderes ist. Dies geschieht selbstverständlich in erster Linie unbewusst.

Übung: Atemtechnik und Entspannungsübung gegen Stress

Befindest du dich im Stress, so atmest du ganz automatisch und unbewusst flacher und schneller, was wiederum die Anspannung in dir unterstützt. Du kannst jedoch deinen Atem bewusst dazu einsetzen, um dich wieder in einen Zustand der Entspannung zu versetzen. Dabei drehst du den Spieß einfach um: Du kontrollierst deine Atmung so, dass der Körper herunterfährt und Stresshormone abbauen kann. Du atmest bewusster, langsamer und tiefer. Tiefes Einatmen durch die Nase, wobei der gesamte Bauch-, Rippen- und Brustbereich mit Luft gefüllt wird, und anschließendes lösendes Ausatmen durch den Mund ist eine Technik, die nicht einfacher und damit nicht effektiver sein könnte. Praktiziere diese Atmung einige Male hintereinander, bis du eine Erleichterung verspürst.

Anschließend übst du die folgende Atemtechnik für einige Minuten:

- Atme durch die Nase für 4 Sekunden ein.
- Halte den Atem für 4 Sekunden.
- Atme für 6 Sekunden durch die Nase wieder aus.
- Halte den Atem für 2 Sekunden.

Für eine Entspannungsübung in Stresssituationen empfiehlt sich die sogenannte **progressive Muskelentspannung**. Dabei werden einzelne Muskelgruppen kontrolliert an- und wieder entspannt, um so Stress abzubauen.

So gehst du vor:

- Setze dich auf einen Stuhl und lehne deinen Rücken an. Beide Beine stehen fest auf dem Fußboden.
- Schließe die Augen und lege die Hände auf den Oberschenkeln ab. Atme ruhig und gleichmäßig.
- Beginne nun damit, deine rechte Hand zu einer Faust zu ballen. Verkrampfe dich nicht und atme ruhig weiter. Halte diese Anspannung für etwa 5 bis 10 Sekunden.
- Löse dann die Anspannung mit dem Ausatmen und öffne die Faust wieder. Entspanne den Arm für etwa 30 Sekunden.
- Beobachte deine Empfindungen: Wie fühlen sich deine rechte Hand und dein rechter Arm nun im Vergleich zur linken Seite an?
- Wiederhole dieselbe Technik nun mit der linken Seite.
- Verharre nach der Übung noch ein wenig in der Ruheposition und spüre nach.

ACHTSAMKEIT: DIE SCHWESTER DER RESILIENZ

Achtsamkeit und Resilienz sind eng miteinander verwandt. Wer achtsam im Leben vorgeht und sich mit seinen Problemen bewusst auseinandersetzt, handelt automatisch resilient. Ebenso gilt: Wer eine ausgeprägte Fähigkeit der Resilienz besitzt, agiert in allen Lebenslagen, selbst in den schwierigen, instinktiv achtsamer und bewusster. Demnach bedingen sich diese beiden Themen und ein Kreislauf entsteht. Praktizierst du regelmäßig Achtsamkeit, wirst du ganz nebenbei deine Resilienz erhöhen. Gleichzeitig wird die Arbeit an der Resilienz von dir das Trainieren achtsamer Techniken erfordern. Doch was ist unter Achtsamkeit zu verstehen?

Achtsamkeit: Die wertfreie Wahrnehmung von allem, was ist

Achtsamkeit ist eine Art der Wahrnehmung, bei der du das, was in dir und um dich herum geschieht, bewusst, jedoch wertfrei betrachtest. In der Regel verbringen wir unseren Alltag fernab von diesem Zustand, wenn wir unseren gewohnten Denk- und Handlungsmustern erliegen und unsere Angewohnheiten ungefragt jeden Tag aufs Neue abspulen. Es ist, als wären unser Körper und Geist auf den Autopiloten eingestellt. Dabei bekommen wir eigentlich gar nicht so richtig mit, was wir die ganze Zeit tun, weil wir in Gedanken nicht bei der Tätigkeit sind, die wir ausführen. Wenn wir essen, denken wir an die Arbeit. Bei der Arbeit denken wir an den Streit mit dem Partner. Wenn wir mit dem Partner sind, denken wir an Dinge, die wir noch zu erledigen haben. Wann sind wir denn schon wirklich achtsam bei der Sache? Achtsamkeit bedeutet, vollkommen, mit Körper, Geist und Seele, hier und jetzt im Moment verankert zu sein. Du betrachtest dich selbst und deine Umwelt genau, während du den Alltag erlebst. Statt deine altgedienten Mechanismen, Handlungen und Muster zu erledigen, wählst du selbst bewusst, was du wann und wie tust. Deine Aufmerksamkeit verbleibt dabei in der Gegenwart, denn sobald sie in die Vergangenheit oder Zukunft abdriftet, kann nicht mehr von Achtsamkeit gesprochen werden. Achtsamkeit im Alltag zeichnet sich dadurch aus, dass du stets deine eigenen Empfindungen im Blick hast. Da dein Fokus auf deine Psyche und deinen Körper im Hier und Jetzt gerichtet ist, kannst du jederzeit auf den Zugang zu dir selbst zurückgreifen. Selbstwahrnehmung ist nur dann möglich, wenn du dabei achtsam und bewusst vorgehst. Du kannst deine Gefühle spüren und lernst dich so ein Stück weit selbst besser kennen. Dabei beobachtest du aus der Meta-Ebene heraus: Ohne Wertung und Verurteilung beschreibst du innerlich, was du wahrnimmst, als würdest du dir selbst beim Leben zusehen.

Diese wundervolle Art der Wahrnehmung ermöglicht es dir, dass du voll und ganz in dein Dasein, mit all seinen Facetten und Aspekten, eintauchst. Häufig bedeutet das Abdriften der Gedanken in die Zukunft oder die Vergangenheit eine Flucht vor dem, was hier und jetzt gerade geschieht. Die Gefühle, die du empfindest, und die Gedanken, die du denkst, können zeitweise so intensiv werden, dass es leichter ist, sich nicht mit ihnen auseinanderzusetzen. Statt richtig in sich hineinzuspüren und deinen Empfindungen Anerkennung zu zollen, kann es sein, dass du unbewusst den Schutzmechanismus entwickelt hast, dich mental von dir selbst zu entfernen. Bei schweren Entscheidungen, die du noch zu treffen hast, Traumata, die du bewältigen musst, oder Schicksalsschlägen, die dich belasten, hilft dir Achtsamkeit dabei, anzuerkennen, was in dir vorgeht und wie du auf das Leben reagierst. Wichtig ist dabei, dass dies wertfrei geschieht. Bist du traurig, ist das genauso legitim, wie wenn du zufrieden und glücklich bist. Es gibt keinen Grund, warum du zu einem bestimmten Zeitpunkt anders fühlen oder denken solltest. Es ist, wie es ist, und es ist richtig so. Gedanken und Gefühle sind flüchtig und bleiben niemals für immer bestehen. Sie sind so beständig wie das Leben selbst, bei dem die Veränderung die einzige Konstante ist. Die Bestandteile unserer inneren Welt sind instabil und kommen so schnell, wie sie gehen. Mal fühlen wir uns gut, dann kippt unsere Stimmung ins Bodenlose und nach ein paar Stunden ist alles wieder im grünen Bereich – das kennen wir alle. Es gibt also keinen Grund, anzunehmen, dass deine Gedanken und Gefühle zu deiner Identität gehören, denn du bist weder deine Trauer oder deine Wut noch deine Heiterkeit. Leider identifizieren wir uns gewohnheitsmäßig mit unseren Empfindungen, weil wir glauben, dass wir unsere Emotionen *sind*. Es fühlt sich dann für uns so an, als seien sie ein fester Bestandteil von uns, als könnten wir sie nie wieder loslassen. Das wird zum Beispiel in der folgenden Formulierung deutlich, die der Mensch nur allzu gern gebraucht: „Ich *bin* traurig." Achte auf das Wort „bin". Es suggeriert, dass du dich mit der Empfindung, hier das Beispiel der Trauer, identifizierst. Dabei ist sie lediglich eine flüchtige Erscheinung, die wieder vergehen wird, weil die Unbeständigkeit Teil deiner Natur ist. Du praktizierst Achtsamkeit, wenn du stattdessen zu dir sagst: „Ich nehme gerade Trauer in mir wahr."

Diese Art des Denkens ist für viele Menschen zunächst ungewohnt, weil sie so sehr von der leistungsorientierten und konkurrenzfördernden Denkweise der Gesellschaft abweicht. Achtsamkeit ist ähnlich wie ein Muskel, der mit jeder Beanspruchung immer stärker und ausgeprägter wird. Je häufiger du übst und je mehr Bewusstsein du in deinen Alltag bringst, desto leichter wird es dir fallen und desto schneller wird sich diese Denkweise zu einer neuen Gewohnheit entwickeln. Es dauert nicht lange, bis auch du bemerken wirst, welche Bereicherung diese Art der Wahrnehmung für dein Leben ist, insbesondere in Bezug auf jene Momente, die besonders viel Resilienz von dir erfordern.

Übung: Einen achtsamen Tag verbringen

Nimm dir vor, einen Tag lang besonders achtsam zu sein und verschiedene Techniken der Bewusstseinssteigerung in deinen Alltag zu integrieren. Gib dir selbst damit die Chance, von den zahlreichen Vorteilen für deine Resilienz und damit für dein gesamtes Leben zu profitieren. Suche dir die für dich persönlich effektivsten und schönsten Übungen heraus und gib diesen einen Platz in deiner täglichen Routine. Achtsamkeit lässt sich immer und überall, in jeder Lebenslage, praktizieren – es muss nicht einmal jemand bemerken.

Der achtsame Morgen

Beginne deinen Tag achtsam, noch während du mit geschlossenen Augen im Bett liegst.

- Richte deine Aufmerksamkeit auf dein inneres Erleben. Während du hier im Bett liegst, was kannst du wahrnehmen? Wie fühlt sich dein Körper an? Was geht in deinem Geist vor?
- Bewerte deine Empfindungen nicht. Bleibe ein Beobachter oder Zuschauer, wie du es bereits durch die Meta-Ebene gelernt hast. All deine Gefühle und Gedanken dürfen da sein und müssen nicht korrigiert oder gar eliminiert werden. Beginne mit sanften Bewegungen, die deinen Körper langsam aufwecken. Spüre genau in deine Finger, Hände und Arme, in deine Fußzehen, Füße und Beine hinein, wenn du diese bewegst.
- Strecke, räkle und dehne so deinen gesamten Körper genüsslich, sodass es sich gut für dich anfühlt. Bleibe dabei unbedingt mit der Aufmerksamkeit in deinem Körper.
- Wenn du bereit bist für den Tag, öffne langsam die Augen und versuche, die Achtsamkeit mit in die folgenden Tätigkeiten zu transportieren.

Das achtsame Essen

Wann immer du heute etwas zu dir nimmst, ob einen kleinen Snack oder eine ganze Mahlzeit, integriere Achtsamkeit.

- Richte deine Aufmerksamkeit nach innen. Frage dich selbst: Empfinde ich gerade Hunger? Nach welchen Lebensmitteln verlangt mein Körper hier und jetzt?
- Nutze all deine Sinne während des Essens. Betrachte deine Mahlzeit in all ihren Details eingehend. Nimm die Düfte in dir auf und versuche, alle Facetten und Konsistenzen herauszuschmecken.
- Esse langsam und genüsslich. Kaue mindestens 20-mal, bevor du erneut die Gabel oder den Löffel befüllst.
- Frage dich stets, ob du genug hast und satt bist. Beende dein Mahl, wenn du zufrieden und genährt bist.

Der achtsame Atem

Nutze deinen Atem wie einen Anker im stressigen Alltag. Wann immer du bemerkst, dass du eine kleine Verschnaufpause benötigst, um wieder zu Kräften zu kommen und den Kopf frei zu kriegen, atme achtsam.

- Stoppe sämtliche Tätigkeiten, die du gerade ausführst, und schließe die Augen.
- Richte deinen inneren Fokus vollständig auf deinen Atem. Beobachte die Luft, wie sie durch deine Nase ein- und wieder ausströmt. Welche Empfindungen kannst du an den Eingängen der Nasenlöcher wahrnehmen? Wie heben und senken sich dein Brust- und Bauchraum? Welche Temperatur hat der Atem beim Ein- und Ausfließen?
- Denke daran, den Atem nur zu beobachten und nicht kontrollieren zu wollen.
- Praktiziere den achtsamen Atem, bis du dich erholter und entspannter fühlst.

Das achtsame Warten

Im Laufe des Tages wirst du immer wieder Momenten begegnen, in denen du zum Warten gezwungen wirst, ob an der Kasse oder an der roten Ampel. Nutze diese Situationen ganz bewusst, um dich auf Achtsamkeit zu besinnen.

- Nimm deine Gefühle und Gedanken wahr. Fühlst du dich gerade gestresst? Hast du es eilig? Sind es Ärger und Ungeduld oder gar Langeweile, die dich plagen?
- Statt sich in diese Gefühle hineinzubegeben und sich damit zu identifizieren, probiere einmal aus, nur zuzuschauen, wie du dies fühlst. Bleibe der wertfreie Beobachter deiner inneren Welt, ohne sich darauf einzulassen.

Das achtsame Gehen

Transformiere selbst so scheinbar belanglose und alltägliche Dinge wie das Gehen von A nach B durch Achtsamkeit.

- Konzentriere dich auf deine untere Körperhälfte während des Gehens. Führe jeden einzelnen Schritt ganz bewusst aus, indem du wahrnimmst, welche Stellen den Boden zu welchem Zeitpunkt berühren, wie sich das Gewicht verlagert und welche Muskeln angestrengt werden.
- Anfangs hilft es, die Schrittgeschwindigkeit zu reduzieren, um mehr Zeit zum Hineinspüren zu haben.

Audiodatei 1
Meditation für mehr Achtsamkeit

Beende deinen achtsamen Tag mit einer abschließenden Meditation. Mache dich bettfertig und lege dich optimalerweise direkt nach dieser Achtsamkeitsübung schlafen.

- Begib dich in eine entspannte und aufrechte Sitzposition, in der du während der Dauer der Meditation bequem verweilen kannst.
- Schließe deine Augen und ziehe deine Aufmerksamkeit nach innen.
- Atme einmal tief durch die Nase ein und lösend durch den Mund aus. Lasse alle Sorgen und Probleme des Alltags mit jedem Ausatmen los.
- Konzentriere dich auf deinen Körper. Spüre genau, was du an den verschiedenen Stellen spürst. Wie fühlen sich die Kleidung und die Luft auf deiner Haut an? Wo berührt dein Körper den Boden? An welchen Bereichen bist du verspannt?
- Achte auf deinen Atem. Wie zeigen sich jetzt gerade das Ein- und Ausatmen? In welche Bereiche strömt die Luft?
- Wann immer du dich in Gedanken verlierst oder abschweifst, kehre einfach wieder zur Meditation zurück. Es ist nicht wichtig, wie oft du abdriftest, wichtiger ist es, dass du diese Phasen der Unbewusstheit bemerkst und wieder Achtsamkeit hineinbringst. Genau das ist der Sinn dieser Übung.
- Beende die Meditation sanft mit dem Öffnen der Augen und einem anschließenden Nachspüren. Wie fühlst du dich jetzt?

2. Werkzeug: Emotionale Intelligenz und soziale Kompetenz

EMOTIONEN VERSTEHEN UND NUTZEN

Jede Emotion, die im Menschen auftaucht, hat einen Grund, ansonsten würde es sie nicht geben. Viel zu voreilig bügeln wir gerne unsere Gefühle als kindisch, unangebracht oder inakzeptabel ab und nehmen dies als Anlass, um sie zu verdrängen. Es ist kein Wunder, dass wir nicht sehr oft anderen Erwachsenen begegnen, die über ihr Innenleben sprechen oder gar vor anderen Menschen weinen. Dabei ist es völlig natürlich, zu weinen, wenn man traurig ist, genauso wie es normal ist, zu lachen, wenn man glücklich ist. Mit den eigenen Gefühlen im Kontakt zu stehen, die von den Mitmenschen wahrzunehmen und damit umgehen zu können, ist eine Fähigkeit, die als emotionale Intelligenz bezeichnet wird. Was es mit dieser auf sich hat und wie sie in Verbindung mit der Resilienz steht, erfährst du in diesem Kapitel.

Emotionale Intelligenz (EQ)

Der Begriff emotionale Intelligenz umfasst die Kompetenz eines Menschen, sowohl die eigenen als auch die Gefühle anderer Menschen wahrzunehmen, sie begreifen zu können, sie zu beeinflussen und sie zu nutzen.

- **Wahrnehmung**: Eine Persönlichkeit mit einer hohen emotionalen Intelligenz ist demnach erstens in der Lage, ihre eigenen inneren Empfindungen mit Achtsamkeit zu erfassen und zu benennen. Außerdem kann sie die Mimik und Gestik ihres Gegenübers so interpretieren, dass sie auch dessen Gefühle ergründen kann.

- **Verständnis**: Zweitens kann sie die wahrgenommenen Emotionen verstehen, weil sie den Zusammenhang zwischen ihnen und dem Kontext, in dem sie sich zeigten, erkennt. Zudem kann sie zwischen Gefühlen, die durch einen selbst ausgelöst wurden, und denen, die durch andere entstanden sind, unterscheiden.

- **Beeinflussung**: Drittens ermöglichen das Wahrnehmen und Verstehen von Gefühlen deren Beeinflussung. Dies bezeichnet man als Selbstregulation, was den kontrollierten Umgang mit den eigenen Empfindungen beschreibt. Ein emotional intelligenter Mensch kann sein Innenleben also so weit selbst beeinflussen, dass ihn seine Gefühle nicht überwältigen.

- **Nutzung**: Viertens ist diese Persönlichkeit dazu fähig, ihre Emotionen so einzusetzen, dass sie ihr dienlich sind. Außerdem kann sie von ihren eigenen Erfahrungen und Regulationsmechanismen darauf schließen, was anderen Menschen in einer vergleichbaren Situation helfen könnte.

Emotionale Intelligenz als das Tor zur Resilienz

Die emotionale Intelligenz ist ein wichtiger Baustein der sozialen Kompetenz des Menschen. Ohne sie wärst du nicht in der Lage, mit anderen in Verbindung zu treten, ein harmonisches Miteinander zu erleben und dein Leben erfolgreich selbst zu gestalten. Demzufolge ist der EQ ein wichtiger Schutzfaktor deiner Gesundheit, denn bereits zahlreiche wissenschaftliche Studien haben bewiesen, dass Stress und negative Gefühle das Immunsystem schwächen. Außerdem fördern stabile emotionale zwischenmenschliche Verbindungen die Gesundheit dieser.

Emotionale Intelligenz bildet das Fundament für gelingende und gesunde zwischenmenschliche Beziehungen und intime Partnerschaften. Wenn du Zeit mit anderen Menschen verbringen möchtest, ist es wichtig, dass du gelernt hast, wie du dich emotional selbst kontrollieren kannst, dazu solltest du dich jedoch erst einmal selbst wahrnehmen können. Selbstverständlich spielen hier Fähigkeiten wie Mitgefühl und Empathie eine wichtige Rolle, die dir ermöglichen, auf deine Mitmenschen zu- und einzugehen. Da ein stabiles und auf Vertrauen basierendes soziales Netzwerk der schwerwiegendste Schlüsselfaktor der Resilienz darstellt, kann die Bedeutung der emotionalen Intelligenz für die psychische Widerstandsfähigkeit nicht genügend betont werden.

Selbst in beruflicher Hinsicht führt ein ausgeprägter EQ zu einer verbesserten Kooperationsfähigkeit innerhalb von Teams und Arbeitsgruppen. Du bist toleranter gegenüber deinen Kollegen und kannst ihnen mehr Verständnis entgegenbringen. Du kannst dich besser einfühlen, anpassen, mit anderen zusammenarbeiten, Kompromisse finden und Konflikte lösen. Auch in Bezug auf Kritik gelingt es dir besser, damit konstruktiv umzugehen, weshalb Menschen mit einer hohen emotionalen Intelligenz nachgesagt wird, erfolgreicher im Beruf und im Privaten zu sein. Insofern können besonders Individuen in Führungspositionen von einem ausgeprägten EQ profitieren, da sie es in der Hand haben, eine Unternehmenskultur zu prägen, die gesundheitsförderlich, motivierend, mitarbeiterbindend ist und sich dadurch langfristig als erfolgreicher herausstellt.

Die emotionale Intelligenz ist ebenso ein essenzieller Teil des Menschen wie auch die rationale Intelligenz (IQ), denn du kannst nur dann deinen Verstand nutzen, wenn du auch einen Zugriff zu diesem hast. Starke Emotionen hingegen machen diesen Zugang unmöglich, weshalb du die emotionale Intelligenz zwingend benötigst, um deinen Intellekt auszuleben und zum Einsatz zu bringen. Angst, Trauer oder Wut können dich in einen Zustand der Starre versetzen oder dich zu impulsiven Handlungen treiben, sollten diese Emotionen nicht reguliert werden. Besitzt du jedoch emotionale Intelligenz, befähigt dich diese dazu, kompetent mit Gefühlen umzugehen, die du als äußerst intensiv wahrnimmst und die in ihrer übersteigerten Ausprägung Fähigkeiten verdecken, die dir in Zeiten der Krisen und Herausforderungen helfen. Durch Selbstregulation kannst du negative Empfindungen reduzieren und zum anderen positive Emotionen verstärken, sodass du dir deine innere Welt selbst zum Vorteil machst. Du kannst deine Gefühle ohne Unterdrückung so umdeuten, dass sie einerseits erträglicher werden und dass sich andererseits dein Verständnis und Mitgefühl für dein eigenes Erleben erhöhen. Du lernst dadurch, dich und deine Emotionen mehr anzunehmen, und erlangst somit Kontrolle über sie. Durch Selbstregulation wirst du dir demnach bewusst, dass du selbst in der Hand hast, was du wie intensiv fühlst.

Dies ist eine grundlegende Fähigkeit beim Umgang mit Krisen, Herausforderungen, Schicksalsschlägen und Traumata, da in diesen Zeiten der Körper starkem Stress ausgesetzt ist und du eventuell dazu tendierst, dich auf die negativen Dinge und Emotionen zu fokussieren. Gelingt es dir, eine Veränderung innerhalb deiner Wahrnehmung hin zum Positiven vorzunehmen, sinkt dadurch zeitgleich dein Stressniveau ab. Kurz gesagt: Zugang zu deiner Resilienz bekommst du also nur, wenn du deine Gefühle in den Griff bekommst.

Hilfreiche Tipps für die Steigerung der emotionalen Intelligenz

• Übe regelmäßig Selbstreflexion. Wer sich selbst verstehen lernen möchte, muss einmal zunächst sich und seine Reaktion auf die Umwelt wahrnehmen können.

• Begib dich in Kontakt mit deinen Gefühlen. Auch wenn es manchmal schier unerträglich ist, sich mit seinen Emotionen auseinanderzusetzen, so ist deren Unterdrückung auch keine Lösung. Deine Empfindungen sind der Schlüssel für mehr Resilienz und Widerstandskraft im Leben.

• Akzeptiere die Persönlichkeit und die Ansichten anderer Menschen. Alle Menschen sind höchst individuell und dies anzuerkennen ist der erste

Schritt, um sich in eine Persönlichkeit hineinversetzen und sie verstehen zu können.

• Verbessere deine Kommunikationsfähigkeit und dein Konfliktmanagement. Mehr dazu erfährst du im Kapitel des 6. Werkzeugs der Resilienzschmiede.

• Beschäftige dich mit dem Leben und Inhalten deiner Mitmenschen. Wenn du andere Individuen näher kennenlernst, kannst du deren Beweggründe besser nachvollziehen. Dies erfordert Offenheit und Aufmerksamkeit.

Übung: Sich in andere Menschen hineinversetzen

Um die eigene emotionale Intelligenz zu trainieren, hilft es, sich bewusst in die Lage anderer Menschen hineinzuversetzen. Dadurch werden automatisch die Aspekte des EQs angesprochen: Schlüpfst du bewusst in die Rolle eines anderen, musst du seine Gefühle ergründen, um verstehen zu können, warum er so handelt, wie er es tut.

Diese Übung empfiehlt dir, Bücher und Geschichten zu lesen, bei denen du dich in die Charaktere hineinversetzen kannst. Die vom Autor beschriebenen Emotionen lassen die in den Büchern vorkommenden Persönlichkeiten lebendig werden. Interpretiere deren Gedanken, Worte und Taten, um dich darin zu üben, andere Perspektiven einzunehmen und Mitmenschen besser zu verstehen.

So gehst du vor:

• Besorge dir eine Unterhaltungslektüre, wie einen Roman, eine Geschichte oder eine Erzählung – kein Sachbuch. Der Inhalt ist nicht von Bedeutung, denn es geht allein um die verschiedenen Charaktere im Buch. Achte darauf, dass dir der Inhalt des Buches auch gefällt, damit du Spaß an der Übung hast.

• Lese das Buch aufmerksam durch und nimm währenddessen die Sichtweise des Protagonisten ein, als wenn du selbst den Inhalt der Erzählung erlebst. Versetze dich in seine Lage: Wie fühlt sich diese Person? Was erlebt sie? Was denkt sie vermutlich?

- Ein gutes Indiz dafür, dass du dich in die Lage des Protagonisten versetzen kannst, ist, dass du zeitweise mehr oder weniger seine Gefühle teilst. So kann es vorkommen, dass du mit ihm fühlst, wenn ihn die große Liebe verlässt, dass du dich mit ihm freust, wenn er Erfolg hat, oder du eine Träne verdrückst, wenn ein dem Protagonisten nahestehender Charakter verstirbt.

- Wenn du einen Schritt weitergehen möchtest, versuche nun auch, die beschriebenen Empfindungen der anderen Nebencharaktere des Buches wahrzunehmen und zu interpretieren.

- Lasse dies zu einem Spiel werden, bei dem du in verschiedene Rollen schlüpfst. Sei mal der Held der Geschichte, dann versetzt du dich wieder in die Lage des Schurken. Welche Erkenntnisse kannst du für dich aus dieser Übung ziehen?

ZWISCHENMENSCHLICHE BEZIEHUNGEN AUFBAUEN

Willst du deine Resilienzfähigkeit steigern, ist es unerlässlich, dass du dir ein soziales Netzwerk bestehend aus stabilen zwischenmenschlichen Beziehungen aufbaust. Übe dich darin, deine persönlichen wie auch sozialen Kompetenzen zu erweitern, damit ein gesundes und ausgeglichenes Geben und Nehmen zwischen dir und deinen Mitmenschen entstehen kann. Je sicherer du dich innerhalb deiner Beziehungen fühlst, je mehr Geborgenheit, Unterstützung, Förderung und Stabilität du in diesen findest, desto resilienter wirst du auf Krisen, Schicksalsschläge und Traumata reagieren.

Jeder Mensch geht im Laufe seines Lebens unzählige Beziehungen in allen Formen und Farben ein. Es beginnt mit der essenziellen Beziehung zur Mutter zum Beginn des Lebens. Mit zunehmendem Alter knüpft er immer mehr Verbindungen und baut sich so ein komplexes Netzwerk bestehend aus zwischenmenschlichen Kontakten auf. Was du bereits als Baby bei der Mutter suchtest, suchst du auch als Erwachsener noch in anderen Menschen: Zuwendung, Anerkennung und Liebe. Beziehungen, die auf Respekt und Empathie aufbauen, sind eine wichtige Quelle des persönlichen Wohlbefindens und der Selbstentwicklung. Du lernst dich durch andere Menschen besser kennen und wirst zu mehr Gesundheit und Wachstum inspiriert.

Dabei kann zwischen unterschiedlichen Formen von Beziehungen unterschieden werden:

- primäre Beziehungen und
- sekundäre Beziehungen.

Tiefergehende, intensive und intime Verbindungen zu anderen Menschen werden als **primäre Beziehungen** bezeichnet. Hier hegen und pflegen wir (fast) täglich sehr engen Kontakt zu einem Menschen oder einer sozialen Gruppe, wie dem Partner, besten Freunden oder Familienmitgliedern. Oberflächliche Kontakte hingegen nennen sich **sekundäre Beziehungen**, die sich weniger auf den Alltag und mehr auf gewohnheitsmäßige Begegnungen beschränken. Für einen resilienten Menschen stellt eine primäre Beziehung der wichtige Anker dar, der ihn während der Stürme des Lebens an Ort und Stelle hält.

Eigenschaften, die zwischenmenschliche Beziehungen fördern und zerstören können

In erster Linie basieren tiefergehende soziale Bindungen auf den Eigenschaften Zuneigung, Verständigung und Einfühlungsvermögen. Eine mangelnde Kommunikation, Respektlosigkeit sowie Eifersucht können hingegen eine Beziehung zum Kippen bringen. Weitere Aspekte, die für eine gelingende zwischenmenschliche Verbindung wichtig sind, sind diese:

- Aufrichtigkeit und Ehrlichkeit
- verzeihen können

- Verständnis
- Respekt
- Akzeptanz

Im Gegensatz dazu stellen sich die folgenden Eigenschaften als echte Beziehungskiller heraus:

- Unehrlichkeit
- mangelndes Zugehen aufeinander
- mangelndes Verständnis und Einfühlungsvermögen
- fehlende Empathie
- Verurteilungen und Bewertungen

Ein Faktor für gelingende Beziehungen, der immer wieder heraussticht und dem eine besonders wichtige Rolle zugeschrieben wird, wird nun im Detail näher betrachtet.

Die Fähigkeit der Empathie: Der Kleber, der Beziehungen zusammenhält

Empathie beschreibt die Kompetenz eines Menschen, sich in andere Individuen hineinversetzen, deren Gefühle gut einschätzen und mit ihnen mitfühlen zu können. Die Psychologie unterscheidet dabei zwischen kognitiver, emotionaler und sozialer Empathie.

- **Kognitive Empathie** umfasst das Wahrnehmen und Nachvollziehen können von Gefühlen und Gedanken der Mitmenschen. Dabei kann der empathische Mensch die Sichtweise eines anderen einnehmen, was Selbstreflexion voraussetzt.

- **Emotionale Empathie** zeugt von der Fähigkeit, sich in die Emotionen eines anderen Menschen so einzufühlen, als wären es die eigenen. Voraussetzung hierfür ist es, dass diese Gefühle bereits selbst zu einem früheren Zeitpunkt schon einmal erlebt wurden.

• **Soziale Empathie** baut auf kognitiver und emotionaler Empathie auf. Es handelt sich hierbei um die Kompetenz, sich in einen oder mehrere Menschen hineinversetzen zu können, um dadurch zu ergründen, welche Konsequenzen die eigenen Worte und Taten auf diesen oder diese Menschen haben.

Empathie bringt zahlreiche Vorteile mit sich, auf beruflicher sowie privater Ebene. Diese Fähigkeit ist die Basis stabiler zwischenmenschlicher Beziehungen, denn wer sich in Fremde und Freunde hineinversetzen kann, schließt einerseits schneller Freundschaften und kann diese andererseits besser pflegen. Empathie ist die Voraussetzung für die Entwicklung von Vertrauen, ohne das keine echte und tiefergehende Verbindung zwischen Persönlichkeiten entstehen kann. Innerhalb einer sozialen Gruppe oder eines Teams fördert das Mitgefühl das Verständnis für die anderen und sorgt für eine intensivere Zusammenarbeit und größere Hilfsbereitschaft. In Bezug auf die Lösung von Konflikten kann dank empathischen Verhaltens der Parteien diese frühzeitig aufgedeckt und konstruktiv gelöst werden. Zudem wirken Menschen auf ihr soziales Umfeld sympathischer, wenn sie sich empathisch ausdrücken und verhalten. Dadurch können sie andere motivieren und begeistern, sie anregen, ihre Talente zu entdecken und mehr aus sich zu machen.

Wie wichtig Empathie und Mitgefühl im Alltag sind, zeigen Beispiele wie diese: Innerhalb einer zwischenmenschlichen Beziehung baust du eine tiefe Verbindung zu einem anderen Individuum auf, indem du Anteil an diesem nimmst, Mitgefühl zeigst und ihm Rücksicht entgegenbringst. Für den anderen ist es wichtig, zu wissen, dass er in seinen Ängsten und Problemen verstanden wird, denn nur so können diese verarbeitet und gelöst werden. Außerdem benötigst du Empathie, um von deinen eigenen Ansichten abweichende Meinungen des Gegenübers zu respektieren und anzuerkennen, ohne dass du dich dadurch persönlich angegriffen fühlst.

Darüber hinaus ist Empathie auch im Beruf eine Eigenschaft, die nicht unterschätzt werden sollte. Sie erleichtert nicht nur das Miteinander und erfolgreiche Zusammenarbeiten mit den Kollegen und den Vorgesetzten, sondern kann sogar Leben retten.

Beispiel:
Polizisten müssen sich zwingend in fremde Menschen hineinversetzen können, um abzuwägen, welche Absichten diese hegen könnten. Die Fähigkeit zur Empathie ist hier überaus wichtig, damit die Polizisten in den schwierigen Situationen angemessen und richtig reagieren können.

Auch in anderen Berufszweigen bestimmt der Grad des Einfühlungsvermögens eines Angestellten, wie erfolgreich er arbeitet. So erfordert der Dienstleistungssektor von seinen Mitarbeitern, sich in die Wünsche der Kunden hineinzuversetzen, damit deren Bedürfnisse erfüllt werden und er zufrieden mit der Arbeit des Unternehmens ist. Kann der Kunde glücklich gemacht werden, bedeutet dies einen Anstieg des finanziellen Gewinns.

Für die Resilienz ist es jedoch auch wichtig, dass du Empathie dir selbst gegenüber zeigen kannst. Insbesondere in Zeiten, in denen dir Fehler unterlaufen sind, in denen du Traumata zu bewältigen hast oder andere Herausforderungen meistern musst, ist es von zentraler Bedeutung, wie du mit dir selbst umgehst. Viel zu häufig kritisieren wir uns und können uns unsere Missgeschicke nicht verzeihen, was nicht unbedingt von einem einfühlsamen Verhalten zeugt. Doch gerade in diesen schwierigen Momenten braucht jeder Mensch Trost und Zuspruch – von anderen *und* von sich selbst. Empathie befähigt dich dazu, nett zu dir selbst zu sein, nichts Unrealistisches von dir zu verlangen, dir selbst Mut zu machen und dich aufzubauen. Mit dieser Einstellung kannst du Schwierigkeiten meistern und überwinden, weil du dir deiner eigenen Unterstützung sicher sein kannst.

Hilfreiche Tipps für mehr Empathie in zwischenmenschlichen Beziehungen

- **Gehe unvoreingenommen auf andere zu.** Bleibst du offen für neue Sichtweisen und Persönlichkeiten, wirst du in der Lage sein, neue Beziehungen aufzubauen. Damit gibst du jedem Menschen eine Chance, denn selbst wenn es Eigenschaften gibt, die du an jemandem nicht gerne siehst, so können in jedem Menschen unzählige positive Dinge gefunden werden. Dafür musst du jedoch von Klischees und Vorurteilen ablassen.

- **Begegne anderen mit ehrlichem Interesse.** Du musst dich für deine Mitmenschen interessieren, wenn du wirklich ein Verständnis für deren Gedanken, Gefühle und Beweggründe entwickeln möchtest. Du kannst dich leichter in andere hineinversetzen, wenn du diese mit echtem Interesse nach deren Leidenschaften, Meinungen und Gefühlen fragst.

- **Höre deinem Gegenüber (und dir selbst) aktiv zu.** Wenn du mit anderen Menschen sprichst, schenke diesen deine ganze Aufmerksamkeit. Frage nach, wenn du etwas nicht verstanden hast, und gehe auf das Gesagte ein. Damit bringst du deinem Gesprächspartner Verständnis entgegen und vermittelst ihm Wertschätzung.

- **Offenbare dich selbst vor deinen Mitmenschen.** Wenn du möchtest, dass andere Menschen sich dir gegenüber öffnen, Empathie zeigen und mit dir eine zwischenmenschliche Bindung aufbauen, musst du dich selbst authentisch zeigen.

- **Kommuniziere dein Mitgefühl.** Berichtet dir ein anderer Mensch von einem Erlebnis oder einem Problem, baust du augenblicklich Verbundenheit auf, wenn du diesem mitteilst, dass du ihn verstehst oder die Situation nachvollziehen kannst, solange du es auch so meinst. Diese kommunizierte Empathie vermittelt dem anderen ein gutes Gefühl in deiner Gegenwart.

Übung: Die Beziehung aufbauen und stärken

Wenn du echte Verbundenheit zu deinen Mitmenschen spürst, erfüllt dich dieses wundervolle Gefühl mit Glück und Leichtigkeit. Du fühlst dich gesehen, verstanden und zugehörig. Du nimmst eine Nähe und Verbindung zum anderen wahr, die dich gut fühlen lässt und deine Beziehung zum Gegenüber stärkt. Für ein erfüllteres und resilienteres Leben solltest du starke zwischenmenschliche Beziehungen aufbauen und pflegen.

So gehst du vor:

- Arrangiere ein Treffen mit einem für dich sehr wichtigen Menschen in deinem Leben, der die Eigenschaften einer primären Beziehung erfüllt. Das könnte dein Partner, dein bester Freund oder ein wichtiges Familienmitglied sein. Finde einen Termin für eine gemeinsame entspannte Zeit.

- Sage deinem Gegenüber nicht, was du geplant hast, sondern gestalte das Treffen als Überraschung.

- Mache dich nun an die Vorbereitung: Nimm dir mindestens eine Stunde lang Zeit, um dich mit der jeweiligen Person intensiv zu beschäftigen. Rufe dir in Erinnerung, was du mit diesem wichtigen Menschen bereits im Leben alles durchgestanden hast. Denke an das, was er für dich getan hat, an die verständnisvollen Worte in schwierigen Zeiten oder die bedingungslose Unterstützung bei vergangenen Problemen. Lasse die vergangenen gemeinsamen Jahre Revue passieren und kultiviere in dir ein tiefes Gefühl der Wertschätzung und Dankbarkeit für diesen Menschen.

- Fülle anschließend mindestens eine DIN-A4-Seite handschriftlich, die zum Ausdruck bringt, was du für den anderen Menschen empfindest und wie wichtig es dir ist, dass dieser ein Teil deines Lebens ist.

- **Öffne dich.**

Für eine funktionierende zwischenmenschliche Beziehung ist es essenziell, dass beide Parteien die Deckung fallen lassen und sich authentisch zeigen. Häufig glauben wir, wir müssten stark sein, dürften keine Gefühle zeigen und wir würden uns nur lächerlich machen, wenn wir unsere Bedürfnisse und Wertschätzung kundtun. Echte Verbundenheit, die die Basis für ein stabiles soziales Netzwerk ist, kann jedoch nur entstehen, wenn du anderen erlaubst, hinter deine Schutzmauer zu blicken. Sich verletzlich zu zeigen, Dankbarkeit zu äußern und das wahre Ich zu zeigen, baut automatisch und augenblicklich eine Verbindung auf.Wenn das Treffen ansteht, empfange deinen Lieblingsmenschen und verbringt wertvolle gemeinsame Zeit. Bleibe währenddessen vollständig im Hier und Jetzt und lasse deine Gedanken nicht zu anderen Themen und Problemen abdriften.

- **Schenke deinem Gegenüber deine ungeteilte Aufmerksamkeit.**

Das Wertvollste, was du einem anderen Menschen geben kannst, ist deine Zeit, ebenso deine Aufmerksamkeit. Echte Verbindung zu anderen erfordert, dass du dich voll und ganz darauf einlässt und deinem Gegenüber, während gemeinsamer Begegnungen, Vorrang vor anderen Dingen gibst.

Damit bringst du größte Wertschätzung des anderen zum Ausdruck, was dieser unweigerlich spürt. Du zollst ihm so Respekt, weil du seine und deine eigene Zeit so gestaltest, dass du eine Verbindung mit diesem aufbauen und halten kannst. Überreiche diesem Menschen das von dir handschriftlich verfasste Papier. Lasse ihm Zeit, es zu lesen, und freue dich auf die dadurch entstehende Wärme und das gesteigerte Glück zwischen euch. Diese Geste der Dankbarkeit ist ein wahrer Auftrieb für deine Beziehung und stärkt ungemein die Verbundenheit zwischen euch.

- **Bringe Wertschätzung und Dankbarkeit zum Ausdruck.**

Auch, wenn wir glauben, dass die wichtigsten Menschen in unserem Leben bereits wissen, dass sie uns wichtig sind, ist es von großer Bedeutung, es diesen von Zeit zu Zeit direkt zu sagen oder anderweitig zum Ausdruck zu bringen. Es ist nicht selbstverständlich, was andere Menschen für uns Großartiges tun, dass sie Zeit investieren, um uns zu unterstützen, und uns so annehmen, wie wir sind. Deswegen gibt es unzählige Gründe, um dankbar zu sein und die zwischenmenschlichen Beziehungen in unserem Leben wertzuschätzen, um sie weiter aufzubauen und zu stärken.

KRISENBEWÄLTIGUNG UND TRAUMAHEILUNG

Traumata: Formen und Folgen

Wann ein Mensch ein bestimmtes Ereignis als Krise oder gar Trauma einstuft, ist vollständig von ihm selbst und seinem bisherigen Leben abhängig. Traumata können also nicht anhand einer bestimmten Begebenheit erkannt werden. Hier spielt die Fähigkeit der Resilienz eine wichtige Rolle, denn je nachdem, wie ausgeprägt die Selbstregulation des Einzelnen ist, woran er glaubt, wie sicher er in ein soziales Netzwerk eingebunden ist sowie welche Ressourcen ihm im Leben und nach dem Ereignis zur Verfügung stehen, entscheidet sich, ob und wie er damit umgeht. Manche Menschen mögen durch einzelne Aussagen oder Unfälle traumatisiert werden, während andere dies mit Leichtigkeit wegstecken und erst bei gewalttätigen Übergriffen und Attentaten traumatisiert reagieren. In diesen Fällen spricht man von sogenannten **Schocktraumata**, das die allgemein geläufige Form des Traumas ist. Es beschreibt eine einmalige Situation, die als Negativerfahrung im Gehirn abgespeichert wird. Betroffene sind häufig nicht in der Lage, über das Erlebnis zu sprechen, weil sie entweder von der Erinnerung daran überwältigt werden oder weil sie ihre Gefühle währenddessen von sich abspalten. Unbewusst schützen wir uns selbst vor weiteren Ereignissen dieser Art, indem sich unser Organismus in einen Zustand erhöhter Achtsamkeit versetzt. Die Konsequenzen sind, dass wir uns innerlich nicht mehr richtig entspannen können und wir verstärkt auf Sinnesreize reagieren. Begegnen wir zu einem späteren Zeitpunkt Schlüsselreizen, die uns an das Trauma erinnern, werden wir schlagartig zurück in die traumatische Situation des Ursprungsereignisses geworfen und durchleben den Schreck von Neuem. Das kann zum Beispiel geschehen, wenn der Partner dich respektlos behandelt und du dadurch an dein Trauma in der Kindheit erinnert wirst, als deine Eltern dich ebenfalls respektlos behandelten. Die Reaktion darauf kann entweder heftige Übererregung sein, das heißt, wir nehmen eine Kampf-oder-Flucht-Haltung ein und zeigen dies durch Wutanfälle oder andere irrationale Gefühlsausbrüche oder aber wir erstarren und kollabieren, zeigen Anzeichen von Angstzuständen und Depressionen. Erst, wenn das Trauma verarbeitet ist, reguliert und normalisiert sich das Niveau der Erregung und Sinneswahrnehmung wieder.

Löst nicht ein einzelnes Ereignis ein Trauma aus, sondern sind es wiederholte stressauslösende Reize, so sprechen wir von einem **Entwicklungstrauma**. Hier ist der Betroffene langanhaltendem Stress ausgesetzt, zum Beispiel, wenn er während der Kindheit über einen langen Zeitraum hinweg zu wenig Liebe und Bindung erfahren hat, Gewalt ausgeliefert war oder aber überbehütet wurde. Auch ein zwanghaftes Umfeld, eine äußerst rigide Erziehung, Verwahrlosung und eine permanente Grenzüberschreitung während der ersten Lebensjahre können traumatisch sein. Ebenso kann ein Kind permanenten und langanhaltenden Stress bei einem fehlenden Spiegeln seiner Gefühle durch Mimik und Gestik durch die Eltern empfinden. Auch, wenn das Kind nicht in seiner Stressregulation unterstützt wurde, zum Beispiel, indem die Bezugspersonen es schreien ließen, ohne darauf zu reagieren, kann ein Trauma entstehen, das das gesamte künftige Leben beeinflusst. Allgemein reagieren Babys in den prägenden Jahren sehr feinfühlig auf fehlenden körperlichen und emotionalen Kontakt durch die Eltern, wenn diese sich nicht mit ihnen auf eine angemessene Art beschäftigen. Die Folgen der Traumatisierung integrieren sich in der Persönlichkeit des Betroffenen, weil aufgrund der Dauer des toxischen Stresses eine Anpassung des Charakters stattgefunden hat. Ein Entwicklungstrauma formt demnach maßgeblich das Ich eines Menschen.

Krisenbewältigung und Traumaheilung

Die Verarbeitung und Überwindung sind nichts, was du mit einer Zaubertechnik oder einer Wunderpille erreichst. Traumata zu heilen erfordert, dass du dich mit den schmerzhaften Geschehnissen auseinandersetzt, und zwar wieder und wieder, bis das Leid in dir allmählich nachlässt und sich die Wunde verschließen kann. Verdrängte und von dir abgespaltene Gefühle müssen gefühlt werden, sonst können sie dich nicht in Frieden lassen. Dies beschreibt einen längeren Prozess, der mal leichter und mal schwerer sein wird, doch er lohnt sich.

Das Trauma akzeptieren

Die wichtigste Grundvoraussetzung für die Heilung eines Traumas ist, dass du es anerkennst. Während des traumatischen Erlebnisses, das du durchlebt hast, konntest du nur überleben, indem du das Überwältigende verdrängt und abgespalten hast. Das ist gut und wichtig so, doch es erschwert dir zunächst das Akzeptieren deiner Gefühle. Möchtest du weiterkommen und heilen, musst du jedoch aufhören, das Ereignis und deinen Schmerz darüber zu leugnen. Gib deine Ausreden auf und stelle dich der leidvollen Erinnerungen. Die Wahrheit kann schockieren und wehtun, doch sie befreit dich auch.

Sich zur Heilung entschließen

Es ist wichtig, dass du dich mit starker Entschlossenheit und Willen für eine Verarbeitung und Überwindung des Traumas entscheidest. Es wird viel Disziplin und Mut benötigen, sich mit abgespaltenen Gefühlen auseinanderzusetzen und sich den vergangenen Geschehnissen zu stellen, doch dies ist der einzige Weg, um bestehende Probleme zu lösen und das eigene Leben zu verbessern.

Sich bewusst werden, dass das Trauma vergangen ist

Für den Betroffenen ist es von großer Erleichterung, wenn dieser sich in Sicherheit weiß. Er muss sich bewusst werden, dass das Trauma der Vergangenheit angehört und nun keine Gefahr mehr darstellt. Der menschliche Organismus kann erst dann wirklich zur Ruhe kommen und sich psychisch wie physisch herunterfahren. Dabei hilft es, das traumatische Erlebnis abzuschließen und anzuerkennen, dass man nun sicher ist. Wenn der Betroffene jedoch ständig Schlüsselreizen ausgeliefert ist, die immer wieder aufs Neue die Erlebnisse des Traumas hervorrufen, kann er unmöglich damit abschließen. Auch, wenn das Ereignis an sich in der Vergangenheit liegt, so empfindet der menschliche Organismus dies als immer noch präsent, wodurch er sich gezwungen sieht, dementsprechend schützende Maßnahmen zu ergreifen. Deshalb ist es wichtig, sich einen Raum zur Heilung zu nehmen, sodass der Heilungsprozess durch das Gefühl der Sicherheit unterstützt und begleitet wird.

Sich mit dem eigenen Körper verbinden

Es ist ein Grundpfeiler der Traumaheilung, sich mit sich selbst in Kontakt zu begeben – mit der Psyche und dem Körper. Viele Betroffene haben ein gutes Körpergefühl verloren, was jedoch wichtig ist, um sich selbst wieder als ganzen Menschen zu erleben. Emotionen, die während des Traumas entstanden sind und verdrängt wurden, speichert der Organismus in Form von An- und Verspannungen im Körper ab, weshalb Heilung nie ohne das Einbeziehen der körperlichen Ebene geschehen kann. Durch diverse Sportarten und physische Techniken können diese stagnierten und abgekapselten Emotionen wieder gelöst und schlussendlich verabschiedet werden. Yoga, Entspannungsübungen, Atemtechniken, emotionales Schütteln und Zittern sind Beispiele für hilfreiche Methoden.

Sich mit anderen Menschen verbinden

In der Regel fällt es traumatisierten Menschen schwerer, echte Nähe und Verbundenheit zu Mitmenschen aufzubauen, weil diese in der Vergangenheit erleben mussten, dass es äußerst schmerzhaft sein kann, sich anderen Menschen zu öffnen. Doch nur das Durchbrechen dieses Musters kann den bestehenden Konflikt zwischen dem Wunsch nach Nähe und der Angst vor Verbindung auflösen. Es müssen neue Erfahrungen geschaffen werden, die dem Organismus signalisieren, dass es sicher ist, zu vertrauen und sich geborgen zu fühlen.

Das Trauma verstehen lernen

Es ist ungemein hilfreich, sich selbst darüber zu informieren, wie Traumata entstehen und warum es sie gibt. Dieses theoretische Wissen und die Erfahrungsberichte von anderen Betroffenen erleichtern das Durchleben des eigenen Heilungsprozesses und ermutigen zum Weitermachen. Das Trauma fühlt sich dann nicht mehr ganz so willkürlich und undefiniert an, weil du verstehst, wie es funktioniert, und weil du die Ursache dahinter ergründest.

Die Persönlichkeit hinter dem Trauma entdecken

Viele Betroffene fallen während der Traumaheilung in eine Identitätskrise, weil sie sich plötzlich nicht mehr selbst wiedererkennen. Durch die traumatische Erfahrung adaptierten sie gewisse Mechanismen, Glaubenssätze und Verhaltensweisen, die die Bewältigung der Krise ermöglichten. Diese haben sich von selbst als Teil der Persönlichkeit integriert, doch nun, während des Aufarbeitens des Traumas, gelangen Betroffene an den Punkt, an dem sie diese Muster hinterfragen. „*Wer bin ich eigentlich?*" ist die Frage aller Fragen, die sich mit zunehmender Bewusstwerdung stellt.

Sich mit dem eigenen inneren Kind beschäftigen

Als das innere Kind wird ein Persönlichkeitsanteil bezeichnet, der noch immer im Schmerz und Leid vergangener Kindheitserfahrungen gefangen ist und diese Gefühle so durchlebt, als wären sie noch aktuell. Das ist dann der Fall, wenn du deine Gefühle aus der Kindheit noch nicht verarbeitet hast. Die Folge ist, dass du selbst als Erwachsener die unerfüllten Bedürfnisse deines inneren Kindes nach Anerkennung und Liebe nach außen projizierst. Dann suchst du verzweifelt bei deinen Eltern, deinem Lebenspartner oder anderen Menschen das, was dir als Kleinkind verwehrt wurde. Es ist jedoch nicht richtig, von deinen Mitmenschen zu verlangen, eine Leere in dir zu füllen, die niemand anders außer du selbst füllen kann. Es ist deine eigene Verantwortung, weshalb die Arbeit mit deinem inneren Kind ein wichtiger Schritt zur Heilung ist. Eine Übung dazu findest du am Ende dieses Kapitels.

Hilfe annehmen

Viele Schritte der Krisenbewältigung und Traumaheilung kannst du selbst gehen, doch bei manchen darfst du auch professionelle therapeutische Unterstützung annehmen. Erfahrene Therapeuten wissen um die Traumamechanismen und können mit Techniken und Verfahren Betroffenen beiseitestehen, die die Verarbeitung und Bewältigung der Krise erleichtern. Sie arbeiten gemeinsam mit den Betroffenen an deren Gefühlen und bringen sie wieder in Kontakt mit der eigenen Wahrnehmung. Zudem stellt ein guter Therapeut einen sicheren und vertrauensvollen Raum zur Verfügung, der es Betroffenen erleichtert, sich fallen zu lassen und zu öffnen.

Die Krise als Chance

Viele Menschen berichten davon, dass erst ihr Trauma und die Verarbeitung von diesem ihr Leben noch reichhaltiger und erfüllter machten, obwohl beides so viel Schmerz beinhaltete. Es zwang sie regelrecht dazu, neue Wege zu gehen, mehr Mitgefühl sich selbst und ihren geliebten Menschen entgegenzubringen, sodass sich ihr Gefühlsleben sowie ihre zwischenmenschlichen Beziehungen auf ein Niveau anhoben, das höher als je zuvor ist. Behalte dies stets im Hinterkopf, während du deine eigenen Krisen und Traumata bewältigst.

Übung: Die Arbeit mit dem inneren Kind und die URSA-Methode

Der Persönlichkeitsanteil im Menschen, der als das innere Kind bezeichnet wird, kannst du dir genau wie ein Kind vorstellen. Es ist spielerisch unterwegs, ist neugierig und möchte verstehen, doch es sucht auch aktiv nach Zuneigung, Geborgenheit und Liebe. Bei der Arbeit mit dem inneren Kind ist es wichtig, dass du mit diesem Anteil in dir wie mit einem verletzten Kind umgehst, damit es heilen kann. Du wählst also eine leicht verständliche und direkte Sprache und versorgst es mit dem, was es braucht und wonach es verlangt. Für diese Übung musst du bereit sein, dich mit abgespaltenen Anteilen deiner Persönlichkeit und deinen Gefühlen auseinanderzusetzen.

- Begib dich an einen ruhigen und sicheren Ort, an dem du ungestört bist und dich fallen lassen kannst.

- Nimm ein Foto von dir selbst aus deiner Kindheit hervor. Für einen besseren Effekt wähle eines, auf dem du weniger glücklich aussiehst, vielleicht sogar weinst. Dieses Foto soll es dir leichter machen, dich selbst als Kind zu visualisieren.

- Schließe nach der Betrachtung des Bildes nun die Augen und stelle dir dich selbst als Kind vor deinem inneren Auge vor. Beobachte dein inneres Kind eindringlich. Welche Mimik und Gestik hat es? Wie verhält es sich? Sagt es möglicherweise sogar etwas zu dir? Tue erst einmal nichts weiter, als dich auf dein inneres Kind einzustellen und ihm ohne Wertung zuzusehen und zuzuhören, bis es von selbst verstummt oder sich zum Ausdruck gebracht hat. Bleibe offen und erlaube jede Form der Reaktion.

- Gehe nun als dein derzeitiges erwachsenes Ich auf dein inneres Kind gedanklich zu. Sprich es auf eine beruhigende, sanfte und liebevolle Weise an. Du könntest zum Beispiel Folgendes sagen:

„Ich liebe dich, egal, was passiert. Du bist genau richtig so, wie du bist, und es gibt nichts, was das ändern könnte. Ich bin immer für dich da. Du bist mir sehr wichtig."

• Nimm dein inneres Kind nun in die Arme. Schenke ihm all die Geborgenheit und Zuneigung, die es in der Vergangenheit nie bekommen hat. Halte diese liebevolle Umarmung so lange, bis du bemerkst, dass es nun genug ist. Genieße das Gefühl der Liebe und Aufmerksamkeit, das du dir mit dieser Übung selbst gibst.

• Wann immer du in deinem Alltag bemerkst, dass ein verletzter innerer Persönlichkeitsanteil in dir aufschreit, wiederhole diese Übung. Dein inneres Kind wird mit der Zeit Heilung finden, wenn es merkt, dass es jetzt sicher ist und dass du dir selbst das geben kannst, was du brauchst. Dann musst du diese Bedürfnisse nicht mehr auf dein soziales Umfeld projizieren und anderen Menschen die Bürde auferlegen, diese zu befriedigen – was deinen Mitmenschen ohnehin niemals gelingen kann.

• In einer Situation des Stresses, in der sich viel emotionale Energie, wie Wut, Angst oder Trauer, anstaut, kannst du mit deinem Trauma durch die **URSA-Methode** arbeiten. Dadurch lassen sich negative und belastende Emotionen lösen, die sich im Bereich um den Bauchnabel ansammeln und durch die folgende Übung entfernt werden.

So gehst du vor:

• Lege deinen Zeige- und Mittelfinger auf den Bauchnabel und drücke leicht zu. Dabei kannst du die dort angestauten Gefühle noch einmal spüren.

• Streiche anschließend diese Emotionen mithilfe deiner Finger aus dem Bauchnabel hinaus zu den Seiten in Richtung deiner Rippen.

• Führe dieses Ausstreichen einige Male aus, bis du spürst, dass die Intensität der Gefühle nachlässt.

SELBSTERMÄCHTIGUNG UND SELBSTWIRKSAMKEIT

Selbstwirksamkeit: Das Fundament der Resilienz

Eine bedeutsame Grundlage der Resilienz, auf die bisher noch nicht eingegangen wurde, ist die sogenannte **Selbstwirksamkeit**. Dieser Aspekt ist bei resilienten Menschen besonders stark ausgeprägt, denn sie vertreten die tiefe Überzeugung, dass sie fähig dazu sind, schwierige Krisen und Herausforderungen meistern zu können. Selbstwirksamkeit beschreibt den Glauben an die eigenen Fähigkeiten und Kompetenzen und das Vertrauen darin, dass man für Schicksalsschläge gerüstet ist und diese unbeschadet überstehen wird.

Resiliente Menschen zeichnen sich durch ihre **Selbstermächtigung** aus. Statt sich als Spielball des Schicksals zu betrachten und sich als handlungsohnmächtig wahrzunehmen, agieren sie selbstbestimmt. Sie vertreten ihre Interessen und Meinungen eigenmächtig und selbstbestimmt. Die Rede ist von autonomen und unabhängigen Persönlichkeiten, die sich selbst genug vertrauen und sich einen gewissen Gestaltungs- und Handlungsspielraum einräumen, der es ihnen ermöglicht, ihre Stärken zu offenbaren, ihre Potentiale zu entdecken, Prozesse in Gang zu setzen, über sich selbst hinauszuwachsen und schließlich ein selbstbestimmtes Leben zu bestreiten.

Selbstwirksamkeit in der Praxis: Zwei Lebenseinstellungen im Vergleich

Menschen, die wenig Resilienz aufweisen, erleben häufig großen psychischen Stress, weil sie sich dem Menschsein nicht gewappnet fühlen. Häufig beschreiben Sie es folgendermaßen:

„Das Leben steckt voller Krisen. An jeder Ecke wartet ein neues Problem und wenn es gelöst wurde und man sich gerade auf diesem Erfolg ausruhen möchte, wartet da schon das nächste auf einen, ohne dass man eine Verschnaufpause hat. Alles ist ein Kampf. Man ist wie ein Ping-Pong-Ball, der von einer Seite zur anderen fliegt und keine Kontrolle über das hat, was geschieht. Das Leben ist hart und unfair, es bombardiert einen mit harten Schlägen und erwartet dann, dass man weitermachen kann wie vorher. Dabei wird es immer schlimmer. Trennung, Verlust und Tod können niemals überwunden werden, sie hinterlassen immer Narben in der Persönlichkeit. Man versucht einfach, nicht unterzugehen im Sturm des Lebens, doch worin liegt eigentlich der Sinn im Versuch? Es hat doch eh keinen Zweck. Das Schicksal meint es nicht gut mit einem und dagegen kann man einfach nichts machen."

Diese Aussagen eines schwach resilienten Menschen liegen wie ein schwerer Kloß im Magen und zeigen auf eine deutliche Art und Weise, wie sich fehlende Resilienz auf das Leben eines Individuums auswirkt. Sie verursacht, dass sie an sich und den eigenen Fähigkeiten zweifeln, anfällig für Ängste und Depressionen sind, es ihnen an Engagement und Motivation zur Handlung fehlt, weil sie ohnehin nicht an den eigenen Erfolg glauben. Diese Menschen vermeiden sogar in der Regel Herausforderungen, da sie mit Scheitern rechnen und unsicher sind. Sie fokussieren sich auf das, was schlecht gelaufen ist, auf die eigenen Mängel und fehlenden Stärken. Allgemein erholen sie sich nur sehr langsam von Rückschlägen und Niederlagen. Das Zitat zieht die eigene Stimmung stark in den Keller, denn diese Sicht auf das Leben ist sehr deprimierend. Sie macht passiv, hoffnungslos und lähmt. Von Selbstwirksamkeit ist hier nichts zu erkennen.

Schaue dir nun im Vergleich dazu ein Zitat eines resilienten und selbstwirksamen Menschen an und lasse dich davon wieder ermuntern:

„Das Leben kann hart sein – ja, das ist richtig. Doch Krisen gehören einfach mit dazu, genauso wie das Glück Teil des Lebens ist. Die Frage ist, wie mit Schwierigkeiten umgegangen wird. Krisen sind Chancen und jede Chance birgt die Möglichkeit, etwas Neues zu lernen und über sich hinauszuwachsen. Was mich nicht umbringt, macht mich stärker. Außerdem ist keiner allein auf diesem Weg, denn andere Menschen unterstützen einen und stehen einem bei. Manchmal müssen gewisse Dinge getan werden, damit Probleme sich lösen können, doch die Mühe lohnt sich immer. Es gibt nichts, was der Mensch nicht schaffen kann. Ich weiß, dass das Leben einem nur Herausforderungen vor die Nase setzt, die man auch bewältigen kann, demnach gibt es für jede Krise eine Lösung. Das Leben ist so facettenreich und genau diese Komplexität macht es so interessant."

Wie fühlst du dich, nachdem du dieses Zitat gelesen hast? Diese Aussagen zeugen von einem Menschen, der sich offensichtlich dem Leben mit all seinen Launen gewappnet fühlt. Die Worte wirken auf den Leser motivierend und aufbauend zugleich, während sie eine sehr positive und optimistische Lebenseinstellung darlegen, denen es nicht an Realismus mangelt. Für welche der beiden Lebensweisen würdest du dich entscheiden? Welche ermöglicht dir deiner Meinung nach, unabhängig von Schicksalsschlägen und Traumata, ein erfüllteres, glücklicheres und leichteres Leben?

„Ich kann das!" – Das innere Wissen, das Leben meistern zu können

Selbstwirksame und weniger selbstwirksame Menschen unterscheidet die Herangehensweise an Probleme und Krisen. Während der eine diesen aus dem Weg zu gehen versucht und alles dafür tut, um zu vermeiden, dass Schwierigkeiten entstehen, zeigt der andere keinerlei Angst in Bezug auf diese. Er freut sich sogar darauf, wenn das Leben mal wieder ein paar neue Aufgaben für ihn in petto hat, denn er weiß genau, dass er sie schon auf irgendeine Art regeln wird. Hilflosigkeit ist für selbstwirksame und resiliente Menschen ein Fremdwort, ebenso wenig haben sie in der Regel mit Versagensängsten, der Angst vor Zurückweisung und der Angst, nicht stark genug zu sein, zu kämpfen. *„Ich kann das!"* ist ein Glaubenssatz, den viele selbstermächtigte Menschen teilen.

Hilfreiche Tipps für mehr Selbstwirksamkeit und Selbstermächtigung

- **Werde dir deiner Stärken und Kompetenzen bewusst.** Selbstwirksame Menschen wissen genau, was sie richtig gut können, und haben keinen Zweifel daran, dass diese Fähigkeiten ihnen im Notfall helfen werden.
- **Verbessere deinen Umgang mit Fehlern und Niederlagen.** Selbstwirksame Persönlichkeiten sehen Fehler nicht als Problem an, sondern als Hinweis

darauf, was sie verbessern können. Diese Sichtweise motiviert sie zu weiteren Schritten der Handlung, die sie der Lösung eines Problems näherbringen.

- **Gehe mit Rückschlägen konstruktiv um.** Menschen mit einem hohen Maß an Selbstwirksamkeit lassen sich von Rückschlägen nicht so einfach umhauen. Mithilfe intensiver, ehrlicher und realistischer Selbstreflexion können Sie die Chancen hinter dem kleinen „Umweg" auf dem Weg zum Ziel erkennen und entdecken, dass Rückschläge sie sogar auf lange Sicht noch besser machen und weiterbringen.

- **Verdeutliche dir deine bisherigen Erfolge.** Steigere dein Selbstbewusstsein, indem du dir klarmachst, wie viel du bereits erreicht hast und zu welchen großartigen Leistungen du tatsächlich imstande bist. Es gibt immer einen Grund, sich selbst und die eigenen Erfolge zu feiern. Erfolgserlebnisse steigern das Selbstbewusstsein, Selbstvertrauen und somit die Selbstwirksamkeit. Freue dich deshalb über jeden noch so kleinen Erfolg, der dir abermals bewiesen hat, wie fähig du bist. Eine gute Möglichkeit, wie du dir deine Erfolge veranschaulichen kannst, ist das Erfolgstagebuch, in dem du vergangene und neue positive Erfahrungen verschriftlichst und sammelst.

- **Lerne, dir selbst zu vertrauen.** Auch wenn du jetzt gerade möglicherweise noch keine Lösung für dein derzeitiges Problem siehst, bedeutet dies nicht, dass du nie eine finden wirst. Habe Vertrauen darin, dass dir im richtigen Moment eine Idee kommen wird, die die ganze Situation in einem neuen Licht erscheinen lässt.

- **Betreibe intensive Selbstreflexion.** In einem vorherigen Kapitel wurde bereits berichtet, welche Bedeutung es hat, die eigenen Glaubenssätze und Verhaltensmuster zu analysieren und weiterzuentwickeln.

- **Arbeite an deiner Motivation.** Frage dich, warum du ein bestimmtes Ziel erreichen möchtest, und lasse dich von dieser Antwort zu weiteren Schritten motivieren. Halte dir diese stets vor Augen, insbesondere dann, wenn es mal schwer wird, damit du dein Ziel nicht aus den Augen verlierst.

- **Übernimm Verantwortung für dich selbst.** Du bist der Schöpfer deines Lebens und es liegt ganz allein in deinen Händen, wie du das Leben betrachtest, wie du mit Herausforderungen umgehst und wie du deine Träume realisierst. Niemand anders und auch das Schicksal tragen keine Schuld an deinem Leid und Schmerz. Wenn du unglücklich und unzufrieden bist, kannst nur du selbst etwas daran ändern.

- **Suche dir Inspiration.** Andere Menschen können dir als Vorbild dienen. Wer ähnliche Herausforderungen gemeistert und ähnliche Ziele erreicht hat, kann dich dazu inspirieren, weiterhin an deinen Wünschen festzuhalten und nicht aufzugeben. Vorbilder sollen jedoch der Unterstützung und Motivation dienen und nicht zu Inhalten übersteigerter Selbstkritik gemacht werden.

- **Arbeite an deinen persönlichen Überzeugungen.** Stelle sicher, dass du fest daran glaubst, dass du in der Lage dazu bist, Herausforderungen zu meistern und Probleme zu bewältigen.

- **Setze dir feste kurzfristige und langfristige Ziele.** Selbstwirksame Menschen wissen genau, was sie wollen, und halten sich ihre Träume stets vor Augen.

- **Plane deine Zielerreichung.** Hast du klare Ziele formuliert, erarbeite einen verbindlichen Plan, wie du diese erreichen kannst. Formuliere einzelne praktische und konkrete Schritte auf dem Weg zum Ziel und beginne noch heute mit dem ersten. Je intensiver diese Planung erfolgt, desto eher glaubst du selbst an deren Umsetzung.

- **Lass dich von dir nahestehenden Menschen ermutigen.** Wenn andere an uns glauben, tendieren wir dazu, uns ebenfalls mehr zuzutrauen.

- **Mache Selbstwirksamkeitserfahrungen.** Scheue dich in Zukunft nicht länger vor Herausforderungen, sondern nimm sie an. Nur, wenn du dir immer wieder selbst beweist, was du drauf hast, gewinnst du echtes und nachhaltiges Vertrauen in deine Fähigkeiten.

Übung: Neues wagen

Für Menschen mit wenig Selbstvertrauen und Selbstwirksamkeit mag diese Übung zunächst beängstigend sein, doch je größer die Angst vorher ist, desto effektiver wird sie sein. Mit dieser kleinen Herausforderung wirst du das Repertoire an Selbstwirksamkeitserfahrungen aufstocken, auf das du zukünftig in schwierigen Zeiten, in denen viel Resilienz gefragt ist, zurückgreifen kannst.

So gehst du vor:

• Nimm dir ab sofort vor, Neues zu wagen. Ob in beruflicher oder privater Hinsicht, ist egal, Hauptsache, du tust Dinge, die du vorher gemieden oder noch nie gemacht hast.

Wolltest du schon immer mal das neue Rezept ausprobieren? **Tu es.**
Hast du dich noch nie getraut, allein ins Restaurant essen zu gehen? **Tu es.**
Hast du dich nie getraut, eine neue Sportart zu erlernen? **Tu es.**
Wolltest du schon immer auf eine Party gehen und fremde Menschen ansprechen? **Tu es.**
Ist es schon lange dein Traum, in den Urlaub weit weg zu fliegen? **Tu es.**

• Damit du dich nicht gleich überforderst, gehe die Dinge zunächst langsam an, eben so, wie es sich für dich gut anfühlt. Du solltest dich jedoch herausgefordert fühlen, dabei darf dein Herz gerne ein wenig zu schlagen beginnen und deine Hände dürfen schwitzig werden. Diese körperlichen Symptome zeugen davon, dass du gerade etwas tust, was sich außerhalb deiner Komfortzone befindet. Doch hast du diese Situation gemeistert, so wirst du dich so lebendig und selbstbewusst wie schon lange nicht mehr fühlen.

• Feiere deinen Erfolg. Ist dir etwas Neues gelungen oder bist du über deinen eigenen Schatten gesprungen, gibt es einen triftigen Grund, sich ordentlich selbst auf die Schulter zu klopfen. Herzlichen Glückwunsch.

3. Werkzeug: Die Kunst der Anpassungsfähigkeit

ADAPTABILITÄT UND FLEXIBILITÄT

Adaptabilität: Die Definition und Bedeutung der psychischen Flexibilität des Menschen

Die Geschichte der Menschheit und unser eigenes Leben lehren uns, dass wir nicht in der Lage dazu sind, Ereignisse und Ergebnisse vorauszusehen. Jeder Mensch wird früher oder später in die Situation gelangen, in der er sich einem unvorhergesehenen Problem stellen muss. Das kann potenziell starken Stress verursachen und die Person handlungsunfähig werden lassen, insofern sie sich nicht an die neuen Gegebenheiten anpassen kann und nicht resilient ist.

Es sind jedoch nicht nur die akuten Krisensituationen, in denen die Anpassungsfähigkeit eines Menschen gefragt ist. Da die Welt höchst volatil, unbeständig, mehrdeutig und komplex ist, herrscht überall und immerzu Unsicherheit über das, was passieren kann und wird. Obwohl die alltägliche Routine häufig wiederholend und langweilig erscheint, ist auch der Alltag niemals identisch und vor allem sicher. Aufgrund dieses permanenten Wandels der Welt ist es in unserer modernen Gesellschaft von großer Bedeutung, dass der Einzelne Resilienz beweist und sich den rasanten Veränderungen anpassen kann.

Die sogenannte Adaptabilität schenkt dir Fähigkeiten und Kernkompetenzen, wie sie auch ein Chamäleon besitzt: Du kannst verschiedene Sichtweisen einnehmen. Es ist dir möglich, dich in verschiedene Rollen zu begeben, zum Beispiel in die des Kindes für deine Eltern oder in die des Chefs für deine Mitarbeiter, außerdem kannst du zwischen diesen Rollen hin und her springen. Anpassungsfähig zu sein bedeutet außerdem, das eigene Denken, Fühlen, Sprechen und Handeln an gewisse gesellschaftliche oder private Kontexte anzulehnen – entweder temporär, zum Beispiel, wenn du mit deiner Familie gemeinsam eine Aufgabe löst, oder permanent, beispielsweise, wenn du einen Schicksalsschlag verarbeitest. Adaptabilität beschreibt also die Fähigkeit eines Menschen, angemessen auf sich wandelnde Situationen zu reagieren und sein Verhalten dementsprechend auszurichten.

Eine solche Kompetenz verlangt von dir, dass du dich durch kreative Denkmuster und innovative Lösungswege den unvorhergesehenen Problemen des Lebens stellen kannst. Dabei hilft es, sich in Umweltveränderungen hineindenken zu können und diese gedanklich vorwegzunehmen. In einer 2012 veröffentlichten Studie des Australiers Andrew Martins mit dem Titel „Adaptability and Learning“ (auf Deutsch: Anpassungsfähigkeit und Lernen) beschrieb der Professor der Psychologie die Adaptabilität als die bedeutendste Fähigkeit der menschlichen Psyche, wenn es darum geht, mit Veränderungen und Unsicherheiten im Leben umzugehen. Das bezieht sich sowohl auf jeden einzelnen Menschen als Individuum als auch auf Organisationen innerhalb der Wirtschaft. Auf die Rolle der Flexibilität innerhalb von Unternehmen und im Beruf wird im nächsten Kapitel noch genauer eingegangen.

Die Anpassungsfähigkeit ist darüber hinaus im evolutionären Kontext eine Eigenschaft der Mensch-, Tier- und Pflanzenwelt, die das Überleben der Spezies sicherte. Denken Sie einmal an den berühmten Naturwissenschaftler Charles Darwin (1809-1882), der die Ansicht vertrat, dass nicht die Arten und Gattungen überleben, die besonders intelligent oder stark sind, sondern jene, die sich am besten anpassen können. Diesem universellen Naturgesetz unterlagen alle pflanzlichen und tierischen Spezies bereits vor Millionen von Jahren und auch heute noch hat sich der Mensch daran unweigerlich zu halten. Auch, wenn die moderne Zivilisation nicht mehr mit den Anfängen des Homo sapiens (lateinisch „vernünftiger Mensch") zu vergleichen ist, so fordert die Gesellschaft von jedem Einzelnen auch heute noch ein hohes Maß an Flexibilität. Willst du ein Teil der Gemeinschaft sein, hast du dich dem großen Ganzen anzupassen. Wer sich hingegen nicht anpassen kann, um Krisen zu bewältigen, wird kaum im Leben und in der Gesellschaft bestehen können. Denn eines ist in einer Welt der Unbeständigkeit sicher: die Veränderung.

Die Funktionsweise der Adaptabilität: Wie du anpassungsfähiger und flexibler wirst

Betrachtest du einmal die Fähigkeit zur Anpassung in einem sportlichen Kontext, so wird deutlich, dass Athleten sich langfristig gesehen immer mehr an ihre Belastungsgrenze heranwagen, um diese im Laufe der Zeit immer mehr nach oben zu verlagern. Je mehr sie also im Training Situationen bewusst initiieren, in denen sie über sich selbst hinauswachsen müssen, desto eher können sie auch in Wettkämpfen Spitzenleistungen abrufen. Beziehst du diese Erkenntnisse auf das Leben, kannst du feststellen, dass intensivere und langanhaltende Reize zu einer besseren Belastbarkeit und einer höheren Widerstandskraft führen. Bei der Adaptabilität, die sich auf die Psyche und die Kognition des Menschen bezieht, funktioniert dies ganz ähnlich. Wenn du also resilienter werden möchtest, ist es wichtig, dass du Anpassungsfähigkeit durch das stetige Vergrößern deines Komfortbereiches erlangst.

Die Komfortzone: Gewohnheit und Stagnation

Die Komfortzone eines Menschen beschreibt den Handlungs- und Lebensbereich des Gewohnten, des Bekannten und des Alten. Hier besitzt das Individuum höchste Kontrolle über die Geschehnisse und findet Sicherheit in Routinen. In der Komfortzone fühlen wir uns wohl, weil uns alles vertraut ist: Menschen, Orte und Verhaltensweisen haben wir schon so oft erlebt und abgespult, dass es uns leichtfällt, dass es bequem ist und keine oder nur äußerst geringe Anstrengungen vonnöten sind. Die Komfortzone bringt offensichtliche Vorteile mit sich. Jeder Mensch braucht sogar diesen sicheren Bereich, denn nur hier kann er sich regenerieren und seine Energiereserven auftanken. Wenn du dich aus deiner gewohnten Zone hinausbewegst, kann dies erst einmal Stress und Anspannung verursachen, was sich zwar positiv auf dich auswirkt, wie du gleich noch sehen wirst, doch auf Dauer ist es nicht möglich, außerhalb der Komfortzone zu bestehen.

Jenseits der Komfortzone: Der Bereich des Wachstums

Was befindet sich eigentlich außerhalb des Bereichs, den du kennst und liebst? Zwischen dem Bekannten und dem Unbekannten, zwischen Sicherheit und Unsicherheit, zwischen Routinen und Herausforderungen befindet sich die Grenze, die die Komfortzone von der sogenannten Lern- beziehungsweise Wachstumszone trennt. Wagst du den Schritt und betrittst unbekanntes Territorium, indem du dich Herausforderungen stellst, befindest du dich außerhalb deiner persönlichen Komfortzone. Hier kannst du nicht länger deine gewohnten Regeln zur Anwendung bringen, weil du Neuland betreten hast. Dies verursacht Unsicherheit und eine innere Haltung von „Sieh dich vor!“. Innerhalb der Wachstumszone bist du plötzlich gewissen Risiken ausgesetzt und gehst deshalb dementsprechend vorsichtiger vor.

Trotz der großen Unsicherheit beschreibt die Lernzone den Handlungs- und Lebensbereich, in dem der Mensch persönliches Wachstum erreicht. Wenn du immerzu gewohnte Routinen abläufst, gewohnte Fähigkeiten ausführst und gewohnte Aufgaben abarbeitest, wirst du kaum über diesen engen Rahmen hinauswachsen. Erst, wenn du Unbekanntes wagst, Neues ausprobierst und Experimente riskierst, lernst du hinzu. Ungewohnte Probleme lösen zu müssen und sich Herausforderungen zu stellen, die die eigenen Kompetenzen auf den ersten Blick leicht überschreiten, zwingen dich förmlich dazu, über dich hinauszuwachsen. Du musst zwangsläufig neue Fähigkeiten erlernen und dir neue Kompetenzen aneignen, um die Situation zu bewältigen. Hier sind Denk- und Handlungsweisen gefragt, die über das hinausgehen, was dir sonst in der Komfortzone abverlangt wird.

Du magst zwar nervös und unsicher sein, während du dich selbst in der Wachstumszone erlebst, doch hier liegt das Glück des Lebens verborgen. Neue Herausforderungen bringen auch immer neue Erfahrungen und Erkenntnisse mit sich, die deine Perspektiven verändern und deinen Horizont erweitern. Trotz der Risiken bist du bereit, diese einzugehen, weil du neugierig auf das damit verbundene Abenteuer bist. Auch, wenn es nicht immer gemütlich ist, fühlst du dich von dem Neuartigen angezogen. Du bist mutig, aufgeregt, unternehmenslustig, risikofreudig, erwartungsvoll und fühlst dich lebendig. In dieser Zone erlebst du übrigens auch den bereits zuvor beschriebenen Flowzustand. Des Weiteren kannst du nur außerhalb deiner Komfortzone

- deine Ziele erreichen,
- deine Bestimmung finden,
- deine Träume leben und
- echtes Glück empfinden.

Wenn du schließlich jeden Tag immer nur denselben Gewohnheiten nachgehst, wirst du kein persönliches Wachstum erleben. Ziele und Träume befinden sich jedoch außerhalb des Gewohnten und Bekannten, denn sonst würden wir diese Dinge nicht anstreben, wenn wir sie bereits kennen würden. Der Reiz eines Wunsches liegt darin, dass er nicht in greifbarer Nähe erscheint und gerade deshalb gewollt wird. Um Ziele zu erreichen, musst du dich also ins Unbekannte begeben.

Genau hier, an der Grenze zwischen der Komfort- und der Wachstumszone, ist die Fähigkeit der Adaptabilität gefragt. Der Mensch sieht sich nicht zur Anpassung gezwungen, wenn er seinen gewohnten Alltag bewältigt. Woran soll er sich auch schon anpassen, wenn es nur Routine gibt? Doch wenn eine bestimmte Lebenssituation oder eine Krise erfordert, dass du lernst und dich weiterentwickeln musst, ist es essentiell, dass du dich nach dem Neuen und Unbekannten ausrichtest. Gewohntes Denken bringt dich nicht weiter, wenn du Ungewohntem begegnest. Ein Problem, dem du noch nie zuvor begegnet bist, kann nicht mit alten Lösungen, die nichts mit dem Kontext zu tun haben, beseitigt werden.

Wenn aus Angst Panik wird: Die Panikzone

Der Vollständigkeit halber wird an dieser Stelle der dritte Bereich nach der Komfort- und Wachstumszone kurz aufgegriffen. Während im zweiten Bereich durchaus Ängste vor dem Scheitern und dem Versagen auftauchen können, weil du dich in unbekanntes Territorium außerhalb deiner Routinen begeben hast, wirst du dies in der Wachstumszone bewältigen können und schließlich die Situation meistern. Doch sollte statt der Herausforderung eine Überforderung eintreten, weil die Krise in dir zu starken Stress auslöst, so befindest du dich in der sogenannten Panikzone. Hier betrittst du kein Neuland mehr, sondern fischst bildlich gesprochen im Trüben. Alles erscheint dir gänzlich fremd und feindselig. Körperlicher Stress wie Zittern und übermäßiges Schwitzen gehen mit psychischem Stress einher und auf den ersten Blick erscheint dir die Situation nicht händelbar. Du stehst kurz vor dem Aufgeben und tust dies vielleicht sogar. Die Panikzone vermittelt dir mitunter ein Gefühl von

- Frustration, Anspannung,
- fehlender Verbindung,
- Erschöpfung,
- Unfähigkeit, Hilflosigkeit,
- Starre und
- Kontrollverlust.

Solltest du dir bewusst werden, dass du dich gerade in der Panikzone befindest, ist es hilfreich, dass du wieder einen Schritt zurückgehst. Begib dich wieder in ein bekanntes Territorium, indem du gewohnte Tätigkeiten ausführst, dich mit bekannten Gesichtern umgibst oder Orte aufsuchst, die du kennst. Dadurch reduzierst du die geistige Überforderung durch das temporäre Zurückkehren in die Komfortzone. Hier kannst du Kraft tanken, bevor du erneut wagst, dich in die Wachstumszone zu begeben, ohne Panik zu erfahren.

Kurzfristige und langfristige Adaptation

Sieht sich der Mensch einer Veränderung ausgesetzt, reagiert er dadurch mit einer Verhaltensänderung und passt sich so den neuen Gegebenheiten an. Das menschliche Gehirn passt sich ebenso durch die bereits erwähnte Neuroplastizität an: Du lernst neue Fähigkeiten und Kompetenzen, da sich dein Nervensystem in seiner Struktur und Funktion anpasst. Während einer Krise bringst du gewisse Denk- und Verhaltensmuster zur Anwendung, die dir beim Umgang mit dem entstandenen Stress und deinen Emotionen behilflich sind. Dies führt dazu, dass sich neue Verbindungen zwischen den einzelnen Nervensystemen aufbauen, die dir biochemisch erlauben, dich anzupassen. Damit wirst du die Herausforderung meistern und dich gleichzeitig ein bisschen besser auf die nächste Krise vorbereiten. Dieser beschriebene Prozess des Lernens aus Schwierigkeiten beschreibt eine **langfristige Adaptation.**

Kurzfristige Adaptation bezieht sich hingegen auf die reaktive Anpassung an diverse Kontexte. Der Mensch muss in der Lage sein, sich zwischen den Extremen der vollkommenen Angleichung und der absoluten Starrheit hin und her bewegen zu können, damit wir von Anpassung sprechen können. Um ein stabiles Ich-Bewusstsein bewahren zu können, darf man weder voll und ganz konform gehen noch sich stur gegen die Veränderung stellen. Das Mittelmaß ist hier gefragt, denn sonst riskierst du, dass du entweder den Kontakt zu dir selbst und deinen eigenen Vorstellungen und Werten verlierst oder in der komplexen, mehrdeutigen und sich rasant verändernden Welt nicht bestehen kannst.

Während der Anpassung verbraucht der Mensch Energie, um sich auf bestimmte Begebenheiten einzurichten. Je höher seine Fähigkeit zur Adaptation ist, desto weniger Energie verbraucht er, wenn er sich zum Beispiel als harmoniebedürftiger Mensch einem zwischenmenschlichen Konflikt aussetzt. Er kann sich dann sowohl schneller als auch mit einer größeren Präzision an die Situation anpassen, außerdem ist er dazu in der Lage, sich aus dieser Anpassung wieder heraus und zurück in seine Komfortzone zu begeben. Hier spricht man von der Fähigkeit der Regulation.

Zusammenfassend lässt sich sagen, dass für echte Resilienz Adaptabilität benötigt wird, was die Fähigkeiten einschließt,

- sich je nach Situation auf angemessene Weise zwischen den Polen der Angleichung und Starrheit zu bewegen sowie
- sich außerdem aus diesem Zustand der Anpassung wieder zurück in den Normalzustand zu begeben.

Hilfreiche Tipps für mehr Adaptabilität im Privatleben

- **Arbeite an deiner Problemlösekompetenz.** Mehr dazu im übernächsten Kapitel.
- **Betrachte Veränderungen als etwas Positives.** Wenn du einen lösungsorientierten Umgang mit Problemen anstrebst, hilft es ungemein, die damit einhergehenden Veränderungen als Chancen zum Besseren zu sehen, statt sich dagegen zu wehren.
- **Bleibe offen.** Aufgeschlossen gegenüber neuen und unbekannten Situationen zu sein, die sich außerhalb der eigenen Komfortzone befinden, mindert innere Widerstände und eröffnet neue Ideen zur Beseitigung eines Problems.
- **Nutze Achtsamkeit.** Sich bewusst im Hier und Jetzt zu befinden, ermöglicht dir, alle Fakten der Situation sachlich auszubreiten und dadurch eine Lösung auszuarbeiten. Konzentriere dich dafür einmal auf deine Umgebung. Was kannst du sehen, riechen und hören? Schau dich langsam um

und sauge alles ein, was du mit deinen Sinnen wahrnehmen kannst, denn in diesem Moment befindest du dich im Hier und Jetzt.

- **Übe schwierige Situationen.** Verlasse hin und wieder deine Komfortzone, um dich auf herausfordernde Zeiten vorzubereiten. Gehe beispielsweise alleine in ein Café oder ins Kino, wenn dir das im Normalfall Unbehagen bereitet. So lernst du zu deinen eigenen Bedingungen in einem mehr oder weniger kontrollierten Rahmen, dass du durchaus in der Lage bist, Probleme anzugehen und Schwierigkeiten zu überwinden, noch bevor es wirklich relevant wird.

Übung: Die Komfortzone verlassen

Möchtest du deinen eigenen Fähigkeiten- und Kompetenzbereich erweitern, musst du deine Komfortzone verlassen. Auch, wenn es durchaus beängstigend sein kann, ins „kalte Wasser zu springen“ und vielleicht sogar Fehler zu riskieren, verbirgt sich in diesem Schritt großartiges Wachstum. Aus diesem Grund möchte diese Übung dich zu einem Verlassen deiner Komfortzone animieren und motivieren, indem du dich selbst Challenges stellst, die dich heraus-, aber nicht überfordern. Lass dich von der folgenden Liste inspirieren und verpflichte dich selbst zur Durchführung.

- Spreche spontan einen fremden Menschen auf der Straße an.
- Lass für 24 Stunden dein Handy und sämtliche andere Internetquellen ausgeschaltet.
- Tritt einem Verein oder einer Gruppe bei, in der du niemanden kennst und/oder probiere eine dir unbekannte Sportart aus.
- Mache eine Reise in eine unbekannte Kultur.
- Stehe eine Stunde früher auf als gewöhnlich.
- Verändere deine tägliche Routine.
- Kleide dich mit einem neuen Stil ein.
- Frage deinen Schwarm nach einem Date.
- Lenke dich nicht mit dem Handy ab, während du an der Kasse oder am Bahnsteig wartest. Nimm lieber bewusst deine Umgebung wahr und suche beispielsweise Augenkontakt mit fremden Menschen.

- Bringe deine Meinung in einer Diskussion zum Ausdruck oder, solltest du damit keine Probleme haben, nimm dich in einer Diskussion bewusst zurück.
- Lächle fremde Menschen an.
- Singe laut auf der Straße vor dich hin, sodass es alle hören können.
- Dusche eiskalt.
- Schenke einem Obdachlosen eine Mahlzeit.
- Mache einem fremden Menschen ein Kompliment.

DIE ANPASSUNGSFÄHIGKEIT IM BERUF

Die Anpassungsfähigkeit bezieht sich nicht nur auf Krisen im privaten Leben, sondern auf gesamte Systeme, Unternehmen und den Menschen im beruflichen Kontext. Der Arbeitsmarkt unterliegt ebenso wie die Wirtschaft einem ständigen Wandel und erfordert von Organisationen und Angestellten, sich dementsprechend anzupassen.

Die Welt ist schon lange nicht mehr planbar. Arbeitgeber und Mitarbeiter müssen zwangsweise flexibel auf die Unbeständigkeit der regionalen und globalen Wirtschaftsmärkte reagieren, sonst gehen sie wohl oder übel im gewaltigen Konkurrenzwettbewerb unter. Wer sich nicht anpassen kann, wird aus dem Spielfeld geschmissen – so könnte man es formulieren. In Zeiten des demografischen Wandels, der Globalisierung und der Digitalisierung ist es essenziell, dass Unternehmen über Anpassungsfähigkeit verfügen, die sie konkurrenzfähig halten. Es ist unmöglich, die Zukunft vorherzusehen und zu sagen, welche Produkte in ein paar Jahren die meisten Umsätze bringen, welche Bereiche der Wirtschaft ausgebaut und welche untergehen werden. Es können zwar Spekulationen darüber angestellt werden, die Hoffnungen zum Ausdruck bringen, doch letztendlich bleiben sie das, was sie sind: Ungewissheiten.

Diese Sachlage der Welt spiegelt sich innerhalb der Unternehmensstrukturen wider: Der einzelne Arbeiter ist dazu angehalten, mit Umstrukturierungen umgehen zu können, sich auf komplexere und schnellere

Abläufe einzustellen und unvorhergesehene Probleme kreativ lösen zu können – schließlich kann eine Firma nur so stark wie ihre Angestellten sein. Deswegen ist es notwendig für jeden Menschen geworden, sich anpassen zu können, einerseits an die Herausforderungen des Lebens und andererseits an die Anforderungen des Arbeitgebers. Ein Mangel an Adaptabilität und damit Resilienz führt dazu, dass Stresshormone ausgeschüttet werden, weil sich der Betroffene nicht in der Lage sieht, die vorliegende Situation zu meistern. Das führt zur Handlungsunfähigkeit, was wiederum Dauerstress bis hin zu Burn-out auslösen kann. Dass du im Berufsalltag dauerhaft Unsicherheit ausgesetzt bist, kannst du nicht ändern, doch du kannst deiner Gesundheit zuliebe daran arbeiten, dass du dich besser den Veränderungen anpassen kannst und somit weniger Stress empfindest, wenn eine neue Herausforderung an deine Tür klopft.

Eine anpassungsfähige Persönlichkeit kann im beruflichen Rahmen temporäre Veränderungen durch Adaptabilität meistern, zum Beispiel, indem sie Teamarbeit betreibt, wenn es erforderlich ist. Dabei passt sie ihre eigenen Fähigkeiten, Ziele und Werte den Gegebenheiten so an, dass sie das gewünschte Ergebnis erreicht. Diese Kompetenz verschafft ihr einen entscheidenden Wettbewerbsvorteil gegenüber anderen Mitarbeitern. Lasse uns gemeinsam tiefer in die Dimensionen der Anpassungsfähigkeit einsteigen.

Die Dimensionen der Adaptabilität

Im Jahr 2000 wurde eine Studie mit dem Namen „Adaptability in the workplace: Development of a taxonomy of adaptive performance“ (auf Deutsch: Anpassungsfähigkeit am Arbeitsplatz: Entwicklung einer Taxonomie adaptiver Leistung) veröffentlicht. Die Forscher Elaine Pulakos, Sharon Arad, Michelle Donovan und Kevin Plamondon enthüllten dabei Erkenntnisse bezüglich der Fähigkeiten, die Menschen mit einer hohen Anpassungsfähigkeit am Arbeitsplatz zeigen, und fassten dies in 8 Dimensionen zusammen.

- **Krisenmanagement**: Menschen mit einer hohen Adaptabilität im Beruf sind dazu in der Lage, Krisen zu identifizieren, potentielle Optionen objektiv zu analysieren und schnelle Entscheidungen zu treffen.

- **Stresstoleranz**: Eine ausgeprägte Anpassungsfähigkeit ermöglicht, selbst in belastenden Situationen, die zu viel Stress führen können, ruhig und besonnen zu bleiben.

- **Problemlösekompetenz**: Selbst komplexe Probleme und Herausforderungen können mithilfe von innovativen und kreativen Lösungen bewältigt werden.

- **Ambiguitätstoleranz**: Ambiguität beschreibt die Mehrdeutigkeit der Dinge. Wer eine geringe Ambiguitätstoleranz aufweist, ist, allgemeinsprachlich formuliert, ein „Schwarz-Weiß-" oder „Schubladen-Denker". Menschen mit einer hohen Adaptabilität hingegen sind in der Lage dazu, mit nicht eindeutigen Sachverhalten umzugehen, zum Beispiel, wenn Dinge, Projekte oder Menschen nicht unmissverständlich zugeordnet oder kategorisiert werden können.

- **Lernbereitschaft**: Persönlichkeiten, die im Beruf eine ausgeprägte Anpassungsfähigkeit zeigen, beweisen dies durch ihre Begeisterung für neue Ideen bezüglich der Arbeitsweise oder anderer Sachverhalte.

- **Persönliche Adaptabilität**: Eine großartige Adaptabilität auf persönlicher Ebene zeichnet sich durch eine offene Einstellung gegenüber der Meinung der Mitmenschen und der Fähigkeit, die eigenen Ansichten zu hinterfragen, aus.

- **Kulturelle Adaptabilität**: Auch anderen Kulturen oder Gruppen verbleiben anpassungsfähige Menschen neugierig gegenüber.

- **Physische Adaptabilität**: Diese Persönlichkeiten erklären sich zudem bereit dazu, sich für ihre Ziele und Aufgaben körperlich anzustrengen und auf dieser Ebene an Ihre Belastungsgrenze zu gehen.

Hilfreiche Tipps für mehr Adaptabilität im Beruf

- **Akzeptiere, was du nicht ändern kannst**. Veränderungen gehören zum Arbeitsalltag dazu und sind sogar notwendig, damit sich die Firma weiterentwickeln kann. Lass den Gedanken, dass es früher besser war, gehen, denn dieser hält dich in der Vergangenheit fest.

- **Höre aktiv zu und stelle Fragen**. Du musst herausfinden, was genau von dir erwartet wird, bevor du bestmögliche Ergebnisse hervorbringen kannst. Durch das Zuhören und Fragenstellen bekommst du eine Vorstellung von den Anforderungen.

- **Bleibe selbst in schwierigen Situationen positiv eingestellt**. Optimismus hilft, an die eigenen Fähigkeiten und Problemlösekompetenzen im Job zu glauben. Mach dir bewusst, dass es für jedes berufliche Problem mindestens eine Lösung gibt.

- **Bleibe achtsam**. Achtsamkeit erfordert, dass du im Hier und Jetzt präsent bist. Statt sich mit der Vergangenheit oder der Zukunft zu beschäftigen, richte dich voll und ganz auf das aus, was du im gegenwärtigen Moment tun kannst, um das Problem zu beseitigen. Welchen Schritt kannst du hier und jetzt gehen?

- **Wage dich über die Grenzen deiner Komfortzone hinaus**. Zögere nicht, dich in einem bestehenden Projekt noch aktiver zu engagieren, neue Verantwortungen zu übernehmen oder den Chef nach einer herausfordernden Aufgabe zu fragen.

- **Bewahre Unvoreingenommenheit**. Wenn du offen bleibst, was Lösungen angeht, verschließt du dich nicht automatisch vor alternativen Optionen, die zunächst für dich nicht in Frage kommen.

- **Baue dir ein vertrauenswürdiges und stabiles kollegiales Netzwerk auf.** Wenn du weißt, dass du dich auf deine Kollegen bedingungslos verlassen kannst und dass diese dir Rückhalt bieten, wirst du ganz anders mit Herausforderungen umgehen können. Doch du musst dazu bereit sein, dasselbe auch für deine Kollegen tun zu können.

- **Achte auf ein Gleichgewicht zwischen Arbeit und Freizeit.** Eine ausgeglichene Work-Life-Balance ermöglicht, dass du dich vom Stress des Jobs auch wieder erholen kannst. Tanke bei entspannenden Aktivitäten außerhalb der Arbeitszeiten Energie, um noch resilienter auf Krisen und schwierige Aufgaben reagieren zu können.

Übung: Was wäre, wenn ...?

Bei dieser Übung stellst du dir selbst beruflich orientierte Fragen zum Thema „Was wäre, wenn ...?“, bei denen du dich auf hypothetische Szenarien gedanklich einstellst. Dabei trainierst du deine Adaptabilität, auch, wenn diese Übung nur im Kopf geschieht. Durch das Durchspielen der Szenarien überlegst du, was du in diesen Situationen genau tun würdest, wodurch du dich automatisch auf genau diese unbekannten Momente im Leben vorbereitest. Du übst sozusagen deine Reaktionen, noch bevor diese im echten Leben relevant werden.

- **Was wäre, wenn** bei deinem derzeitigen beruflichen Projekt ein Kollege ausfiele, der einen wichtigen Beitrag zu dieser Arbeit liefert?

- **Was wäre, wenn** dein Vorgesetzter die Abgabefrist bei deinem derzeitigen Projekt um eine Woche verkürzen würde?

- **Was wäre, wenn** du plötzlich neue Anweisungen bezüglich deiner derzeitigen beruflichen Tätigkeit erhalten würdest?

- **Was wäre, wenn** dein Chef dich mit einer neuen Aufgabe beauftragen würde, die du derzeit noch als oberhalb deiner persönlichen und beruflichen Kompetenzen einschätzen würdest?

Beginne die Übung, indem du dich gedanklich auf das erste Szenario einstellst.

- Versetze dich in deine eigene Lage, als wäre das hypothetische Szenario Realität. Male dir das Geschehen detailliert und bildlich aus. Was wären deine ersten Gedanken? Wie würdest du dich fühlen?
- Frage dich, was deine ersten Reaktionen wären und wie du das entstandene Problem handhaben würdest. Welche konkreten Schritte würdest du als Erstes tun? Wen würdest du um Hilfe bitten?
- Stelle dir nun die Situation vor, als hättest du deine Schritte bereits in die Tat umgesetzt. Wie würde sich das Problem nun verändern? Konnten deine Lösungsvorschläge die Aufgabe lösen? Wenn nein, was kannst du konkret tun, um die Herausforderung doch noch zu lösen?

Gehe so mit jedem einzelnen der 4 Szenarien vor. Wenn du möchtest, kannst du deine Gedanken und Lösungsvorschläge verschriftlichen.

KREATIVES PROBLEMLÖSEN DURCH DIE FÄHIGKEIT DER ANPASSUNG

Lösungsorientiertes Denken und Handeln in Krisen

Eine gut ausgeprägte Anpassungsfähigkeit zeichnet sich durch die Fähigkeit aus, nicht vor Problemen zurückzuschrecken, weil die eigene Kreativität und Innovativität für jede Herausforderung eine Idee zur Lösung bereithalten. Wer lösungsorientiert denkt, tut genau das: Er fokussiert all seine Aufmerksamkeit und Ressourcen auf das Beseitigen eines Problems, statt sich in negativen Gedanken und blindem Aktionismus zu verlieren. Menschen, die diese Fähigkeit besitzen, können schneller und effektiver die Stresskette in schwierigen Zeiten durchbrechen. Dabei ist lösungsorientiertes Denken eine erlernbare innere Einstellung, die dabei hilft, Krisen zu meistern.

Probleme sind Aufgaben oder Fragen, die den Menschen unzufrieden machen und auf dem Weg zu seinen Zielen ein Hindernis darstellen. Diese müssen also erst beseitigt werden, um weiterzukommen, was nur durch eine Umorientierung geschehen kann. Das erfordert jedoch wiederum einen zusätzlichen Aufwand hinsichtlich Zeit und Energie, der nicht für andere Dinge genutzt werden kann. Kein Wunder, dass Probleme in der Regel mit etwas Negativem verbunden werden.

Jeder Mensch geht unterschiedlich mit Hindernissen um. **Panikmacher** verfallen in Panik, sobald sich eine Schwierigkeit auftut, auch, wenn diese nicht einmal besonders ausgeprägt ist. Sie glauben, wenn sie etwas tun, egal, was, ist das hilfreich. Doch blinder Aktionismus ist selten die Lösung, insbesondere dann nicht, wenn das Verhalten des Panikmachers überstürzt ist, andere Menschen um sich herum ebenfalls nervös macht und allgemein Unsicherheit verbreitet.

Meckerer fallen uns mit Aussagen wie „Ich habe vorher gewusst, dass so was passiert" oder „Dass das geschehen musste, war ja klar" auf. Ihre Vorahnungen scheinen sich immer wieder zu bestätigen, was sie andere wissen lassen. Allgemein konzentriert sich der Meckerer so sehr auf das Problem an sich, dass er nörgelt, meckert und sich über alles beschwert. Da er eh nicht daran glaubt, dass das Problem beseitigt werden kann, sucht er gar nicht erst nach einer Lösung.

Der **Ignorant** sieht keine Probleme, wo andere eines entdeckt haben. Solange er sich gegen die Schwierigkeiten wehrt, sie ignoriert und sie nicht anerkennt, existieren sie auch nicht – so hofft er zumindest. Meistens wacht er jedoch erst aus seinem ignoranten Verhalten auf, wenn sich das Problem so stark aufdrängt, dass es nicht mehr geleugnet werden kann.

Und dann gibt es noch die **Machertypen**. Diese Menschen bewahren einen kühlen Kopf, wo es nötig ist, und richten sich auf das aus, was sie konkret tun können, um ein Problem zu beseitigen. Die Schwierigkeit an sich kann dem Macher nichts anhaben, denn er verschwendet seine wertvolle Energie nicht an Stellen, an denen er nichts bewirken kann. Er spart sie vielmehr für kreative Ideen und innovative Vorschläge. Er geht lösungsorientiert ans Werk.

Lösungsorientiertes Denken und Handeln richtet sich auf das, was möglich und umsetzbar ist. Dabei wird der innere Fokus auf positive Dinge gerichtet und auf alles, was einen weiterbringt. Dazu zählen die eigenen Fortschritte, Chancen oder Alternativen. Diese Art der inneren resilienten Einstellung ermöglicht dadurch mehr Kreativität und Innovation. Wer lösungsorientiert denkt, steigert gleichzeitig seine Selbstwirksamkeit, nimmt automatisch eine positivere Haltung ein, handelt zukunftsorientierter, ist motivierter, mobilisiert Ressourcen, setzt Fähigkeiten und Kompetenzen frei, kann einfacher Alternativen entdecken, steigert die eigenen Leistungen und verbessert somit das eigene Wohlbefinden.

Hilfreiche Tipps für lösungsorientiertes Denken und Handeln in Krisen

• **Distanziere dich gedanklich von dem Problem.** Wenn du inmitten der Schwierigkeit steckst, kannst du meistens den Wald vor lauter Bäumen nicht mehr erkennen. Dann wird es schwer, einen Ausweg aus der Krise zu finden, weshalb es hilft, sich innerlich auf eine Meta-Ebene zu begeben. Lass dich nicht von deinen Emotionen und Ängsten blind machen, sondern betrachte die Situation sachlich.

• **Trenne das Problem von seiner Lösung.** Betrachte nicht das, was du derzeitig hast, aber nicht willst. Richtest du dich hingegen auf einen gewünschten Zielzustand aus, kannst du dich ganz und gar auf die Erreichung von diesem fokussieren. Du bewegst dich damit nicht vom Problem *weg*, sondern zur Lösung *hin*.

• **Bewahre eine optimistische Einstellung.** Positiv und optimistisch zu denken bedeutet, daran zu glauben, dass du selbstwirksam bist und eine Lösung finden wirst. Hab Vertrauen darin, dass du nicht hilflos bist, sondern selbst dein Schicksal in der Hand hast.

• **Trage verschiedene Lösungsideen zusammen**. Sammle Möglichkeiten zur Beseitigung des Problems und lass auch andere Meinungen zu Wort kommen. Es gibt immer mehr als einen Weg, um eine Herausforderung zu meistern. Je mehr Ideen du zusammentragen kannst, desto eher kannst du die effektivste und leichteste von diesen ermitteln.

- **Triff Entscheidungen.** Keine Entscheidung zu treffen ist schlimmer, als die falsche zu treffen, weil du nicht aktiv wirst, sondern handlungsunfähig bleibst. Wenn du Vor- und Nachteile der Optionen aufgearbeitet hast, triff eine Entscheidung.
- **Setze deine Entscheidungen um.** Wenn du eine Entscheidung getroffen hast, überlege, wie du nun weiter vorgehst. Welche konkreten Schritte sind notwendig? Welche Ressourcen werden benötigt? Zu welchem Zeitpunkt ist welche Tätigkeit zu tun?
- **Begutachte deine Ergebnisse.** Hast du deine Lösungsidee umgesetzt, ist es wichtig, dass du eine kurze abschließende Bewertung der Situation vornimmst. Hast du das Problem durch deine Handlungen lösen können? Was ist gut gelaufen, was hättest du besser machen können?

Übung: Distanz zum Problem herstellen

Einen mentalen Abstand zu einem Problem gewinnen zu können, ist einer der ersten und der wichtigsten Schritte, um es lösen zu können. Diese Übung liefert dir einige Ansätze, wie du diese innere Distanz aufbauen kannst. Es ist wichtig, dass du deine Perspektive verändern und anpassen kannst, um mögliche Optionen und alternative Ideen zu finden. Widme dich dazu den folgenden Fragen, indem du sie auf ein aktuelles Problem aus deinem Leben beziehst.

- Was kannst du an der problematischen Situation selbst verändern?
- Welche Dinge können nicht verändert werden?
- Wie würde eine konstruktive Betrachtung des Problems aussehen?
- Welchen Nutzen kannst du aus der problematischen Situation ziehen?
- Welche Chancen verbergen sich hier?
- Welche Erkenntnisse kannst du aus dem Problem ziehen?

Beobachte, wie sich deine Gedanken, Gefühle und deine innere Einstellung verändern, nachdem du eine Distanz zu der Herausforderung herstellen konntest. Welche Erkenntnisse offenbaren sich dir dadurch?

WIDERSTANDSFÄHIGKEIT IN GESUNDHEIT UND WOHLBEFINDEN DANK ADAPTABILITÄT

Innere Widerstände und ihre Folgen

Krisenzeiten bringen ein gewaltiges Potential von Stress mit sich. Wer einen Schicksalsschlag durchlebt, ist einem großen psychischen Druck ausgesetzt, wie du bereits erfahren hast. Je besser du dich in diesen Lebensphasen an die neuen Gegebenheiten anpassen kannst, desto gesünder bleibst du auf psychischer wie physischer Ebene und desto schneller kannst du zu einem allgemeinen Wohlbefinden zurückkehren. Wenn du dich jedoch geistig gegen die Herausforderungen sträubst und die Schwierigkeiten nicht als solche anerkennst, wirst du einen inneren Konflikt aufbauen. Einerseits weißt du unbewusst ganz genau, was das Problem ist, andererseits schützt sich deine Psyche selbst vor Schaden, indem sie alles, was mit dem Schicksalsschlag in Verbindung steht, negiert. Dies ist zum Beispiel auch von der sogenannten Phase der Leugnung bekannt, die ein trauernder Mensch bei einer Trennung oder einem Todesfall durchlebt. Der Betroffene scheint alles abwehren zu wollen, was auf die Krise hindeuten könnte, doch dabei lehnt er sich gegen die Realität auf – ein Kampf, den er nicht gewinnen kann. Dieser innere Widerstand hält ihn davon ab, anzuerkennen, was geschehen ist, und zu tun, was getan werden muss. Er tritt immer dann auf, wenn das Unterbewusstsein Angst davor hat, mögliche Folgen von Veränderungen, die automatisch mit Krisen einhergehen, nicht bewältigen zu können. Der innere Widerstand kann sich dann beispielsweise durch

- Vermeidung, Unlust,
- Reizbarkeit, Ängste,
- Trägheit oder
- psychosomatische Beschwerden

äußern. Damit wird deutlich, dass auch die körperliche Gesundheit des Menschen darunter leidet, wenn es ihm an Adaptabilität und Resilienz mangelt und er sich geistig nicht auf sich verändernde Umstände einstellen kann.

Hilfreiche Tipps für weniger innere Widerstände

- **Gehe Mini-Schritte auf dein Ziel zu.** Um innere Widerstände zu überwinden, teile dir den Weg zu deinen Zielen in so kleine Schritte ein, dass diese nur minimale Überwindung kosten. Dadurch sinken die Hemmungen, sie auszuführen, weil sie nur wenig Energie erfordern. Diese Mini-Schritte sollten nicht länger als eine Minute dauern, es sollte keine Vorbereitung notwendig sein und du solltest in der Lage sein, in diesem Moment damit beginnen zu können. Du kannst dich zum Beispiel jetzt für 30 Sekunden, als kleine Pause, während einer sitzenden Tätigkeit dehnen, statt ein Workout von einer Stunde auszuführen. Oder du machst drei bewusste Atemzüge statt eine Meditation von 30 Minuten.
- **Gewinne die Kontrolle über deine Gedanken zurück.** Es ist wichtig, dass du deine inneren Widerstände anerkennst, doch du musst dich nicht zwangsläufig von ihnen lähmen lassen. Komm *trotz* dieser Gedanken ins Handeln. Auch, wenn du keine Lust hast, tue es trotzdem. Auch, wenn du Angst hast, tue es trotzdem. Auch, wenn du müde bist, tue es trotzdem. Du hast die Macht, du hast die Kontrolle.

Psychosomatik: Die enge Verbindung zwischen der Psyche und dem Körper

Nicht alle physischen Symptome wie Schmerzen oder andere Krankheiten können trotz umfassender Untersuchungen, einschließlich Bluttest und bildgebenden Verfahren, auf eine eindeutige Ursache zurückgeführt werden. In diesen Fällen spricht die Medizin von sogenannten psychosomatischen Gründen: Hier werden seelische Ursachen vermutet, wenn die körperlichen Beschwerden nicht oder nicht ausschließlich auf organischen Erkrankungen gründen. „Soma“ in dem Begriff „Psychosomatik“ kommt aus der altgriechischen Sprache und steht für „Körper“ beziehungsweise „Leib“, während die „Psyche“ mit „Seele“ oder „Geist“ übersetzt werden kann. Demnach beschreibt die Psychosomatik die Wechselwirkung zwischen der Seele beziehungsweise dem Geist und dem Körper. Dies ist dem Umstand zu verdanken, dass die menschliche Psyche nicht vom Körper getrennt werden kann. Zwischen diesen beiden Ebenen besteht eine enge Verbindung, denn sie beeinflussen und bedingen sich gegenseitig. Wenn es dir körperlich nicht gut geht, wirkt sich dies unweigerlich auf deinen Geist aus. Andersherum ist genau dasselbe der Fall: Trägst du psychisches Leid und Schmerz in dir, wird auch dein Körper früher oder später nicht mehr vollumfänglich funktionieren können.

Heutzutage wissen wir, dass keine Diagnose einer Krankheit rein physisch oder psychisch sein kann. Es liegt immer eine Mischung aus beidem vor. Du kennst es bestimmt selbst: Wenn du Angst vor etwas verspürst, beginnt dein Herz, zu rasen, und vielleicht fällt es dir sogar schwer, zu atmen. Ebenso können langanhaltende körperliche Erkrankungen die eigene Gemütslage so herabsenken, dass sich Depressionen manifestieren können. Stress, starke Gefühle wie Trauer oder ungelöste Konflikte können körperlich gesehen deshalb zu

- Schwindel, Kopfschmerzen,
- Nacken-, Rücken- und Gelenkschmerzen,
- Hautausschlägen, Schweißausbrüchen,
- Herzrasen, Atemnot und
- Magen-Darm-Beschwerden wie Verdauungsstörungen oder Reizdarm

führen. Dabei kommt es ganz auf die Persönlichkeit, ihre Resilienzfähigkeit und die Umstände an, wie ausgeprägt und wie intensiv sich die Symptome zeigen und wie lange diese anhalten. Schnell gestresst zu reagieren und allgemein mit dem durch eine Krise oder Herausforderung auftretenden Stress nicht gut umgehen zu können, sind Anzeichen für einen Mangel an Resilienz. Mehr Stress bedeutet, dass auch der Körper vermehrt durch Stress entstehenden Verspannungen und anderen physischen Reaktionen ausgesetzt ist. Trainierst du hingegen dein Stressmanagement durch Techniken und Übungen, die bereits in vorherigen Kapiteln aufgeführt wurden, wirst du deinen Körper so nachhaltig auf Krisenzeiten vorbereiten und vor Schäden durch diese beschützen können. Gleichzeitig kannst du das Problem auch aus einer anderen Perspektive betrachten und behandeln, nämlich indem du deinen Körper kräftigst und gesund erhältst.

Adaptabilität durch körperliche und geistige Gesunderhaltung

Ist der menschliche Organismus auf der körperlichen Ebene gesund, stark, anpassungsfähig und widerstandsfähig, so können ihm äußere Einflüsse weniger anhaben.

Beispiel:
Ein Sportler, der durch tägliche Aktivität seine Knöchel auf eine natürliche Art belastet, dehnt und kräftigt, wird einerseits seltener Umknicken, da dies insbesondere bei schwach ausgeprägten Knöcheln und bei instabiler Muskulatur im Fußbereich geschieht, und andererseits keinen Schaden davontragen, sollte es doch einmal geschehen. Da der Sportler seine Füße jeden Tag gebraucht und so fordert, dass sie zwar belastet, aber nicht überlastet werden, stellen sich Knochen, Gelenke, Bänder, Sehnen und Muskeln auf diese Belastung ein und können sich viel besser an verschiedene Bedingungen anpassen. Bei einem vergleichbaren körperlich inaktiven Menschen können eine solche Stabilität, Flexibilität und Mobilität im Fußbereich nicht festgestellt werden, was ihn anfälliger für Verletzungen macht.

Adaptabilität und Resilienz auf physischer Ebene beschreiben also die Fähigkeit des Körpers, auf sich verändernde Anforderungen, Bedingungen, Verletzungen und medizinische Erkrankungen angemessen zu reagieren, sich darauf einzustellen und sich leichter davon zu erholen. Ein resilienter Mensch besitzt also nicht nur eine innere Widerstandsfähigkeit, sondern kann auch mit der benötigten körperlichen Kraft und Ausdauer glänzen, die zur erfolgreichen Lösung eines Problems gebraucht werden. Dementsprechend fördert Resilienz die Gesundheit und das Wohlbefinden – und zwar körperlich wie geistig.

Hilfreiche Tipps zur Stärkung des Körpers und für mehr ganzheitliche Gesundheit

- **Ernähre dich gesund und vollwertig.** Meide jegliche Industriekost, also alles, was stark verarbeitet ist und Inhaltsstoffe wie weißen Zucker, Geschmacksverstärker, Füllstoffe, Aromen oder Konservierungsmittel aufweist. Konsumiere mehr frisches Obst und Gemüse.

- **Achte auf die Qualität deiner Lebensmittel.** Vermeide Nahrung, die mit Pestiziden und anderen Schadstoffen versehen ist. Biologisch zertifizierte Lebensmittel sind eine gute und gesündere Alternative zu den sonst teilweise stark belasteten konventionellen Produkten.

- **Trinke genügend Wasser.** Der menschliche Körper besteht bis zu 75 % aus Wasser und kann nur vollumfänglich funktionieren, wenn dieses Level an Hydration aufrechterhalten werden kann. Unmengen an Salz und gekochter Nahrung führen dazu, dass die meisten Menschen heutzutage chronisch dehydriert sind. Trinke deshalb mindestens 1,5 Liter sauberes, gefiltertes Wasser am Tag.

- **Bewege deinen Körper.** Der Mensch ist dafür gemacht, sich zu bewegen, weshalb es deiner Gesundheit schadet, so viel unbeweglich herumzusitzen, wie es viele Schreibtischberufe mittlerweile verlangen. Sorge deshalb dafür, dass du dich jeden Tag bewegst, zum Beispiel durch Spaziergänge oder sportliche Aktivitäten.

- **Trenne dich von Dingen, die dir nicht guttun.** Ob Beziehungen, Gegenstände, Glaubenssätze oder Gewohnheiten – lass alles gehen, was dich an einem zufriedeneren und glücklicheren Leben hindert.

- **Verbringe mehr Zeit an der frischen Luft.** Dort draußen findet das Leben statt, wo die Sonne auf die Haut scheinen kann, wo der Wind die Haare umspielt und wo die frische Luft die Lunge belebt. Das ist der natürliche Lebensraum des Menschen und er braucht ihn, um gesund zu bleiben.

- **Lege das Smartphone beiseite.** Verbringe weniger Zeit damit, auf Social-Media-Seiten herumzuscrollen, sondern nutze diese Zeit lieber für etwas Sinnvolleres, was dich nicht träge, bewegungsarm und passiv macht.

- **Gehe deinen Leidenschaften nach.** Wie du im kommenden Kapitel noch erfahren wirst, ist die Sinnfindung für den Menschen ein wichtiger Punkt für mehr Resilienz und Wohlergehen. Tue deshalb Dinge, zu denen du dich berufen fühlst, weil du diese gut kannst und sehr gern tust.

- **Gönne dir genügend Schlaf.** Ausreichend und erholsam zu schlafen, ist eine der wichtigsten Quellen der Regeneration des Körpers. Diese Phase am Ende des Tages ist deshalb essenziell für die Gesundheit und sollte deshalb nicht vernachlässigt werden. 8 Stunden Schlaf pro Nacht sind eine gute Orientierung. Doch auch die Qualität des Schlafes sollte nicht leiden. Vermeide deshalb große Mahlzeiten und den Gebrauch elektrischer Geräte mindestens 2 Stunden vor dem Zubettgehen.

Du kannst dir auch mithilfe von Schüßlersalzen einen angenehmen Schlaf bereiten. Für die sogenannte „Heiße 7“ erwärme ein Glas Wasser und löse darin 10 Tabletten des Schüßler-Salzes Nummer 7 auf. Dieser Drink entspannt, senkt Nervosität und hilft außerdem gut bei Schlafstörungen. Achte darauf, dass du zum Rühren einen Plastiklöffel verwendest, da Metall die heilende Wirkung aufhebt.

Übung: Innere Widerstände auflösen

Zur Überwindung innerer Widerstände ist es wichtig, diese zuerst einmal anzuerkennen, statt sie sich vom Hals zu wünschen. Hier verbirgt sich nämlich ein Potential, denn mentale Widerstände können dabei helfen, klarer zu sehen und die Grenze zwischen der eigenen Komfortzone und der Wachstumszone zu erkennen. Wenn du dir mit dieser Übung die Zeit nimmst, hinter die Kulissen deiner inneren Widerstände gegen eine aktuelle Krise zu blicken, kannst du möglicherweise einige wesentliche Dinge über dich selbst und die Lösung des Problems lernen.

So gehst du vor:

- Nimm dir die Zeit und denke dich aktiv in eine für dich derzeitig aufreibende Krise oder einen aktuellen Konflikt ein, bei dem du innere Widerstände bemerkst.

- Als Erstes lass einfach die Gefühle und Gedanken geschehen, die du nun verspürst. Dies ist wichtig, denn so erkennst du an, dass es diese inneren Widerstände überhaupt gibt. Bewerte nicht, beobachte einfach, was geschieht.

- Fühle nun tiefer in dich hinein. Wo in deinem Körper genau spürst du deine Widerstände? Wie fühlen sich diese an? Bemerkst du vielleicht einen Druck, Hitze oder ein Kribbeln und Anspannung? Wie hat sich deine Atmung verändert? Welche Gedanken begleiten den Widerstand?

In der Regel mildern sich innere Widerstände bereits erheblich, wenn man sich ihnen widmet. Diese Erscheinungen haben immer einen Sinn, denn sie wollen dir Schmerz und Enttäuschung ersparen. Sobald sie die Aufmerksamkeit erhalten, die sie brauchen, um dir eine Botschaft zu übermitteln, ist ihr Auftrag erledigt und sie können gehen. Du kannst jedoch noch einen Schritt weitergehen.

- Ergründe die Absichten hinter dem inneren Widerstand. Frage dich, warum du momentan so fühlst und wovor dich die mentale Erscheinung beschützen möchte. Ist es vielleicht die Sorge, dass das Zusammenziehen mit dem Partner zu neuen Konflikten führt? Oder möchte der innere Widerstand dich vielleicht davor bewahren, dass du deine Freiheit verlierst, wenn du mit deinem Geliebten eine gemeinsame Wohnung mietest?

- Drehe nun das, wovor der innere Widerstand dich beschützen möchte, um, und zwar in etwas, das du stattdessen möchtest. Wenn zum Beispiel die Vermeidung von Konflikten beim Zusammenziehen der Grund ist, dann könnte die positive Absicht dahinter ein harmonisches Zusammensein sein. Sollte der Grund hingegen im Verlust der Freiheit liegen, könnte die positive Absicht das Bewahren der Unabhängigkeit lauten.

- Sorge nun dafür, dass du dein Bedürfnis, zum Beispiel nach Harmonie oder Freiheit, das du mithilfe des inneren Widerstandes aufgedeckt hast, auch ernst nimmst und erfüllst.

4. Werkzeug: Sinnfindung und Lebensgestaltung

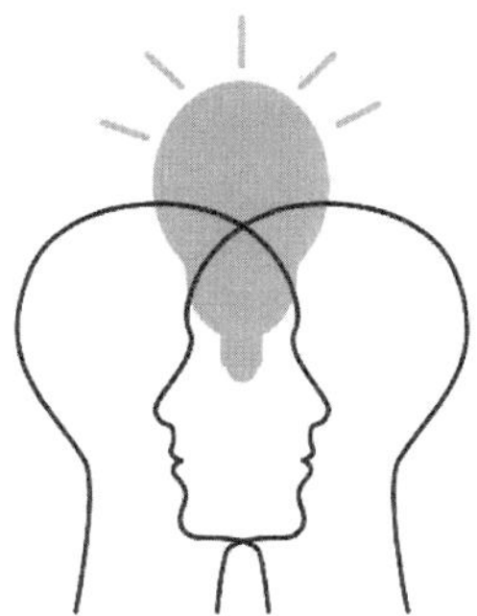

DIE BEDEUTUNG VON SINNHAFTIGKEIT

Wenn Krisen unseren Lebensmut und unsere Lebensfreude abschwächen, ist es gar nicht so einfach, einen Grund zu finden, um weiterzumachen. In schweren Zeiten fragen wir uns eher, ob es überhaupt einen Sinn hat, was wir tun, und warum uns diese Schwierigkeiten geschehen mussten. Gedanken und Fragestellungen wie diese, die sich auf eine Sinnkrise beziehen, beherbergen ein enormes Potenzial der negativen Abwärtsspirale, die bis hin zu Depressionen führen kann. Am Anfang mag nur der Sinn einer gewissen Tätigkeit angezweifelt werden, doch am Ende verschwindet auch der Sinn für die gesamte persönliche Existenz. Wenn die Fähigkeit der Resilienz nicht stark ausgeprägt ist und nicht trainiert wird, ist es schwerer, Herausforderungen durchzustehen. Das Finden des eigenen „Warums" gehört zu den wichtigsten Werkzeugen, die einem resilienten Menschen zur Verfügung stehen.

Der Sinn: Was steckt eigentlich dahinter?

Gemäß dem österreichischen Psychiater, Neurologen und Erfinder der Logotherapie Viktor Frankl (1905-1997) gehört die Sinnfindung zu den lebenserhaltenden Dingen für den Menschen. Dabei differenziert er zwischen fünf Arten des Sinns, die immer vorhanden sind:

- **Ontologischer Sinn:** Dieser Sinn beschreibt die absolute Form, es ist der Sinn der Existenz der gesamten Menschheit. Man könnte hier auch von Gott oder allgemein einer „höheren Macht" sprechen.
- **Existenzieller Sinn:** Dieser Sinn bezieht sich auf den einzelnen Menschen mit seinen Veranlagungen und Fähigkeiten.
- **Übersinn:** Er beschreibt das, was über dem Begreifbaren liegt. Der Übersinn liegt oberhalb des für den Menschen Fassbaren.
- **Sinngehalte:** Dies umfasst die Verwirklichung der persönlichen Werte eines Menschen. Ein hilfsbereiter Mensch findet dementsprechend einen Sinn im Helfen seiner Mitmenschen.
- **Sinn des Momentes:** Dieser Sinn bezieht sich auf eine konkrete gegenwärtige Situation. Es ist der Zweck hinter zum Beispiel einer gerade ausgeführten Aktivität oder einem Gespräch.

Für jeden Menschen mag der Sinn etwas anderes bedeuten, doch die Ansicht, dass er notwendig für ein erfülltes Leben ist, teilen wir vermutlich alle. Der Sinn wird häufig auch die Berufung oder Leidenschaft genannt und ist nicht eindeutig definierbar, da er sich im Laufe des Lebens immer wieder ändern kann. Dabei ist die klassische Sinnfrage nicht eindeutig zu klären. Der Sinn ist weniger eine Antwort auf eine Frage, sondern vielmehr die Richtung, in die du deinen persönlichen Lebenskompass ausrichtest. Er gibt dem Menschen eine Orientierung im Alltag, er ist Anregung und Motivation zugleich.

Woher weiß man eigentlich, worin der Sinn des eigenen Lebens besteht? Das kann tatsächlich nur jeder für sich selbst herausfinden. Er kann durch ein Gefühl der Stimmigkeit, durch ein gutes Bauchgefühl oder ein Gefühl von magnetischer Anziehungskraft zu etwas Bestimmtem geprägt sein. Du fühlst dich dann vermutlich zu etwas oder jemandem hingezogen oder hast ein vages Gefühl, dass es richtig ist, was du gerade tust. Vielleicht fühlt sich diese Idee oder die Tätigkeit für dich auch einfach nur freudig an – dann klopft dein Herz, als wärst du frisch verliebt, und du kannst nur noch an diese Sache denken, die dir Sinn schenkt. Ein Mensch, der mit seinem Lebenssinn verbunden ist, wird Zeiten der Krise überstehen können. Damit ist jedoch nicht gemeint, dass ein Individuum das Leid und den Schmerz eines Schicksalsschlages oder eines Traumas an sich als sinnhaft betrachtet, sondern dass seine eigene Existenz wichtig ist und einen Sinn hat. Nicht umsonst verdient die Sinnhaftigkeit ein eigenes Kapitel in diesem Buch beziehungsweise ein eigenes Werkzeug in der Resilienzschmiede. Verspürst du diese Sinnhaftigkeit, kannst du selbst lebensbedrohliche Herausforderungen bewältigen und sogar gestärkt daraus hervorgehen.

Hilfreiche Tipps für mehr Sinnhaftigkeit

- **Nimm deine Gefühle ernst.** In Zeiten der Krise, wenn es schwierig ist, Sinnhaftigkeit zu empfinden, ist es wichtig, dass du nicht deine Empfindungen unterdrückst. Lässt du diese zu, kannst du wieder klarer sehen. Denk daran: Alles ist temporär, selbst deine negativen Gefühle.

- **Begib dich auf die Suche nach deinen Begabungen**. Lebst du im Einklang mit deinen Interessen, führst du ein erfüllteres und glücklicheres Leben. Was dir leichtfällt und was du gerne tust, gibt dir einen klaren Anhaltspunkt für deine persönliche Lebensaufgabe, die dir wiederum ein Gefühl der Sinnhaftigkeit gibt.

- **Bleib geduldig.** Einen Sinn zu finden, ist kein Ziel, sondern ein Prozess. Es kann erforderlich sein, dass du dich ausprobierst, um herauszufinden, was du willst.

- **Lass dich nicht überfordern.** In der heutigen Zeit, dank der umfangreichen Vernetzung des gesamten Globus, gibt es unendlich viele Wege, um Sinn zu erfahren. Manchmal kann diese riesige Auswahl an Tätigkeiten schier überwältigend sein. Doch verliere nicht das Vertrauen darin, dass du deinen Sinn finden wirst.

- **Umgib dich mit anderen Menschen.** Du bist genauso wie jeder andere ein soziales Wesen – wir Menschen erfahren deshalb den größten Sinn in der Verbundenheit und zwischenmenschlichen Beziehung zu anderen. Fördere diesen Teil deines Lebens, indem du deine zwischenmenschlichen Beziehungen pflegst und ausbaust.

- **Überlege dir, wer du sein willst.** Fragen, die dich deinem Sinn näherbringen und die du dir stellen solltest, sind zum

Beispiel:

„Was für ein Mensch möchte ich sein?“, „Was kann ich für meine Mitmenschen tun?“ und „Wie und mit welchen meiner Fähigkeiten kann ich die Welt bereichern?“

- **Lass dich von deinem inneren Kompass leiten.** Dein Gefühl verrät dir genaustens, ob das, was du gerade tust und denkst, dich deinem persönlichen Sinn näherbringt oder dich davon entfernt. Wenn dich eine Sache mit Freude erfüllt und innerlich zum Strahlen bringt, befindest du dich auf einem guten Weg.

Sinn und Kohärenz

Schätzt du selbst dein Handeln als sinnhaft ein, so hat diese innere Einstellung automatisch einen positiven Einfluss auf die Tätigkeit. Bewertest du diese dadurch als lohnenswert, bist du bereit, mehr Energie und Zeit zu investieren, weil du motivierter bist und klare Ziele vor Augen hast, die es sich zu erreichen lohnt. Hier spricht die Fachwelt vom sogenannten Kohärenzgefühl, das die 3 Faktoren

- Verstehbarkeit,
- Machbarkeit und
- Sinnhaftigkeit

in sich vereint. Kann ein Mensch diese wahrnehmen, erfährt er Kohärenz: Sein Denken und Handeln sind im Einklang miteinander. Sie entsprechen den Werten des Menschen und er verbindet das, was er braucht, mit dem, was er für sich selbst tut. Inkohärentes Verhalten ist dementsprechend dann gegeben, wenn du zum Beispiel zwar von einer gesunden Ernährung überzeugt bist, aber dennoch weiterhin ungesund isst. Deswegen bringt das Gefühl der Kohärenz gleichzeitig die Fähigkeit mit sich, konsequent nach den eigenen Gefühlen, Zielen und Werten zu handeln. Natürlich bewirkt dies einen Anstieg der körperlichen, geistigen und seelischen Gesundheit, wie die Sinnforschung zeigt.

Der Effekt der Sinnhaftigkeit

Wie Forschungen belegen, besitzt Sinnhaftigkeit den Effekt, Stressoren abpuffern zu können und damit die Belastung, die diese stressauslösenden Faktoren auf den Menschen ausüben, abzumildern. Je mehr Sinn du also empfindest, desto eher kannst du potenzielles Leid und Schmerz, die mit einem Schicksalsschlag einhergehen, herunterregeln, sodass du während der Zeit der Krise einen besseren körperlichen und geistigen Gesundheitszustand vorweisen kannst, als wenn dein Leben weniger mit Sinn erfüllt wäre. Der Einfluss der Psyche auf die allgemeine Gesundheit darf nicht unterschätzt werden. Kann das seelische und mentale Befinden eines Menschen durch Sinnhaftigkeit im Leben angehoben werden, können psychosoziale Belastungen wie Einsamkeit, Krankheiten oder berufliche Probleme weniger Schaden anrichten, da weniger Stresshormone wie Cortisol ausgeschüttet werden. Damit senkt sich automatisch das Risiko, an Entzündungen, Schlafstörungen oder anderen Erkrankungen zu leiden, die eng mit einem Anstieg von Cortisol in Zusammenhang stehen. Zwar können Entzündungsprozesse im Körper im Falle eines Stressors nicht beseitigt werden, doch deren negative Folgen erfahren eine deutliche Verringerung bei einer höher eingeschätzten Sinnhaftigkeit des Lebens eines Betroffenen. In einer Untersuchung, die sich mit der Erforschung des Sinns auseinandersetzte und von Prof. Dr. Tatjana Schnell durchgeführt wurde, die am Institut für Psychologie der Universität in Innsbruck lehrt und forscht, konnte genau dies festgestellt werden: Die Nebenniere schüttet weniger Cortisol im Laufe des Tages aus, wenn die Probanden angaben, einen Sinn in ihrer Existenz, zum Beispiel durch Naturverbundenheit oder eine Religionszugehörigkeit, zu sehen. Damit gingen übrigens weitere Vorteile einher, wie zum Beispiel verbesserte Cholesterin-Werte und ein effektiveres Schlafverhalten.

Übung: Die Sinnhaftigkeit von Krisen erkennen

Schwierige Zeiten und herausfordernde Krisen sind Brüche in der Realität des Menschen: Was vorher galt, gilt nun nicht mehr. Alles scheint sich verändert zu haben und nichts ist mehr, wie es einmal war. Hier geht es nicht darum, der Wucht des Schicksalsschlages standzuhalten, um danach so weiterzumachen wie vorher. Da Konflikte und Krisen die Macht und Intensität besitzen, das eigene Leben auf den Kopf zu stellen, verändert sich mitunter sogar die Persönlichkeit eines Individuums. Wer einmal den Tod eines geliebten Menschen verkraften musste und dank Resilienz diese Zeit durchstand, kann unmöglich derselbe sein wie noch vor dem Schicksalsschlag. Was dieser Mensch auf seinem Weg der Bewältigung des Verlustes über sich selbst und seine Fähigkeit der Resilienz lernen konnte, verändert nachhaltig seine Sichtweise auf und seinen Umgang mit der Welt. Tatsächlich sind es die Narben eines Menschen, die Ausdruck seiner inneren Schönheit und Widerstandskraft sind.

Man könnte dies mit der japanischen Reparaturmethode namens „Kintsugi" (deutsch: Goldflicken) vergleichen, bei der zerbrochene Keramik- oder Porzellangegenstände durch einen mit echtem Goldstaub angereicherten Lack wieder zusammengeklebt werden. Die so reparierten Stücke weisen goldfarbene „Narben" auf, die durch die Farbe hervorstechen. Das Interessante ist: Die sichtbar gemachten Bruchstellen sind keineswegs Zeichen mangelhafter Qualität, sondern gelten sogar als Veredelung des Gegenstandes. Metaphorisch betrachtet, wird bei Kintsugi die Fehlerhaftigkeit von Gegenständen wertgeschätzt und hervorgehoben, sodass eine ganz neue Art der Schönheit und Einmaligkeit entsteht. Diese Übung soll dir dabei helfen, auch die Schönheit in deinen Narben zu erkennen und wertzuschätzen.

So gehst du vor:

- Rufe dir eine vergangene, abgeschlossene Krise, die du gemeistert hast, in Erinnerung. Durchdenke noch einmal kurz die Details, um dich gedanklich in die damalige schwierige Zeit zurückzuversetzen.

- Überlege nun einmal genau: Welche positiven Veränderungen kannst du an dir selbst feststellen, die erst mit und durch die Krise aufgetreten sind? Um sich die Beantwortung dieser Frage zu erleichtern, kannst du einen Vorher-Nachher-Vergleich deiner Persönlichkeit vornehmen.

Beispiel:

Vor einigen Jahren hast du dich von deinem damaligen Partner getrennt. Euch beide verband sehr viel, wodurch die Trennung sehr schmerzhaft und emotional war. Du durchlebtest eine harte Zeit. Im Nachhinein kannst du feststellen, dass trotz des gewaltigen Schmerzes und den Verlust, den du damals empfunden hast, diese Krise zu einem persönlichen Wachstum deinerseits beigetragen hat. Du bemerkst zum Beispiel, dass du mit einem gesteigerten Selbstwertgefühl aus dem Schicksalsschlag herausgingst, da du das erste Mal für dich selbst einstandst und die Trennung aus Liebe zu dir selbst initiiertest. Erst durch diesen harten Schritt konntest du begreifen, wie stark du bist und dass du es verdient hast, für dich einzustehen. Du hast damals kohärent gehandelt, weil du die aus deinen Werten resultierenden Ziele konsequent in die Tat umgesetzt hast.

- Nachdem du dir die Schönheiten deiner Persönlichkeit bewusst gemacht hast, die erst durch die vergangene Krise wie beim Kintsugi „vergoldet“ und „veredelt“ wurde, wirst du dir bewusst, dass du auch zukünftige Herausforderungen meistern wirst. Verdeutliche dir mit dieser Übung, dass es immer einen Sinn hinter dem Erlebten gibt, auch, wenn dieser zunächst verborgen scheint. Nimm dieses Wissen als Grund, um dir selbst und dem Leben einen Vertrauensvorschuss zu geben. Nach jedem Tal folgt ein Berg und nach dunklen Tagen folgen Tage des Lichtes, denn in der Welt herrscht nun mal die Dualität, eine wechselseitige Zuordnung. Lass diese Erkenntnis in dir wachsen, sodass diese dir in kommenden Krisenzeiten beistehen kann.

SPIRITUELLE RESILIENZ

Spiritualität gilt als eine altbewährte Strategie, um schwere Zeiten zu überstehen und sogar gestärkt daraus hervorzugehen, weshalb sie als ein wichtiger Schutzfaktor der Resilienz eingeschätzt wird. Dabei ist die Spiritualität etwas, das nicht unbedingt durch mentale Mechanismen beeinflusst werden kann, weil sie bereits tief im Menschen als ein Teil seines Wesens verankert ist.

Spiritualität: Die Verbundenheit mit allem, was ist

Der Begriff Spiritualität entstammt dem Latein, wobei der Wortstamm „spiritus“ mit „Atem“, „Geist“ oder „Seele“ übersetzt werden kann. Was sich hinter der Spiritualität verbirgt, ist nicht messbar, nicht sichtbar, nicht anfassbar, sondern nur mit dem Geist und dem Herzen, nicht mit dem logischen Verstand, begreifbar. Die geistige Welt ist es, auf die sich die Spiritualität ausrichtet, was nichts anderes als „körperlos“ bedeutet und darauf hinweist, dass du diese Ebene nicht mit deinen körperlichen Sinnen wahrnehmen kannst.

- „Woher komme ich?“,

- „Wer bin ich?“,
- „Wohin führt mein Weg?“,
- „Was ist die Seele?“ oder „Was passiert mit der Seele, wenn Sie beim Sterbeprozess vom Körper abgetrennt wird?“

sind Fragen, die dich in die Spiritualität führen. Es hat sich herausgestellt, dass besonders in schwierigen Lebensphasen der Wunsch nach Beantwortung dieser Fragen im Menschen geweckt wird. Dies kann jedoch nicht durch das Alltagsbewusstsein und verstandesorientiertes Denken geschehen.

Menschen, die von sich behaupten, spirituell zu sein, spüren eine Verbundenheit mit allem, was ist, was das gesamte Leben und die innere Einstellung beeinflusst. Das führt dazu, dass die Gedanken, Gefühle und Handlungen über die eigenen Motive und Ziele eines Individuums hinausreichen, wobei jeder Mensch diese Erfahrung ein wenig anders wahrnimmt. Man könnte meinen, dass Spiritualität mit Religion gleichzusetzen ist, doch das ist nicht unbedingt richtig so. Sie ist vielmehr eine Lebensphilosophie und -anschauung, die sich auf einen höheren Sinn ausrichtet.

Spiritualität als Schutzfaktor der Resilienz

Durch Spiritualität richtest du dich auf eine höhere Macht aus, was es dir leichter macht, bei herausfordernden Problemen Halt zu finden und Kraft zu tanken. Viele Menschen berichten sogar, dass sie in Zeiten der Not spirituelle Erfahrungen machten, obwohl sie sich selbst nicht als spirituell orientiert bezeichnen würden. Ein Betroffener erzählte, dass er nach dem tragischen Tod eines geliebten Menschen dessen „Energie“ spürte, als wäre sein Geist noch bei ihm und würde ihn beschützen. So konnte er den Tod besser bewältigen, obwohl er nie etwas mit Spiritualität zu tun hatte. Wenn du zum Beispiel darauf vertraust, dass es mehr als nur das irdische Leben gibt, dass eine Seele unendlich ist und dass hinter allem ein tieferer Sinn steckt, vermag dir dieser spirituelle Glaube über einen Tod hinwegzuhelfen. Spiritualität beschreibt die individuellen Erfahrungen und persönlichen Überzeugungen eines höheren Sinns im Leben, der aktiv gesucht und erlebt wird. Betroffene erfahren dies als eine Art Verbundenheit zu einer höheren

Dimension, die neue und tiefgreifende geistige Erfahrungen ermöglicht. Diese resultieren in einem inneren Antrieb des weiteren Beschreitens dieses Weges. Als ein Schutzfaktor der Resilienz steht Spiritualität damit in enger Wechselwirkung mit anderen, zum Beispiel

- **Optimismus, Hoffnung,**
- **positive Emotionen,**
- **Zugehörigkeit, Vertrauen und**
- **zwischenmenschliche Verbindungen.**

Spiritualität gehört zur sogenannten seelischen Resilienz des Menschen, die die innere Einkehr bei äußerer Krise beschreibt. Sie ist dazu da, das **Kohärenzgefühl** zu entwickeln, sodass eine Persönlichkeit ein Gefühl der Stimmigkeit in ihrem Leben empfindet. Auf die drei Faktoren der Kohärenz lässt sich Spiritualität folgendermaßen übertragen:

- **Verstehbarkeit**: Auch wenn Spiritualität an sich nicht verstanden werden kann, weil es jenseits von allem Messbaren und Logischen liegt, kann der persönliche spirituelle Prozess hingegen schon verstanden werden. Das beinhaltet das Einholen von Informationen, die Fragen wie „Was suche ich im Leben?“, „Was steckt bereits in mir, was mir dabei hilft, Krisen zu meistern?“ und „Woran wachse ich?“ klären.

- **Machbarkeit**: Spiritualität begrenzt sich nicht auf ein rein geistiges Verstehen, sondern will gelebt werden. Ein spirituell orientiertes Leben ist der Inbegriff der Suche nach Sinnhaftigkeit. Dazu sammelst du neue Erfahrungen, regst innere Prozesse an und veränderst dadurch nach und nach das persönliche Leben. Die Spiritualität initiiert also eine eigenverantwortliche Lebensgestaltung.

- **Sinnhaftigkeit**: Ein spiritueller Mensch zu sein, gibt dir das Gefühl, ein Teil von etwas Größerem zu sein. Dir wurde ein Platz in dieser Welt zuteil, denn du bist nichts, das zufällig existiert, sondern genauso gewollt, wie du bist. Dieser Glaube schenkt dir das bereits erwähnte Gefühl der Verbundenheit und Sinnhaftigkeit. Du blickst voller Hoffnung auf die Zukunft, da du weißt, dass alles so geschieht, wie es geschehen soll. Der spirituelle Weg mag nicht einfach sein, doch er kann aufregend, bewegend und erfüllend sein.

- **Nimm dir Zeit für dich.** Spiritualität bedeutet in erster Linie, sich mit sich selbst zu beschäftigen und in die Tiefen des eigenen Bewusstseins einzutauchen. Dabei benötigst du die Fähigkeit der Selbstreflexion.

- **Nimm deine Bedürfnisse ernst**. Selbstreflexion bringt dich deinen innersten Wünschen näher, für die es einen Grund gibt. Baue Stress ab und steigere dein inneres Wohlbefinden, indem du diese Bedürfnisse ernst nimmst und erfüllst.

- **Finde deine ganz persönliche spirituelle Praxis**. Spiritualität zu leben, bedeutet für jeden Menschen etwas anderes. Die einen nehmen die Verbindung während des Yogas wahr, die anderen tun dies während des Meditierens oder des Lesens inspirierender Texte. Finde das, was für dich Spiritualität bedeutet.

- **Übe regelmäßig**. Eine spirituelle Verbindung kann auch bei einer kurzen, dafür regelmäßigen Praxis aufgebaut werden und einen großartigen Einfluss auf die Fähigkeit der Resilienz und das gesamte Wohlbefinden haben.

- **Achte auf die Qualität deiner spirituellen Praxis**. Es ist nicht so wichtig, wie lange du spirituelle Praktiken ausführst, vielmehr spielen die Qualität und die Regelmäßigkeit dieser eine Rolle. Einmal in der Woche Yoga oder jeden Tag mit 10 Minuten Meditation zu beginnen, bewirkt bereits wahre Wunder.

- **Mach Spiritualität zu einer deiner Prioritäten**. Es ist nicht immer leicht, ein neues Vorhaben in den schon vollen Alltag zu integrieren, weshalb eine gute Zeiteinteilung und das Setzen von Prioritäten hilfreich sind. Wenn du Spiritualität als wichtig genug einstufst, wirst du auch Zeit und Raum für diese finden.

- **Bleib flexibel.** Unvorhergesehene Ereignisse können den Alltag durcheinanderbringen und eine geplante spirituelle Tätigkeit nichtig machen. Hier solltest du anpassungsfähig und flexibel bleiben, indem du deine Praxis auf einen anderen Zeitpunkt verschiebst. Hierin liegt der Schlüssel, um auch in herausfordernden Zeiten Spiritualität leben zu können.

Übung: Mit Meditation die spirituelle Verbindung herstellen und stärken

Meditationen sind eine der effektivsten Übungen, um mit dem eigenen Empfinden in Kontakt zu treten. Durch die stille Einkehr verbindest du dich mit deiner inneren Welt und kannst dir endlich die Zeit für dich nehmen, um dich selbst zu ergründen. Die folgenden drei Meditationen dienen dir dabei als Inspiration.

So gehst du vor:

- Begib dich in eine bequeme Sitzposition, die du über einen längeren Zeitraum beibehalten kannst, ohne dich zu verspannen und zu verkrampfen.
- Schließe deine Augen und atme einmal tief durch die Nase ein und vollständig durch den Mund wieder aus.
- Fahre nun mit der gewünschten Meditation fort.

Die Wahrnehmung der eigenen Sinneseindrücke

- Richte deine Konzentration voll und ganz auf deine körperlichen Sinne. Welche Eindrücke nimmst du darüber wahr?
- Fokussiere dich auf den Bereich deiner Ohren. Welche Geräusche kannst du um dich herum hören?
- Achte auf deine Nase. Welche Gerüche verirren sich in deinen Geruchssinn?
- Konzentriere dich auf deine Augen. Was siehst du trotz geschlossener Lider?
- Fokussiere dich auf deinen Mundraum. Welcher Geschmack liegt dir auf der Zunge?
- Richte deine Aufmerksamkeit auf deinen gesamten Körper. Was fühlst du auf deiner Haut?

• Schalte dir ruhige und meditative Musik ein, die in dir eine positive Stimmung verursacht und entspannend auf dich wirkt. Sanfte Klänge und natürliche Geräusche beruhigen den Geist, wodurch du dich besser auf das Wesentliche konzentrieren kannst.

• Du brauchst nichts weiter zu tun, als dich mit deiner gesamten Aufmerksamkeit auf die Musik zu konzentrieren. Am besten verwendest du Ohrstöpsel, um so ungewollte externe Störgeräusche ausblenden zu können.

• Du kannst diese Meditation auch durch das Singen von Mantras zur Musik durchführen. Hierbei wiederholst du immer wieder bestimmte Laute, Verse oder Worte, die den Verstand beruhigen und einen meditativen Zustand ermöglichen sollen. Das Rezitieren dieser Mantras verfolgt das Motiv, störende Gedanken auszublenden und sich noch tiefer in die Meditation hineinzubegeben.

Das wohl bekannteste Beispiel eines Mantras ist die berühmte Ursilbe „Om", die fester Bestandteil einiger östlicher Traditionen ist. Das Rezitieren dieses Mantras hat den Sinn, dein Bewusstsein zu erweitern und dich mit einer höheren Wirklichkeit zu verbinden.

Ein weiteres Mantra ist „So Ham", das Achtsamkeit und Selbstliebe unterstützt. Übersetzt bedeutet es so viel wie „Ich bin das" und befördert den Anwender in den gegenwärtigen Moment.

„Ra Ma Da Sa" steht für Sonne (Ra), Mond (Ma), Erde (Da) und Unendlichkeit (Sa). Dieses Mantra ist zur Heilung gedacht und spendet Kraft, wenn Sie es einem anderen Menschen widmen.

Das Mantra „Lokah Samastah Sukhino Bhavantu" repräsentiert den Weltfrieden, denn es bedeutet: „Mögen alle Wesen auf dieser Erde glücklich und frei sein. Mögen meine Worte, Gedanken und Taten zu ihrem Glück und ihrer Freiheit beitragen."

- Suche einen ruhigen Ort in der Natur auf, ob in einem Park, einem Wald oder im eigenen Garten.
- Führe hier die oben beschriebene Meditationseinführung durch, um dich zu zentrieren und im Moment anzukommen, und öffne dann langsam wieder die Augen.
- Beobachte deine Umgebung so aufmerksam es geht. Richte dabei all deine Sinne auf das aus, was um dich herum geschieht. Betrachte die Blätter im Wind, die Vögel in den Bäumen, den Käfer im Gras oder die Samen des Löwenzahns in der Luft. Verbinde dich mit der Natur, indem du dich ihr in Ruhe voll und ganz widmest.

DIE ROLLE VON KREATIVITÄT UND HOBBYS

Die Bedeutung der Kreativität

Erst die Kreativität schafft die Voraussetzungen der Resilienz für das Einnehmen neuer Perspektiven, das Finden alternativer Lösungswege und das Aufbringen von Mut für die Überwindung sich auftuender Schwierigkeiten. Durch sie finden originelle, fantasievolle und schöpferische Vorgänge im menschlichen Geist statt, die das Potenzial haben, etwas Neues zu erfinden, das erlebbar und nützlich ist. Ohne diese Fähigkeit könnte der Mensch nämlich keine Änderungen in seinen Denk- und Verhaltensweisen vornehmen, die verschiedene Sichtweisen erst ermöglichen würden. Wer besonders gut Probleme von unterschiedlichen Seiten aus betrachten kann, ist demnach besser in der Lage, mit Veränderungen umzugehen. Durch Kreativität kannst du einerseits Zusammenhänge erkennen und deinen Blickwinkel beliebig anpassen, du kannst bereits bestehende Informationen miteinander kombinieren, in Bildern beziehungsweise Analogien denken und spontane Assoziationen knüpfen. Andererseits gelingt es dir durch sie, Gegensätze aufzulösen, deinem Bauchgefühl zu folgen und gute sowie schlechte Vorschläge voneinander zu trennen.

Die Förderung der Kreativität weitet den Lösungsraum und lässt den Menschen flexibler auf Krisen reagieren. Die Folge ist, dass sich die innere Widerstandsfähigkeit steigert, weil dich unerwartete Herausforderungen weniger aus dem Gleichgewicht bringen, denn du weißt insgeheim eines: **Deine Kreativität schenkt dir Lösungen für jedes Problem.**

Dass Kreativität und Innovation zur Ausarbeitung alternativer Lösungen beitragen, ist logisch, denn das Infragestellen vorhandener Strukturen und die Entwicklung neuer Ideen gelingt nur dann, wenn du dazu in der Lage bist, dich auf das einzustellen, was sich Hier und Jetzt ereignet. Dann kannst du auch unkonventionelle Wege einschlagen, sollten diese sich als geeignete potentielle Lösungen herausstellen. Das Gegenteil davon wäre, dass du dich vor Veränderungen sträubst und demnach keine Energie in lösungsorientiertes Handeln investieren kannst, weil du die sich veränderten Umstände noch nicht akzeptieren konntest. Wie sollte man auch eine Krise meistern, wenn man sie noch nicht einmal wahrgenommen hat? Kreativität setzt dort an, wo schwierige Erfahrungen verarbeitet werden müssen. Dadurch können die Emotionen eines Menschen zum Ausdruck gebracht werden und negative Gefühle, die bekanntermaßen mit Krisen und Herausforderungen einhergehen, verarbeitet werden. Das steht für einen gesunden Umgang mit schwierigen Situationen und Rückschlägen.

Kreativität ist also essenziell, wenn es um das Thema Resilienz geht. Wird diese Fähigkeit gefördert, kannst du deine Veranlagungen und Talente entdecken, um diese wiederum zum Einsatz zu bringen, wann immer es erforderlich ist. Das ist ein Grundbedürfnis des Menschen und stärkt sein Vertrauen und Wertgefühl sich selbst gegenüber, was wiederum für eine bessere psychische Widerstandsfähigkeit sorgt. Die Entdeckung der Kreativität in dir ermutigt dich dazu, dich nicht von den Widrigkeiten des Lebens aufhalten zu lassen und dich stattdessen auf das zu konzentrieren, was du gut kannst und gerne tust.

Der kreative Prozess

Forscher haben herausgefunden, dass Kreativität in der Regel mehr oder weniger festen Mustern folgt:

- **Die Identifikation eines Problems**: Zunächst deutet die Analyse des Ist-Zustandes auf ein vorliegendes Problem hin.

Beispiel:

Dir fallen Spannungen zwischen dir und deinen Kollegen auf. Sie wirken gereizt und genervt. Das zeugt von einem vorliegenden, noch ungeklärten Problem.

- **Die Vorbereitungsphase**: Während dieser Phase wird eine Lösung mithilfe des Einholens von relevanten Informationen definiert. Gleichzeitig werden Ressourcen identifiziert, die zur Erreichung eines Ziels beitragen.

Beispiel:

Du befragst deine Kollegen und dich selbst bezüglich der Unstimmigkeiten. Dadurch holst du Informationen zur Ursache des Problems ein.

- **Die Kreativphase**: Diese Phase beschreibt den eigentlichen schöpferischen Prozess. Erst jetzt werden die eigentlichen Ideen zusammengetragen und Lösungen entwickelt.

Beispiel:

Nachdem du alle beteiligten Kollegen einschließlich dich selbst zum vorliegenden Problem ausgefragt hast, kannst du anhand der unterschiedlichen Sichtweisen und Meinungen erkennen, dass ein Missverständnis vorliegt. Du setzt dich erneut mit den Beteiligten zusammen und ihr besprecht gemeinsam das Problem. Alle überlegen, wie es behoben werden kann, indem Ideen zusammengetragen werden.

- **Die Beurteilung**: Die gesammelten Ideen werden in dieser Phase dahingehend geprüft, ob diese realistisch sind, und gegebenenfalls angepasst.

Beispiel:

Eine Idee erscheint euch allen am sinnvollsten: Ihr wollt euch mit dem Chef zusammensetzen, der scheinbar unklare Anweisungen gegeben hat und somit für Unsicherheiten und Unstimmigkeiten zwischen den Kollegen sorgte.

• **Die Umsetzung:** Nachdem eine Lösung ausgewählt wurde, folgt die Ausarbeitung der einzelnen Schritte zur Umsetzung dieser.

Beispiel:
Ihr beschließt gemeinsam, zunächst den Chef um einen Termin zu bitten, dann das Problem anzusprechen und Vorschläge bezüglich einer besseren Ausarbeitung der Arbeitsaufträge und Kommunikation zwischen ihm und seinen Mitarbeitern zu unterbreiten.

Nicht immer nimmt jede Phase einen gleichen Zeitrahmen ein, die Phasen können auch unterschiedlich lang dauern und je nach Fall kann sich auch die Reihenfolge ändern beziehungsweise bestimmte Phasen können sich wiederholen. Unabhängig von der Art des kreativen Prozesses verläuft dieser meistens jedoch unsichtbar: Die einzelnen Phasen gehen fließend ineinander über, ohne fest abgrenzbar zu sein.

Als die Basis aller Schaffenskraft liegt in der Kreativität der Kern jedes neuartigen Gedankens. Manchmal erscheinen besonders kreative Menschen als außergewöhnlich, da sie mit einem speziellen Talent gesegnet sind. Dabei ist diese Fähigkeit nichts, was nur einige Wenige besitzen. Sie kann gefördert und aufgebaut werden und damit die Resilienz stärken. Auch, wenn Kreativität trainiert werden kann, darf sie nicht erzwungen werden, denn dann versiegt ihre Quelle und es entsteht eine Blockade. Das Geheimnis liegt darin, das zu vermeiden, was sie einschränkt und hemmt. Diese Fähigkeit kann nicht kontrolliert werden, man muss ihr den nötigen Raum geben, damit sie sich entfalten kann.

Hilfreiche Tipps für mehr Kreativität

• **Betreibe Brainstorming.** Hier werden alle möglichen Vorschläge gesammelt, ob in der Gruppe oder allein, wobei es keine „falschen" Ideen gibt und jeder noch so fragwürdig erscheinende Gedanke eine Chance erhält.

• **Mach eine Pause.** Wann eine kreative Idee in Erscheinung tritt, kann nicht kontrolliert werden. In der Regel kommt sie immer dann, wenn man am wenigsten mit ihr rechnet. Bestimmt hast du bereits selbst gemerkt, dass intensives Nachdenken unter Zeitdruck nicht unbedingt förderlich ist, wenn es um Kreativität geht. Mach deshalb mal eine Pause und lass das

Thema für eine Zeit ruhen. Widme dich anderen Aufgaben, bevor du zu deinem kreativen Projekt zurückkehrst. Selbst während der Ausübung anderer Tätigkeiten arbeitet das Unterbewusstsein weiterhin an der Lösung des Problems. Außerdem kannst du das Problem mit einem frischen Blick betrachten, wenn du es nach einer Pause erneut angehst.

- **Betrachte das Thema aus verschiedenen Perspektiven**. Sammle zunächst Informationen aus der Sicht eines Träumers. Dann prüfe diese durch die Brille eines Realisten und schaue schlussendlich mit den Augen eines Kritikers auf die Sachlage und kristallisiere die optimale Lösung heraus. Diese kreativitätsfördernde Technik ist auch als die Walt-Disney-Methode bekannt.

- **Wechsle die Umgebungssituation**. Befindest du dich in einem kreativen „Loch", bewirkt ein einfacher Szenenwechsel häufig Wunder. Du kannst dich an einen anderen Arbeitsplatz setzen, ein Café aufsuchen oder, statt dich wie immer an den Schreibtisch zuhause zu setzen, einfach auf dem Sofa Platz nehmen.

- **Geh spazieren**. Eine kurze Pause an der frischen Luft kann sehr effektiv sein, denn so versorgst du dein Gehirn mit neuem Sauerstoff, du gönnst deinem Geist eine Erholungszeit und ermöglichst somit ungezwungene Denkanstöße. Amerikanische Wissenschaftler haben herausgefunden, dass bereits ein kurzer Spaziergang die Kreativität um stolze 60 % anheben kann.

- **Befrage deine Mitmenschen**. Oft hilft es, einfach einmal andere Menschen nach ihrer Meinung zu fragen, die nichts mit deinem Problem zu tun haben. Damit erfährst du einen völlig neuen Blickwinkel, der dir potenzielle Ideen bringt, an die du zuvor noch nicht gedacht hast. Häufig bewirkt aber auch allein das laute Erklären eines Problems vor anderen, sich selbst auf die Sprünge zu helfen.

- **Praktiziere Achtsamkeit und meditative Praktiken**. Wenn der Geist rund um die Uhr an einem Problem arbeitet, kann er während des Verweilens im Hier und Jetzt beziehungsweise während des Meditierens eine Pause davon bekommen. Danach wirst du das vorhandene Problem ganz anders betrachten können.

• **Suche dir thematisch relevante Inspirationen**. Wenn du dich kreativ blockiert fühlst, lies einen Artikel oder ein Buch zum Thema. Du könntest auch einen Menschen, der aus dem Fachbereich kommt, befragen, um neue Inspirationen zu erhalten.

• **Bleib bei der Ideenfindung undogmatisch.** Versuche eine neue Technik, wenn du mit deinen gewohnten Methoden nicht weiterkommst. Wenn du zum Beispiel normalerweise deine Ideen listenartig notierst, probiere doch einfach mal eine Mind-Map aus. Dafür schreibst du das Thema in die Mitte eines Blattes und überlegst dir Oberbegriffe dazu, die du kreisartig um das Zentrum platzierst. Zu jedem dieser Oberthemen findest du dann weitere Begriffe und dringst somit immer tiefer in die Materie ein.

• **Starte mit einem kreativen Hobby**. Mit diesem Punkt wird sich noch genauer im folgenden Abschnitt beschäftigt.

Kreativität durch Freizeitaktivitäten steigern

Um das eigene kreative Spektrum zu erweitern, kannst du auch außerhalb deines alltäglichen Tuns Dinge unternehmen, die deinen Einfallsreichtum fördern. Dabei geschieht dies ganz nebenbei. Du musst dich nicht dauerhaft mit den Problemen des Jobs auseinandersetzen, um Lösungen zu finden, denn kreative Ablenkungen wie Hobbys oder andere Freizeitbeschäftigungen bringen dich auf andere Gedanken und lösen dich von möglichen festgefahrenen Denkweisen, während du ganz nebenbei deine Kreativität förderst. Kehrst du dann anschließend zu einem Problem zurück, an dem du arbeitest, wirst du überrascht sein, welche neuen Ideen dir kommen werden.

Langfristig gesehen helfen Hobbys dir, kreative Techniken eines Bereiches übergreifend in andere einzubringen. Was du also während deiner Freizeitbeschäftigung lernst und verinnerlichst, wird dir somit auch bei der Arbeit oder in der Beziehung zugutekommen. Das Hobby sollte jedoch etwas sein, was nicht unmittelbar mit deinem täglichen Tun zu tun hat. Wenn du beispielsweise liebend gern Texte verfasst, so könnte dir ein kreativer Durchbruch während des Schreibens neue Einfälle bezüglich eines aktuellen beruflichen Projektes bieten – umgekehrt gilt dies natürlich genauso. Die folgende Liste schenkt dir einige Vorschläge kreativer Tätigkeiten, die du als Inspiration nutzen könntest. Probiere das eine oder andere aus, sollte es dich ansprechen.

- Instrument erlernen (zum Beispiel Klavier, Gitarre oder Querflöte)
- Singen
- Kochen und Backen
- Lesen
- Schreiben
- Malen und Zeichnen
- Stricken und Häkeln
- Gartenarbeit
- Basteln
- handwerkliche Tätigkeiten (zum Beispiel Bauen mit Holz oder Metall)
- Nähen
- Rätseln
- Slackline, also Seiltanzen
- Wandern
- Hula-Hoop
- Töpfern
- sportliche Aktivitäten (zum Beispiel Ausdauer- oder Kraftsport)

Übung: Die sechs Denkhüte

Der britische Psychologe Edward de Bono (1933-2021) entwickelte eine interessante Technik zur Steigerung der Kreativität, die er die „sechs Denkhüte" nennt. Jeder Hut steht dabei für eine andere Art des Denkens über eine bestimmte Situation. Bei dieser Übung nimmst du diese aus verschiedenen Sichtweisen ein, was dein effektives Denken, deinen Einfallsreichtum und deine Fähigkeit zum Perspektivwechsel trainiert.

So gehst du vor:

- **Der weiße Hut**: Betrachte dein aktuelles Problem aus einer möglichst **objektiven** Sichtweise. Bleibe unvoreingenommen und betrachte die Fakten neutral. Die reine Betrachtung der Informationen bedeutet, wertfrei zu bleiben und die eigene Meinung aus dem Spiel zu lassen.

Beispiel:
Du hast eine neue Geschäftsidee und möchtest diese mithilfe der Denkhüte prüfen.
Es gibt einige offene Fragen bezüglich der Logistik und Finanzierung, doch die Fakten sagen ansonsten, dass diese Idee Potential hat.

- **Der schwarze Hut**: Nimm nun die gewählte Situation aus einer **kritischen, logisch-negativen** Perspektive auseinander. Zögere nicht, dir die negativen Seiten von dieser anzuschauen, denn um realistisch zu bleiben, musst du auf dein logisches Denken zurückgreifen. Dabei spielen auch unterbewusst deine vergangenen Erfahrungen eine Rolle, die dich davor warnen, bereits gemachte Fehler erneut zu wiederholen.

Beispiel:
Betrachtest du deine Geschäftsidee kritisch-negativ, wird deutlich, dass die Finanzierung äußerst wichtig ist, um erfolgreich starten zu können, weshalb dieser Punkt zwingend geklärt werden muss, bevor du irgendwelche konkreten Schritte zur Umsetzung der Idee unternehmen kannst. Ansonsten schätzt du es so ein, dass sie nicht realistisch ist.

- **Der gelbe Hut**: Im Gegensatz zum logisch-negativ-orientierten Denken des schwarzen Hutes nimmst du jetzt eine **logisch-positive** Sichtweise ein. Entdecke Chancen, wo andere Menschen vielleicht nur Hindernisse sehen würden, indem du konstruktiv und optimistisch an das Problem herangehst. Achte jedoch darauf, dass du dich stets von der Logik leiten lässt und nicht in Fantastereien oder Irrationalitäten abdriftest.

Beispiel:
Aus einer optimistischen Sicht meinst du, dass deine Geschäftsidee so viel Potenzial besitzt, dass du höchstwahrscheinlich relativ leicht einen Investor finden wirst, der die Finanzierung übernimmt.

• **Der grüne Hut**: Diese Sichtweise regt dich zu **kreativem** und originellem Denken an. Lass einmal alle Grenzen und Regeln außen vor und betrachte das Problem so, als gäbe es nichts, was unmöglich wäre. Konservatives Denken und sich zufriedenzugeben haben hier keinen Platz. Es gibt immer Alternativen und Ideen, an die du noch nicht gedacht hast. Denkst du provokativ, wirst du Zugang zu diesen bekommen.

Beispiel:

Aus der Perspektive der Kreativität kommen dir sogleich einige Ideen, wie du das Problem der Finanzierung beheben kannst. So musst du zum Beispiel unmittelbar an deinen Onkel denken, der sich mit diesen Dingen auskennt und den du deshalb zurate ziehen wirst. Des Weiteren erarbeitest du Vorschläge, die über die konventionelle Finanzierung hinausgehen.

• **Der rote Hut**: Betrachte dein Problem nun aus einer **emotionalen** Sichtweise. Bring dein Herz ein und denke leidenschaftlich, subjektiv und gefühlsbetont. Was sagt deine Intuition zu der ganzen Sache?

Beispiel:

Betrachtest du deine Geschäftsidee aus der emotionalen Sichtweise, wird dir deutlich, dass dir viel daran liegt, dieses Projekt umzusetzen, weil auch schon dein Vater diesen Beruf ausgeübt hat. Deine Intuition rät dir zur Umsetzung der Idee, denn tief im Herzen weißt du, dass deine Leidenschaft dafür dir viel Erfolg bescheren wird.

• **Der blaue Hut**: Zu guter Letzt nimmst du eine alles umfassende Sichtweise ein. Der blaue Hut symbolisiert den gesamten Prozess dieser Übung und hilft am Ende dabei, eine Entscheidung zu treffen. Geh also noch einmal **strukturiert** an dein Problem heran und ordne deine Erkenntnisse. Versuche dabei, einen fokussierten Überblick zu behalten, damit du die bestmögliche Entscheidung für die Situation, die du betrachtest, treffen kannst.

Beispiel:

Alles in allem hältst du deine Idee für eine gute. Dass du Dinge bezüglich der Finanzierung klären musst, steht außer Frage, dennoch bewertest du das Ergebnis dieser Übung als positiv und die Geschäftsidee als lohnenswert. Du erarbeitest ein strukturiertes Konzept für deine ersten Schritte.

GEMEINSCHAFT UND SOZIALES ENGAGEMENT

Resilienz durch soziales Engagement: Die Bedeutung der Unterstützung

Als resilienter Mensch ist es wichtig, ein Teil eines stabilen sozialen Netzwerks zu sein, das einen auffangen kann, wenn es einmal schwierig wird. Das Vertrauen und die Unterstützung, die wir uns von anderen wünschen, sollten wir auch bereit sein, selbst zu geben. Ansonsten entsteht ein Ungleichgewicht zwischen Geben und Nehmen innerhalb der zwischenmenschlichen Beziehungen, was diese ins Wanken bringen kann. Außerdem ist es ein tiefes Bedürfnis des Menschen, sich innerhalb einer Gemeinschaft sozial einzubringen und sich als Mitglied einen Platz darin zu sichern. Wir möchten von unseren Mitmenschen anerkannt und wertgeschätzt werden, schon seit wir Babys sind, was eine ausgeprägte innere Motivation für soziales Engagement und den Aufbau von Beziehungen ist. Hier liegt ein wichtiger Sinn des menschlichen Lebens verborgen.

Eine Gemeinschaft, in der du dich aufgehoben und unterstützt fühlst, wirkt in schwierigen Zeiten wie eine Art Puffer. Sie mildert die negativen Konsequenzen von Schicksalsschlägen und Krisensituationen ab, indem sie Stress lindert. Das Wissen darum, dass du nicht allein bist, auch Herausforderungen nicht allein stemmen musst, beruhigt dich innerlich und vermittelt dir unterbewusst das Gefühl, Teil eines sozialen Netzwerks zu sein. Man hat herausgefunden, dass die wahrgenommene Unterstützung einen größeren Puffereffekt besitzt als die, die tatsächlich vorhanden ist. Bist du also überzeugt davon, dass dir Familie, Freunde und Kollegen immer beistehen, besitzt du bereits mehr Resilienz als jemand, der zwar Unterstützung erhalten würde, davon aber nichts weiß. Die Erfahrungen, die ein Mensch in der Vergangenheit gemacht hat, spielen hierbei eine große Rolle, da frühere Erlebnisse bestimmen, mit welcher Erwartungshaltung eine Persönlichkeit an ihre Mitmenschen während einer Krise herangeht: Bewiesen dir deine Erfahrungen, dass dir immer geholfen wird, so wirst du auch in Zukunft davon ausgehen, dass du nicht allein bist. Dabei ist es jedoch wichtig, dass du auch in der Lage dazu bist, Unterstützung anzunehmen, wenn sie angeboten wird und du sie benötigst. Tatsächlich fällt das nicht jedem Menschen leicht, zum Beispiel, wenn man es nicht gewohnt ist und nie gelernt hat, anderen zu vertrauen und auf sie zu zählen. Mach dir bewusst, dass andere Menschen dir nichts Böses wollen, sondern dir einfach nur beistehen möchten. Auch wenn du es dir möglicherweise nicht vorstellen kannst: Deine Mitmenschen schätzen dich und bieten gerne Hilfe an, wenn du sie brauchst. Das Annehmen von dieser kannst du üben, sodass es dir nach und nach leichter fallen wird, zu vertrauen.

Die Unterstützung kann dabei unterschiedlich aussehen. Einerseits spielt die Quantität der zwischenmenschlichen Interaktionen eine Rolle, was die Anzahl der Beziehungen zu Freunden und die Häufigkeit der sozialen Kontakte beschreibt. Andererseits ist die Qualität dieser wichtig, wozu die emotionale Unterstützung zählt, die auf der psychischen Ebene zum Tragen kommt. So spendet das soziale Netzwerk im besten Fall

- Verständnis,
- Aussprache,
- Trost und
- Zuwendung.

Sie vermittelt das Gefühl, zugehörig zu sein und Rückhalt zu bekommen, selbst dann, wenn es einmal schwer wird. Außerdem kann die Unterstützung auch durch tägliche Hilfestellung, Sachmittel, finanzielle Mittel oder durch gewisse hilfreiche Informationen gewährleistet werden.
Unterstützung kann sich jedoch auch als negativ herausstellen, insbesondere dann, wenn diese unerwünscht war, nicht hilfreich war, im Übermaß geschah oder weniger ausfiel als erwartet.

Hilfreiche Tipps für den Aufbau sozialer Kontakte

- **Mach eine Analyse deines derzeitigen Beziehungsnetzwerks.** So kannst du erkennen, in welchen Bereichen deines Lebens du deine sozialen Kontakte möglicherweise ausweiten kannst, zum Beispiel im Beruf, im Hobby oder im privaten Rahmen. Mit der Übung am Ende dieses Kapitels kannst du Einsichten hierzu gewinnen.
- **Besuche Veranstaltungen jeglicher Art.** Nimm an Events oder Kursen teil, die dich interessieren, und lerne so neue Gleichgesinnte kennen.
- **Betätige dich ehrenamtlich.** Wenn du eine Tätigkeit unentgeltlich ausführst, tust du dies der Tätigkeit wegen und nicht aufgrund externer Vorteile. Damit bringst du zum Ausdruck, dass du dich für die Menschen interessierst und bereit bist, etwas für eine Gemeinschaft und einen guten Zweck von dir zu geben – ein wunderbarer Charakterzug, der dich auf deine Mitmenschen sympathisch wirken lässt.
- **Werde ein Teil einer Gruppe.** Ob du dich bei einem Sportverein anmeldest, einem Buchclub beitrittst oder dich gemeinsam mit anderen regelmäßig triffst – eine bestimmte Tätigkeit mit anderen Menschen zu unternehmen, schweißt zusammen. Dadurch lernst du dich besser kennen und vertraust. Nicht selten kristallisieren sich dort echte und tiefe Freundschaften heraus, auf die du zählen kannst.

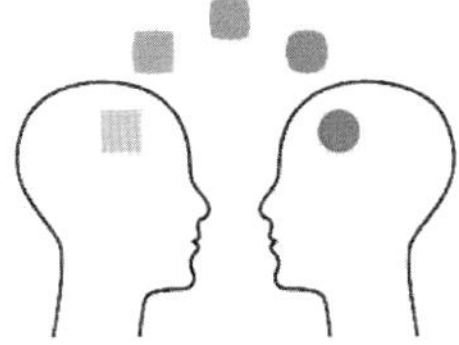

Hilfreiche Tipps für die Pflege sozialer Kontakte

- **Zahle positive emotionale „Währung" auf das „Konto" gemeinsamer Beziehungen ein.** „Einzahlungen" wie Höflichkeit, Respekt, Freundlichkeit und Zuverlässigkeit lassen den „Betrag" auf dem Konto mit der Zeit ansteigen, sodass du davon ausgehen kannst, dass andere dir dies auf gleiche Weise „zurückzahlen" werden.

- **Interessiere dich für deine Freunde.** Nimm durch offene Fragen am Leben deiner sozialen Kontakte teil. Dadurch signalisierst du, dass es dir wichtig ist, dir Zeit für den anderen zu nehmen, und dass dieser dir etwas bedeutet.

- **Erzähl aus deinem Leben.** Lass andere Menschen auch an deinem Leben teilhaben, indem du preisgibst, was dich bewegt.

- **Pflege deine Kontakte.** Dank der großartigen Vernetzung heutzutage ist es recht einfach, mit anderen Mitmenschen in Kontakt zu bleiben – über das Handy, aber auch über physische Treffen. Dies sollte jedoch von beiden Seiten gleichermaßen geschehen, ansonsten ist diese Beziehung doch eher eine Einbahnstraße, was auf Dauer nicht funktionieren kann.

- **Lerne, zu geben.** Bist du bereit dazu, zu geben, werden auch andere dir etwas geben können. Jemand, der immer nur nimmt, wird damit andere vor den Kopf stoßen. Eine zwischenmenschliche Beziehung ist schließlich keine Einbahnstraße, die nur in eine Richtung funktioniert. Dabei musst du nicht immer materielle Dinge schenken, wie du beim vorherigen Punkt gemerkt hast, sondern auch Komplimente und authentische Zuneigung sind Dinge, die eine Bindung zu den Mitmenschen aufbauen.

- **Lerne, zu nehmen.** Wer sich etwas wünscht, muss auch in der Lage dazu sein, das Geschenk anzunehmen. Erkenne, dass du es verdient hast, ein stabiles soziales Netzwerk um dich herum zu haben, in schwierigen Zeiten Unterstützung zu erhalten und bei Herausforderungen nach Hilfe zu fragen.

Übung: Die Mind-Map deines sozialen Netzwerks

Diese Übung verfolgt den Zweck, dir bewusst zu machen, auf welches soziale Netzwerk du in Krisenzeiten zurückgreifen kannst. Diese graphische Veranschaulichung wird dich automatisch resilienter werden lassen, weil du dir verdeutlichst, dass du nicht allein mit Herausforderungen umgehen musst.

So gehst du vor:

- Nimm dir einen Stift und einen Zettel. Schreibe „Ich“ in die Mitte des Blattes und umrande das Wort mit einem Kreis.
- Visualisiere nun dein eigenes soziales Netzwerk und überlege, mit welchen Menschen du dich umgibst. Zu wem hast du einen intensiveren Kontakt, physisch wie digital?
  - Notiere um den Mittelpunkt herum die Namen dieser Menschen.
  - Welche von diesen nehmen für dich eine besondere Rolle ein?
  - Welche von diesen sind für dich wie „der Fels in der Brandung“ oder eine „Energiequelle“?
  - Welchen von diesen stehst du eher neutral entgegen?
  - Welche von diesen würdest du als „Energieräuber“ bezeichnen?
- Verbinde die Namen der Menschen mit deinem Ich-Kreis, die für dich förderlich sind. Damit markierst du die sozialen Kontakte, die du pflegen und stärken möchtest.
- Markiere die drei wichtigsten Kontakte deines derzeitigen Lebens mit einer auffälligen Farbe. Auf diese Menschen kannst du zählen.
- Schätze nun die Beziehung zwischen dir und diesen drei besonderen Menschen ein. Sind das Geben und das Nehmen ausgeglichen? Kannst du so sehr auf den anderen zählen, wie dieser auf dich zählen kann?
- Überlege weiter, was du an deinem Netzwerk beibehalten möchtest, und notiere dies kurz.
- Dokumentiere außerdem, was du verändern möchtest. Dazu gehören zum Beispiel Kontakte, die du abbauen oder sogar abbrechen möchtest.

- Entwickle nun zu den vorherigen Überlegungen konkrete Schritte, um deine Wünsche zu jedem einzelnen Punkt in die Realität umzusetzen. Du könntest zum Beispiel ein gemeinsames Essen mit dem besten Freund organisieren, um deine Dankbarkeit und Wertschätzung für diesen zum Ausdruck zu bringen. Oder du vereinbarst ein klärendes Gespräch mit einem Kollegen, mit dem du dich in letzter Zeit gar nicht gut verstanden hast.
- Setze deine Vorhaben in die Tat um.

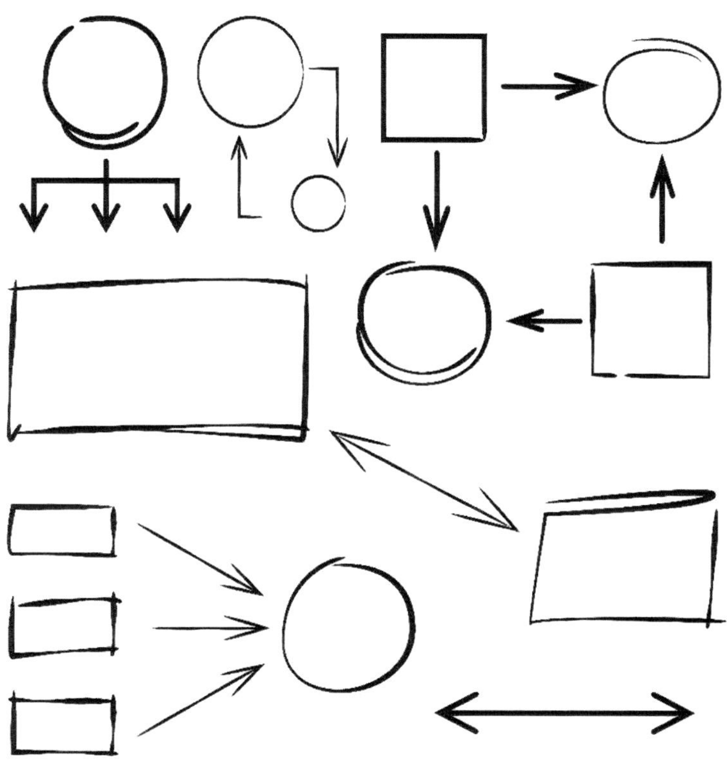

5. Werkzeug: Selbstfürsorge und Selbstmitgefühl

DIE BEDEUTUNG VON SELBSTFÜRSORGE

Selbstfürsorge – ein Begriff, den viele Menschen mit Egoismus und Selbstbezogenheit verbinden und deshalb für völlig überflüssig halten. Dabei geht es nicht darum, nur an sich selbst zu denken, sondern eher darum, sich nicht selbst aus den Augen zu verlieren. Für die meisten Menschen stehen die eigenen Kinder, der Partner, Kunden oder der Chef im Vordergrund, während die eigene Gesundheit hinten angestellt wird. Einige sind sogar der Meinung, dass Selbstfürsorge nur für Privilegierte ist, die es sich leisten können. Doch dieses Konzept ist nichts, was nur für die Besserverdiener unter uns anwendbar ist. Denn Selbstfürsorge ist kein Luxus, sondern sollte von jedem Menschen gleichermaßen tagtäglich ausgeführt werden. Niemand anders als wir selbst ist für unsere Gesundheit verantwortlich. Wer sollte auch sonst für uns sorgen, wenn nicht wir selbst?

Selbstfürsorge: Wenn du dein eigener Arzt und Psychologe bist

Wer anderen Menschen etwas Gutes tun will, muss erst einmal seine eigenen Reserven auffüllen – denn wer nichts hat, kann auch nichts geben. Nicht selten zeigen deshalb Persönlichkeiten, denen es an Selbstfürsorge mangelt, typische Anzeichen, die über ein ungepflegtes äußeres Erscheinungsbild mit für den Außenstehenden unangenehmem Körpergeruch hinausgeht. Diese Menschen sind zudem häufig gereizt und man würde sie als unausgeglichen beschreiben. Erschöpfung und Antriebslosigkeit sind häufig ebenfalls Begleiterscheinungen, genauso wie Überanstrengung durch zu wenig Pausen. Sie weisen meist ein schwaches Immunsystem auf, ihr Schlafverhalten ist nicht optimal und auch das Essverhalten lässt zu wünschen übrig. Zudem zählt es zur Regel, dass Menschen mit fehlender Selbstfürsorge kaum „Nein“ sagen können: Wenn sie von Mitmenschen um etwas gebeten werden, würden sie immer einwilligen, selbst dann, wenn es bedeutet, dass sie sich damit selbst schaden.

Doch woran liegt das, dass wir uns so oft zu wenig um den wichtigsten Menschen in unserem Leben kümmern – uns selbst? Hier geht es in den meisten Fällen nicht um zu wenig Zeit. Vielmehr schenken wir dem, was um uns herum geschieht, mehr Bedeutung als unserer inneren Welt. Die Anerkennung und Wertschätzung von anderen zu erhalten, erscheint uns wichtiger und realistischer, als uns dies selbst zu geben. In vielen Fällen sorgen zudem übersteigerte Erwartungen an uns selbst für eine geringe Selbstfürsorge: Wir versuchen, für den Chef, die Eltern oder uns selbst Dinge zu erreichen, die nicht erreichbar sind, und vernachlässigen dadurch, uns um unser eigenes Wohlergehen zu kümmern. Die Ursache liegt hier häufig in einem Fehlen von Selbstakzeptanz, die den Betroffenen das Gefühl vermitteln würde, dass sie wertvoll sind, es verdient haben und genau so richtig sind, wie sie sind. Viele Menschen haben außerdem mit Minderwertigkeitsgefühlen zu kämpfen und halten sich demnach nicht für wichtig genug, um Fürsorge zu erhalten. Ihre fehlende Selbstliebe und der Glaubenssatz, es nicht wert zu sein, lassen die Betroffenen ihre eigenen Bedürfnisse missachten. Sie suchen die Lösung ihres mangelnden Selbstwertes unbewusst eher in dem Ansehen der Mitmenschen, das ihnen zuteilwird, wenn sie statt ihrer eigenen deren Bedürfnisse erfüllen.

Bist du dazu in der Lage, dir selbst gegenüber Wertschätzung und Liebe entgegenzubringen, indem du deine Bedürfnisse wahrnimmst und ehrst, sorgst du damit nicht nur für die Verbesserung deiner Gesundheit und deines Selbstbewusstseins, sondern du kannst dich auch anderen Menschen öffnen. Sich um sich selbst zu kümmern bedeutet weniger Stress und ein glücklicheres sowie erfolgreicheres Leben. Stell dir vor, du wärst dein eigener Arzt und Psychologe und verschreibst dir Selbstfürsorge als Rezept. Im Folgenden erfährst du, wie genau das aussehen würde.

Die Stärkung von innen

Selbstfürsorge steht für die Zeit, die man sich für sich selbst nimmt und in der man sich um das eigene körperliche und geistige Wohlbefinden kümmert. Damit geht jedoch auch Eigenverantwortung einher, denn jeder muss Entscheidungen darüber treffen, was er braucht und was ihm guttut. Es werden die eigenen Bedürfnisse ergründet und erfüllt, denn dies nicht zu tun, bedeutet, sich früher oder später auf körperlicher und geistiger Ebene zu verausgaben. Ohne Selbstfürsorge kannst du also deine Gesundheit nicht mehr aufrechterhalten.

Selbstverantwortung geht mit Selbstliebe einher, da nur jemand, der sich selbst genügend Wert zuschreibt, es gerechtfertigt findet, sich selbst und seinem Empfinden Aufmerksamkeit zu schenken. Damit machst du dir ein wunderschönes Geschenk: Du schöpfst aus dir selbst Kraft, wodurch du eine innere Stärke aufbaust. Das sorgt für vermehrtes Selbstbewusstsein und Selbstvertrauen, was wiederum der Fähigkeit der Resilienz zugutekommt.

Hilfreiche Tipps für mehr Selbstfürsorge

- **Nimm dir Zeit für dich.** Dieser Punkt ist eigentlich offensichtlich und doch ist er so wichtig, dass er genannt werden muss. Sich die Zeit für sich zu nehmen, ist die Grundvoraussetzung für Selbstfürsorge, denn die Ergründung der eigenen Bedürfnisse durch Selbstreflexion und die Erfüllung dieser erfordern Zeit – Zeit, die man sich selbst wert sein sollte.

- **Plane jeden Tag mindestens 1 Stunde für dich selbst ein.** Du kannst den Tag zum Beispiel beginnen, indem du dich vor den Spiegel stellst, dir in die Augen schaust und zu dir selbst sagst: „Ich liebe dich. Du bist ein wunderbarer Mensch. Du hast alles Glück verdient." Du kannst dir auch ein wohltuendes Bad einlassen, dazu einen entspannenden Tee genießen, während du dir Duftkerzen anzündest und angenehme Musik laufen lässt. Wann immer dir danach ist, nimm dich selbst in den Arm und schenke dir Geborgenheit und Sicherheit. Dafür brauchst du nämlich nicht zwangsläufig einen anderen Menschen, denn du selbst kannst dir all das verschaffen, was du benötigst.

- **Betreibe Selbstreflexion.** Nur wenn du weißt, was in dir vorgeht, kannst du erkennen, was du brauchst und was dir nicht guttut. Bleibe ehrlich zu dir und verschaffe dir einen Überblick über deinen derzeitigen körperlichen und geistigen Zustand: Bist du wirklich zufrieden? Hast du alles, was du brauchst? Überschreitest du regelmäßig deine eigenen Grenzen und schadest dir damit selbst?

- **Halte deine Gedanken in einem Tagebuch fest.** Notiere, was genau dir durch den Kopf geht und welche Gefühle du dabei empfindest. Dadurch erhältst du ein Verständnis über das, was in dir vorgeht, und kannst ergründen, was es zu verbessern gilt.

- **Gönne dir Pausen.** Es ist in Ordnung, eine Auszeit zu nehmen, egal, ob im Beruf oder im Privaten. Das könnte zum Beispiel durch einen kleinen Spaziergang geschehen. Oder du legst deine Hände auf die entgegengesetzte Schulter, legst den Kopf auf einer Seite ab und atmest für ein paar Minuten tief ein und aus. Mach dies zu einem festen Bestandteil deines Alltags und du wirst sehen, dass dies nicht nur deine Selbstfürsorge steigert, sondern auch deine Leistung.

- **Ernähre dich gesund.** Du bist es wert, deinem Körper und Geist die beste Nahrung zur Verfügung zu stellen. Sobald du zu gesunden Lebensmitteln greifst, signalisierst du dir, dass du nur das Beste für dich wählst und willst.
- **Bewege dich regelmäßig.** Genauso bist du es wert, dir selbst Abhilfe durch Bewegung zu verschaffen. Bereits ein einfacher Spaziergang von wenigen Minuten ist ein Akt der Selbstfürsorge.
- **Gönne dir ausreichend und erholsamen Schlaf.** Dieser Aspekt ist nicht nur bei anderen Werkzeugen der Resilienzschmiede von Bedeutung. Im Kapitel des 3. Werkzeuges wurden bereits einige Tipps aufgezählt, unter anderem der entspannende Tee mit den Schüßlersalzen.
- **Schaffe dir ein Zuhause, in dem du dich wohlfühlst.** Sich seine eigenen vier Wände so einzurichten, wie man es ästhetisch ansprechend und praktisch findet, ist ein Anzeichen dafür, dass man sich selbst genügend wertschätzt, um sich ein schönes Zuhause zu machen.
- **Umgib dich mit Menschen, die dir guttun.** Es kann schwierig sein, sich von anderen zu trennen, doch wenn diese dich belasten und das Verhältnis von Geben und Nehmen gestört ist, tue dir selbst den Gefallen und distanziere dich von diesen Menschen.
- **Schenke diesen Menschen deine Aufmerksamkeit, die dir guttun.** Verbring Zeit mit sozialen Kontakten, mit denen es dir gut geht und die deine Zeit und dein Interesse verdient haben.
- **Meide Negativität und kultiviere Optimismus.** Deine innere Einstellung entscheidet darüber, ob du dich selbst mit pessimistischen Gedanken herunterziehst oder sie dir hingegen Kraft und Vertrauen schenkt.
- **Lass los.** Zu oft erwischen wir uns dabei, wie wir gedanklich in vergangenen Ereignissen herumwühlen und uns Sorgen über die Zukunft machen. Selbstfürsorge bedeutet, dass du erkennst, wann es Zeit ist, diese Dinge loszulassen, um das eigene Wohlbefinden zu steigern. Denn es gilt: Manches kannst du nicht beeinflussen, weshalb es dich nicht weiterbringen wird, wenn du darüber nachgrübelst.

- **Lerne, „Nein“ zu sagen.** Selbstfürsorge zeugt von der Fähigkeit, die eigenen Grenzen abzustecken und einzuhalten – vor einem selbst und vor anderen. Du darfst durchaus zu einem gewissen Grad egoistisch sein, um für dich selbst da zu sein. Ein „Ja“ zu anderen Menschen bedeutet nämlich häufig ein „Nein“ zu sich selbst.
- **Gehe in die Stille.** Den Geist im Alltag mithilfe von Meditation oder anderen Formen der Achtsamkeit zur Ruhe zu bringen, verschafft dir wahre Erleichterung von dem inneren und äußeren Lärm. Genieße die Stille und den gegenwärtigen Moment.

Übung: Grenzen setzen

Immerzu auf die Bedürfnisse anderer Menschen einzugehen und zu allen Anfragen „Ja“ zu sagen, kann dazu führen, dass du selbst darunter leidest. Deswegen ist es wichtig, die eigenen Grenzen festzustecken und „Nein“ zu sagen, auch wenn das manchmal schwerfällt. Jeder Mensch hat ein Anrecht auf Folgendes:

- Intellektuelle Grenzen: persönliche Gedanken und Ansichten (zum Beispiel eine bestimmte politische Meinung)
- Emotionale Grenzen: persönliche Gefühle in einer konkreten Situation (zum Beispiel Trauer nach einem Verlust)
- Physische Grenzen: ein persönlicher Raum (zum Beispiel ein eigenes Zimmer in einer Wohngemeinschaft)
- Soziale Grenzen: persönliche Tätigkeiten, Freizeitaktivitäten und soziale Kontakte (zum Beispiel eigene Freunde)
- Spirituelle Grenzen: ein persönlicher Glaube beziehungsweise spirituelle Ansichten (zum Beispiel der Glaube an Reinkarnation)

Grenzen setzen zu können, ist eine Form von Selbstfürsorge, weil du in der Lage bist, durchzusetzen, was dir guttut, und zu vermeiden, was dir schadet. Dafür musst du zunächst deine eigenen Werte erkennen können, um für diese mit einer klaren Kommunikation einzustehen. Du kannst einschätzen, was du bereit bist, für andere zu tun, und was dir zu weit geht. In letzter Konsequenz bist du sogar bereit dazu, Menschen und Dinge gehen zu lassen, die dir und deiner Gesundheit nicht guttun, weil sie deine Grenzen überschreiten. Diese Übung hilft dir, herauszufinden, wo konkret deine Grenzen liegen.

So gehst du vor:

• Nimm dir einen Zettel und einen Stift beziehungsweise dein Tagebuch und notiere deine Gedanken zu den folgenden Fragen.

• Überschrittene Grenzen können durch deine Empfindungen identifiziert werden. Grabe einmal in deinen Erinnerungen und untersuche Situationen, in denen du Unwohlsein, Ärger, Frustration oder Wut gespürt hast. Hier wurde höchstwahrscheinlich eine deiner Grenzen mehr oder weniger missachtet.

- In welcher Situation hast du dich das letzte Mal selbst verteidigen müssen?
- Wann hast du dich über einen anderen Menschen geärgert?
- In welcher vergangenen Situation hast du bereut, etwas getan zu haben?
- Wann hast du „Ja" gesagt, obwohl du eigentlich „Nein" meintest?
- Warum hast du „Ja" gesagt, statt ehrlich zu sein?

Bezüglich des Berufes:

- Welche Belastung im Job ist für dich akzeptabel und welche nicht?
- Warum gibst du Kollegen und dem Vorgesetzten ein „Ja", obwohl du das eigentlich nicht wolltest?
- Welche Reaktion befürchtest du, wenn du ihnen ein „Nein" gibst?

Bezüglich der Beziehung:

- Wann hast du dich überrumpelt gefühlt?
- Warum hast du in dieser Situation auf eine negative Weise reagiert?
- Wie hat dein Partner daraufhin auf dich reagiert und welche Reaktion hättest du dir stattdessen von ihm gewünscht?

- Nachdem du diese Fragen beantwortet hast, leitest du daraus deine Bedürfnisse ab.

Beispiel:
Du hast dich überrumpelt gefühlt, als dein Partner dich spontan mit zu einer Feier seiner Familie mitnehmen wollte. Du entdeckst dein Bedürfnis dahinter: Du hast negativ reagiert, weil du nicht das Gefühl hast, bei der Familie deines Partners „Nein" sagen zu dürfen. Du fühlst dich jedoch nicht wohl und möchtest lieber einen Abend voller Selbstfürsorge für dich selbst haben.

Beispiel:
Auf der Arbeit stimmtest du deinem Kollegen zu, eine seiner Aufgaben zu übernehmen, obwohl dir das eigentlich zu viel Arbeit ist. Du ärgerst dich über dich selbst und darüber, dass du dir mehr Arbeit aufgehalst hast, als du verkraften kannst. Du kannst ergründen, dass du aus Höflichkeit nicht „Nein" sagen konntest, und entdeckst dein Bedürfnis nach Harmonie innerhalb der beruflichen Atmosphäre.

- Bevor du dich den „wichtigen" und „großen" Grenzen widmest, fang klein an, diese durchzusetzen. Du könntest zum Beispiel „Nein" sagen üben, wenn du von jemandem auf der Straße gebeten wirst, an einer Umfrage teilzunehmen.

- Gewinnst du langsam Vertrauen in dein Durchsetzungsvermögen, kannst du dich an deine oben notierten Grenzen wagen.

Beispiel:
Kommuniziere deinem Partner, dass du dir einen Abend für dich selbst nehmen möchtest, statt mit zur Familienfeier zu kommen. Mach deutlich, dass es hier um dein Bedürfnis geht und nicht darum, ihn oder seine Familie zu verletzen.

Beispiel:
Erkläre deinem Kollegen, der seine Arbeit an dich abgeben möchte, freundlich, dass du bereits selbst so viel zu tun hast, dass du dich nicht wohl dabei fühlst, seine Arbeit auch noch zu übernehmen.

Nicht nur die Unterstützung durch dir Nahestehende trägt maßgeblich zu deiner Resilienz bei, sondern auch die, die du dir selbst entgegenbringen kannst. Wenn bereits das soziale Netzwerk einen enormen Einfluss auf die psychische Widerstandsfähigkeit besitzt, wie groß muss der Effekt dann sein, wenn du dir all das, was du aus zwischenmenschlichen Verbindungen ziehst, selbst geben kannst? All die Freundlichkeit, das Verständnis, die Zuneigung, der Zuspruch und das Trösten in schweren Zeiten. Doch die Realität sieht meist anders aus: Wir verurteilen uns selbst schlimmer als jeder Kritiker, machen uns schlimmere Vorwürfe und stellen höhere Erwartungen an uns als jeder andere. Kennst du das ebenfalls von dir? Dann ist dieses Kapitel des Selbstmitgefühls ein wichtiges für dich.

Der innere Kritiker: Wenn du deinen eigenen Ansprüchen nicht genügst

„Die anderen müssen ja schon wieder Schlimmes von mir denken!“, „Das war ja mal wieder typisch, dass mir so etwas passieren musste!“ oder „Ich habe diesen ganzen Mist echt verdient, so dumm wie ich mich angestellt habe!“ sind nur einige wenige Beispiele für die Vorwürfe und Selbstkritik, die viele Menschen an sich selbst üben. Sie reden sich selbst klein und trauen sich nichts zu. Sie verurteilen ihre Fehler heftig, während ihre Stärken unbeachtet bleiben. Wenn einmal etwas schiefgelaufen ist, werfen sie sich vor, dies verdient zu haben. Doch bei einem Erfolg war es nur das Glück, das ihnen für einen Moment hold war. Bei diesen ganzen destruktiven und negativen Gedanken des sogenannten inneren Kritikers kann unmöglich so etwas wie Selbstmitgefühl oder Selbstunterstützung entstehen. Mitgefühl sich selbst gegenüber zu zeigen, hat nichts mit Egoismus oder Selbstmitleid zu tun. Auch bedeutet es nicht, die eigenen Fehler zu ignorieren. Nein, denn Selbstmitgefühl ist durchaus realistisch, aber es ist auch wohlwollend, aufbauend und liebevoll. Besonders in Zeiten, in denen Resilienz gefordert wird, ermöglicht diese Fähigkeit, sich, statt zu verurteilen, selbst zu unterstützen. Dabei gehst du verständnisvoll mit dir selbst um, aber ohne dich selbst zu überschätzen. Der innere Kritiker wird nicht einmal ausgeschlossen, doch seine Worte werden durch das Selbstmitgefühl von destruktiven in kritische, aber konstruktive und liebevolle Aussagen transformiert.

Wie du den inneren Kritiker zum Schweigen bringst

Da der innere Kritiker meist Argumente vorbringt, die häufig Übertreibungen sind und nicht immer etwas mit der Realität zu tun haben müssen, kann er ruhiggestellt werden, indem du die Sachlage einmal rational betrachtest.

Beispiel:

Wenn er dir zum Beispiel einreden möchte, dass du zu „dick" bist, dann werde dir bewusst, dass die Aussage, „zu" irgendetwas zu sein, immer auf einem Vergleich beruht. Womit vergleicht der innere Kritiker dich hier? Mit einem 90-60-90-Supermodel? Wenn das der Fall ist, ist wohl kaum jemand nicht „zu dick". Der rationale Verstand grätscht also in die Behauptung des Kritikers und stellt klar, dass dieser nur eine Angst, aber nicht unbedingt eine Realität ausgesprochen hat.

Wann immer sich dein innerer Kritiker meldet, nimm dies zum Anlass, um dich daran zu erinnern, dass du selbst der wichtigste Mensch in deinem Leben bist und es demnach verdient hast, dich genau so zu behandeln: als würdest du dir alles bedeuten. Denk und sprich über dich, als würdest du mit deinem besten Freund kommunizieren. Das stellt den inneren Kritiker automatisch ruhig, weil ihm damit sämtliche Grundlagen für seine Aussagen entzogen werden. Er kann dich nur mit negativen und bewertenden Worten verletzen, wenn du dich in einem Zustand der Hoffnungslosigkeit, Frustration oder Angst befindest. Doch wenn du weißt, dass trotz eines Misserfolges oder einer temporären Krise immer dein bester Freund für dich da ist – nämlich du selbst –, können dir die Worte des inneren Kritikers nichts mehr anhaben und das weiß er auch. So wird seine Stimme mit der Zeit immer leiser und leiser. Nichtsdestotrotz ist der innere Kritiker nicht dein Feind, denn es gibt einen Grund, warum er da ist. Versteh seine Rolle und du wirst auch für diesen Teil deiner Persönlichkeit Selbstmitgefühl empfinden können. Der innere Kritiker hat die Aufgabe, dich vor möglichen Gefahren und unangenehmen Situationen zu schützen, indem er dich eindringlich warnt und davon abhält, bestimmte Dinge zu wagen. In den meisten Fällen ist diese Vorsicht jedoch übertrieben und richtet sogar mehr Schaden an. Danke deiner kritischen Stimme für ihre Sorge und Bemühungen, doch entscheide dich bewusst dafür, es anders zu probieren, als sie es vorgeschlagen hat. Damit gehst du in die Eigenverantwortung und lässt dich nicht unbewusst von deiner Angst diktieren, was du denkst, sagst und tust.

Wenn du auf eine Art und Weise mit dir selbst umgehst, wie du dich den wichtigsten Menschen in deinem Leben gegenüber verhalten würdest, baust du negative Gefühle und den damit verbundenen Stress ab. Dieser entsteht nämlich, wenn du dich bewertest, verurteilst und dich sowie deine Taten schlechtredest. Durch diese negativen Empfindungen und Gefühle werden Hormone im Körper ausgeschüttet, die den gesamten Organismus beeinflussen. Dein Gehirn verbindet Selbstkritik mit einer Bedrohung, weshalb du nicht selten mit Abwehr und Gegenwehr reagierst, wenn dich andere Menschen kritisieren. Es wird dadurch das Stresszentrum aktiviert, was wiederum zu einem Anstieg des Blutdrucks führt und die Atmung abflacht. Kurz gesagt: Dein Körper bereitet dich darauf vor, dass du entweder kämpfst oder fliehst. Diese Prozesse werden durch gewisse Regionen im Gehirn gesteuert, auf die du mittels deines reinen Willens keinen Einfluss hast. Daraus lässt sich schließen, dass, wenn die negativen Gefühle einmal da sind, diese automatisch im Körper Stress auslösen, unabhängig davon, ob du das willst oder nicht. Dann benötigst du erst einmal Zeit, damit die Hormone wieder abgebaut werden können und die Begleiterscheinungen abklingen. Die Lösung liegt nicht darin, deine Gefühle zu negieren, sondern darin, ihnen die Unterstützung zu geben, die sie benötigen, damit du erstens weiterkommst und zweitens gar nicht erst negative Empfindungen wie die beschriebenen entwickelst. Hier kommt das Selbstmitgefühl ins Spiel. Begegnest du dir selbst (und deinen Mitmenschen) freundlich, zuversichtlich und schenkst dir selbst Vertrauen, geschieht im Gehirn das Gegenteil: Es werden Areale im Gehirn angesprochen, die auf positive Empfindungen wie Mitgefühl reagieren. Das fördert gleichzeitig deine Fähigkeit, nicht nur optimistischer an das Leben heranzugehen, sondern deine Ziele gleichzeitig auch besser verfolgen zu können.

Selbstmitgefühl und Resilienz: Der Umgang mit Rückschlägen und Fehlern

Selbstmitgefühl geht Hand in Hand mit Achtsamkeit. Fehlt das Bewusstsein bezüglich der eigenen Gedanken und Gefühle, so kann es schnell zu einer Überidentifikation mit diesen kommen. Wenn dir zum Beispiel ein Fehler bei der Arbeit geschehen ist und du dich dafür hart in die Kritik nimmst, könntest du diese Situation mit deiner Identität verwechseln. Das käme unter anderem durch Gedanken wie: „Ich kann nicht einmal die Rechnung richtig verbuchen – ich bin eine miserable Büroangestellte." Was hier geschieht, ist, dass du deine Fehler mit deiner Persönlichkeit durcheinanderbringst. Nur, weil du dies und jenes denkst, fühlst, sagst und tust, bedeutet das nicht, dass du auch tatsächlich deine Gedanken, Gefühle, Worte und Taten *bist*. Achtsamkeit bringt hier Licht ins Dunkle: Du erkennst die Zusammenhänge zwischen dem, was du gerade empfindest, und dem, was geschehen ist. Bezogen auf das Beispiel ist es zwar richtig, zu sagen, dass du auf der Arbeit etwas getan hast, das andere als „Fehler" bezeichnen würden, doch das bedeutet noch lange nicht, dass du eine „miserable" Büroangestellte *bist*. Bei dieser Bewertung vergisst du nämlich all die guten Dinge und die Erfolge, die dir bereits während deiner Laufbahn als Büroangestellte gelungen sind. Und genau diese rechtfertigen keine harsche Bewertung wie „miserabel".

Bring Achtsamkeit in dein Denken und in die Sprache deiner inneren Stimme und beziehe dich dabei auf die Fakten. Häufig nutzt der innere Kritiker jede nur erdenkliche Situation aus, in der er sich dir gegenüber destruktiv und verurteilend verhalten kann. Es muss nicht einmal immer besonders schlimm sein, was geschehen ist. Denn der Kritiker besitzt die Fähigkeit, aus einer Mücke einen Elefanten zu machen. Bereits der kleinste Fehler wird als Anlass genommen, sich selbst gedanklich mit Worten zu „misshandeln".

Negative Gedanken und destruktive Kritik verursachen Passivität und Handlungsunfähigkeit. Nicht selten versinkt man in Selbstmitleid wie in einem Gewässer, ohne dass man überhaupt versucht, sich über Wasser zu halten. Die Ohnmacht über die eigenen Schwächen und Fehler erscheint einfach zu übermächtig, sodass man befürchtet, dass alle Versuche grundsätzlich sinnlos sind. Gefühle von Isolation und Abgeschnittenheit gehen meist mit Selbstmitleid einher, weshalb dieser Begriff von dem des Selbstmitgefühls unterschieden werden muss.

Mit Rückschlägen und den eigenen Fehlern umgehen zu können, ist nicht immer leicht, wenn der innere Kritiker all seine Geschütze in diesen Momenten auffährt. Dabei sind Niederlagen sogar wichtig und nichts Negatives. Wer Fehler vermeiden will, wird nicht nur Chancen entgehen, etwas zu lernen und sich selbst zu verbessern, sondern wird mit diesem Vorhaben wohl oder übel scheitern, denn so etwas wie Fehlerlosigkeit gibt es einfach nicht im Leben. Es ist zwecklos, Dinge zu bereuen, die man getan oder gesagt hat, denn in diesen Momenten wurden sie von einem selbst als richtig erachtet. Selbstvorwürfe und Selbstmitleid ziehen den Menschen nur noch tiefer in die negative Spirale hinein und bringen ihn nicht voran. Es kommt schließlich nicht darauf an, niemals hinzufallen, sondern vielmehr darauf, immer wieder neu aufzustehen. Nur so lernt man, auf seinem Lebensweg voranzuschreiten.

Hilfreiche Tipps für mehr Selbstmitgefühl

- **Erlaube dir, nicht perfekt sein zu müssen.** Niemand ist vollkommen und niemand kann es je werden. Selbstmitgefühl heißt, sich selbst zuzugestehen, nicht perfekt sein zu müssen, sondern auch Aspekte wie Faulheit, Sensibilität und Unproduktivität ausleben zu dürfen. Das macht dich nur menschlich.
- **Bringe deinen inneren Kritiker zum Schweigen.** Beende das Bewerten und Verurteilen deiner Gedanken, Gefühle, Worte und Taten. Das ist leichter gesagt als getan und benötigt stete Übung, doch mit der Zeit wirst du dich immer häufiger dabei erwischen und korrigieren können.
- **Akzeptiere, wer du bist**. Wie jeder andere Mensch auch, besitzt du Talente, Schwächen und Grenzen – das macht dich letztendlich in deiner Persönlichkeit aus und das ist wunderbar. Du bist gut so, wie du bist.
- **Erkenne, dass dein innerer Kritiker nicht immer ehrlich und sachlich ist**. Wenn du dich selbst kritisierst, geschieht das auf einer emotionalen, nicht auf Fakten basierenden Ebene. Die Eigenschaften, die du an dir verurteilst,

sind nicht das Einzige, was in dir steckt, denn da sind noch so viele andere einzigartige Charakterstärken, die eine alleinige Bewertung anhand deiner Schwächen sinnlos machen. Das wäre, als würde man einem Fisch vorwerfen, nicht überlebensfähig zu sein, nur weil dieser nicht an Land gehen kann.

- **Betrachte und rede mit dir selbst, wie du mit deinen Liebsten sprechen und umgehen würdest.** Du erkennst in den Menschen, die dir am wichtigsten sind, ihre Stärken und auch Schwächen. Trotz der Dinge, die du vielleicht nicht sonderlich an ihnen magst, würdest du deshalb trotzdem niemals mit deinen Freunden und der Familie gleichgültig, ignorant, gefühlskalt, lieblos oder mit Antipathie umgehen. Schenke dir selbst genau dasselbe Verhalten.
- **Gib dir das, was du brauchst**. Selbstmitgefühl umfasst Selbstfürsorge, weshalb du nicht nur ergründen solltest, was du brauchst, sondern dir dies auch selbst gibst. Tröste dich, wenn du traurig bist, sprich dir selbst gegenüber Mut aus, wenn du gerade frustriert bist, und umarme dich, wenn du eine Schulter zum Ausweinen brauchst.
- **Mach dir bewusst, was für ein wundervoller Mensch du bist.** Denk an deine Stärken, deine Erfolge und die Momente, in denen du anderen Menschen helfen konntest. Erkenne, dass diese Seiten ebenso zu dir gehören und du natürlich nicht nur Schlechtes an dir hast.

Übung: Die Stimme des Selbstmitgefühls kultivieren

Ebenso, wie die Stimme des inneren Kritikers dein Leben beeinflussen kann, kannst du auch die Stimme des Selbstmitgefühls in dir kultivieren und dich von dieser leiten lassen. Dabei hilft dir diese Übung.

So gehst du vor:

- Nimm dir Schreibmaterial und einen Zettel beziehungsweise dein Tagebuch hervor.
- Notiere alle Gedanken deines inneren Kritikers in der zweiten Person. Es sollten mindestens 3 Punkte sein.

Beispiel:
„Du bist eine furchtbare Mutter."
„Du hast kein Glück verdient."
„Du hast dich nie unter Kontrolle."

- Schreib diese Gedanken nun um, indem du deine innere Stimme des Selbstmitgefühls zu Wort kommen lässt. Hilfreich ist es, dass du dir vorstellst, als würdest du mit deinem Liebespartner oder deinem Kind sprechen. Bleibe mitfühlend, aber auch realistisch. Indem du so tust, als würdest du deine Worte an jemand anderen in der Du-Form richten, sollte es dir leichter fallen, diese liebevollen Antworten zu finden.

Beispiel:
„Du bist eine furchtbare Mutter." -> „Du bist eine wundervolle Mutter. Manchmal verurteilst du dich leider für deine Fehler, doch du gibst immer dein Bestes und das ist das, was wirklich zählt."
„Du hast kein Glück verdient." -> „Natürlich hast du alles Glück auf der Welt verdient. Niemand ist perfekt und das muss auch niemand sein – nicht einmal du. Lass deine Erwartungen und Ansprüche an dich selbst los und freue dich über deine wundervollen Eigenschaften, über deine bisherigen Erfolge und deine Liebenswürdigkeit."

„Du hast dich nie unter Kontrolle.“ -> „Nur, weil du bereit bist, deine Gefühle offen zu zeigen, bedeutet das nicht, dass du die Kontrolle über dich verloren hast. Es ist eine schöne und auch beeindruckende Fähigkeit von dir, authentisch und echt zu bleiben, ohne die eigenen Emotionen zu unterdrücken.“

• Zu guter Letzt formuliere deine mitfühlenden Antworten in die erste Person um und lies sie dir selbst laut vor, gerne auch mehrmals, wenn es nötig ist. Das kann durchaus emotional für dich werden, denn zugeneigte, verständnisvolle und liebevolle Worte, die du an dich selbst richtest, haben das Potential, dich tief in deinem Inneren zu berühren und deine Wunden zu heilen.

Beispiel:
„Ich bin eine wundervolle Mutter. Manchmal verurteile ich mich leider für meine Fehler, doch ich gebe immer mein Bestes und das ist das, was wirklich zählt.“

„Natürlich habe ich alles Glück auf der Welt verdient. Niemand ist perfekt und das muss auch niemand sein – nicht einmal ich. Ich lasse meine Erwartungen und Ansprüche an mich selbst los und freue mich über meine wundervollen Eigenschaften, über meine bisherigen Erfolge und meine Liebenswürdigkeit.“

„Nur, weil ich bereit bin, meine Gefühle offen zu zeigen, bedeutet das nicht, dass ich die Kontrolle über mich verloren habe. Es ist eine schöne und auch beeindruckende Fähigkeit von mir, authentisch und echt zu bleiben, ohne die eigenen Emotionen zu unterdrücken.“

DIE BEDEUTUNG VON RUHE UND REGENERATION

Nur ein Mensch, der auf körperlicher und geistiger Ebene genügend Reserven aufgebaut hat, kann in herausfordernden Zeiten seine verbrauchte Energie zurückgewinnen und seine Leistungsfähigkeit wiederherstellen. Kurz gesagt: Resilienz baut auch Regeneration und Erholung auf.

Regeneration als Grundbedürfnis des Menschen

Der Mensch ist kein technisches Gerät, das rund um die Uhr angeschaltet sein kann und immerzu ein und dieselbe Leistung vollbringt. Jeder benötigt zwingend eine Quelle, aus der er Kraft schöpfen kann. Die körperlichen und geistigen Reserven werden beim Menschen durch Ruhe aufgefüllt, was eine Begrenzung der aktiven Phase des Tages und das Festlegen einer Phase der Regeneration voraussetzt. Pausen und der nächtliche Schlaf sind die effektivsten Methoden, um das persönliche Wohlbefinden anzuheben und die eigene Leistungsfähigkeit zu erhöhen. Je effektiver sich der Mensch während dieser Zeit erholen kann, desto mehr Vorteile wird er daraus in Bezug auf seine aktiven Tätigkeiten und das Meistern von Krisen ziehen können.

Resilienz beschreibt die Fähigkeit, sich auf Stress einstellen zu können und flexibel auf diesen zu reagieren. Wem dies gelingt, kann damit eine der größten Bedrohungen für die physische und psychische Gesundheit eindämmen. Stress wird unter anderem während des Schlafes abgebaut, doch auch kurze Pausen zwischendurch reduzieren die dadurch entstandene Belastung maßgeblich. Das beweist auch die Wissenschaft in einer Studie von 2011 mit der Bezeichnung „Effects of intraoperative breaks on mental and somatic operator fatigue: a randomized clinical trial“ (zu Deutsch: Auswirkungen intraoperativer Pausen auf die mentale und somatische Ermüdung des Bedieners: eine randomisierte klinische Studie), die aufzeigen konnte, dass Pausen von 5 Minuten alle 25 Minuten bereits erhebliche Vorteile in Bezug auf die Leistungsfähigkeit, das Level der Müdigkeit und die Fehlerquote haben, da die Körper der untersuchten Probanden deutlich weniger Stresshormone ausschütteten als vergleichbare Menschen.

Diese Zeitmanagementmethode des Arbeitens in Intervallen beschreibt die sogenannte Pomodoro-Technik. Sie besagt, dass Produktivität und Effizienz nur im Einklang mit regelmäßigen Pausen abgerufen werden können. Dafür werden die Aufgaben in Arbeitszeiten von jeweils 25 Minuten eingeteilt, die wiederum durch Pausen von 5 Minuten unterbrochen werden. So wechselt sich konzentriertes und produktives Arbeiten mit kurzen Phasen der Erholung ab, was streng mithilfe einer Stoppuhr eingehalten wird. Nach jedem 4. Arbeitszeitfenster wird eine längere Pause von

20 bis 30 Minuten gemacht, was einen vollständigen Pomodoro-Zyklus abschließt, der insgesamt also etwa 2 Stunden und 25 Minuten dauert. Anschließend beginnt ein neuer Zyklus. Die Pomodoro-Technik bringt den Vorteil mit sich, den Anwender dazu zu disziplinieren, sich seinen Aufgaben produktiver und fokussierter zu widmen. Dabei stellt die Methode sicher, dass er sich nicht überarbeitet. Gleichzeitig verbessert sie das Zeitgefühl, vermeidet Prokrastination und Ablenkungen. Die Simplizität der Technik macht ihre Umsetzung zu einem Kinderspiel, was die Konzentration des Anwenders erhöht, ihn motiviert, ihm neue Energie schenkt und eine Zielerreichung wahrscheinlicher macht. Außerdem berücksichtigt die Pomodoro-Technik die Rolle der Regeneration, wodurch sie vor Selbstausbeutung und Überanstrengung schützt.

Es ist völlig normal, nach einer Belastung erschöpft zu sein, denn dieses Gefühl ist lediglich eine Botschaft des Körpers, die besagt, dass es nun Zeit ist, wieder aufzutanken. Stell dir dies wie ein Pendel vor, das danach strebt, zur Mitte zurückzukehren. Wenn dein Körper und Geist in einer schwierigen Situation eine starke Belastung durch Stress erfahren, schlägt das Pendel in ein Extrem stark aus. Die natürlichen physikalischen Gesetze lassen es ebenso stark in die andere Richtung ausschlagen, bevor es sich nach und nach wieder in der Mitte einfinden wird. Nach der Anspannung benötigt der Körper also Entspannung. Stress erfordert Erholung und Belastung muss durch Regeneration ausgeglichen werden. Nicht ohne Grund lautet die Definition für Regeneration, dass ein physiologischer Gleichgewichtszustand wiederhergestellt wird. Nur so kannst du zurück zu deiner alten Leistungsfähigkeit finden oder diese sogar steigern.

Nach einer Belastung, ob durch sportliche Aktivitäten oder geistige Beanspruchung, entsteht zunächst ein Defizit. So bringt zum Beispiel körperliche Bewegung häufig Muskelkater oder sogar Schmerzen in den Gelenken mit sich. Dann braucht der Körper Zeit, um sich davon selbst zu heilen, damit er wieder bereit für die nächste Belastung wird. Wird ihm diese Regeneration versagt, könnte er sich verletzen. Das Gleiche gilt bei mentaler Belastung. Auch der Geist braucht eine Phase der Ruhe, um sich von der Verarbeitung vieler Informationen zu erholen. Andernfalls zeigen sich Symptome wie

- Kraftlosigkeit,
- Müdigkeit und Erschöpfung,
- Angstzustände,
- Antriebslosigkeit,
- Konzentrationsprobleme

bis hin zu Depressionen und Burnout. Es ist also längst nicht nur der Gemütszustand, der unter einer mangelnden Regeneration leidet, sondern auch die Produktivität und die Gesundheit des Betroffenen. Zudem trägt die Erholung zu einem gestärkten Optimismus, einer verbesserten Kommunikationsfähigkeit sowie Motivation bei, was noch einmal verdeutlicht, wie wichtig die Regeneration für die Resilienz ist.

Hilfreiche Tipps für mehr Regeneration und Erholung

- **Stelle ein Gleichgewicht zwischen Arbeit und Freizeit her**. Steckst du viel Energie in deine berufliche Karriere, so solltest du dies durch ebenso viele erholsame Stunden ausgleichen, in denen du deinem Körper und Geist die Chance gibst, Kraft zu tanken.

- **Gönne dir erholsamen Schlaf**. Darüber hast du bereits in vorherigen Kapiteln gelesen.

- **Übe ein Hobby aus, das dich begeistert**. Wenn du Zeit mit einer Tätigkeit verbringst, die du liebst und die dir viel Freude bereitet, haben Dinge wie Anspannung und Stress keine Chance mehr. Das kann zum Beispiel das Spielen eines Instruments, das Erlernen einer neuen Fähigkeit, eine sportliche Aktivität oder das Lesen eines mitreißenden Buches sein.

- **Gehe monotonen Routinearbeiten nach**. Das mag für den einen oder anderen überraschend klingen, doch das Ausführen einfacher und langweiliger Dinge wie das Erledigen des Haushaltes, Staubwischen, Wäschesortieren oder Gartenarbeit ermöglicht es dir, deinen Kopf auszuschalten.

- **Tanke in zwischenmenschlichen Beziehungen auf.** Nutze Aktivitäten, tiefe Gespräche und gemeinsames Lachen mit Freunden, um auf andere Gedanken zu kommen und deinem Gehirn eine Pause von deinen Alltagsproblemen zu geben.

- **Führe Entspannungsübungen aus.** Dehnen, Yoga, Tai-Chi oder Atemtechniken sind Methoden, um den Körper und Geist gezielt durch Übungen zu entspannen und weiteren Verspannungen vorzubeugen.

- **Verbinde dich mit der Natur.** Die natürliche Umgebung an der frischen Luft ist ein sehr effektiver Ort der Regeneration. Das Erden mit den nackten Fußsohlen auf dem natürlichen Boden bringt viele wissenschaftlich bewiesene gesundheitliche Effekte mit sich, ebenso wie das Wandern oder das einfache Zeitverbringen in der Natur.

- **Mache gar nichts.** Das ist für viele Menschen tatsächlich eine gewaltige Herausforderung, denn in einer Welt, in der Produktivität, Leistungsdruck und Konkurrenz bedeutende Antriebe sind, fühlt sich Nichtstun wie Faulheit an. Dabei ist das Bedürfnis nach Stille und Ruhe ein legitimes Grundbedürfnis, das es zu berücksichtigen gilt.

- **Gönne dir Urlaube.** Etliche wissenschaftliche Forschungen belegen, dass Auszeiten von mindestens 1,5 Wochen am Stück und mehreren kurzen Trips pro Jahr die Regeneration fördern und sich demnach positiv auf die Gesundheit und Resilienz auswirken.

Übung: Regeneration durch Yoga

Diese Übung bietet dir Anleitungen für konkrete Entspannungsübungen aus dem sogenannten regenerativen Yoga. Dieser Stil fokussiert sich auf Körperhaltungen, die dich von der Kopfkrone bis zu den Fußzehen entspannen lassen. Im Gegensatz zu anderen Arten des Yogas ist regeneratives Yoga passiv. Nachdem du eine Haltung eingenommen und es dir richtig gemütlich eingerichtet hast, tust du nichts anderes mehr, als einfach zu sein. Das klingt wunderbar entspannend, nicht wahr? Und genau das soll es auch sein.

So gehst du vor:

- Begib dich in den Fersensitz.
- Öffne die Knie, die großen Zehen berühren sich weiterhin.
- Platziere ggf. ein Yoga-Bolster oder eine dicke zusammengerollte Decke längs vor dir zwischen deinen Knien. Lege nun deinen Oberkörper auf dem Bolster ab.
- Drehe deinen Kopf zu einer Seite.
- Finde die für dich perfekte Position – du solltest dich hier rundum wohl fühlen können.
- Verbleibe in der Entspannungshaltung mit geschlossenen Augen für 1 bis 5 Minuten.

Tipp: Für noch mehr Polsterung kannst du das Bolster auch noch weiter nach hinten direkt unter dein Gesäß schieben. Platziere eine Decke oder ein Kissen unter deinem Kopf. Decke dich zusätzlich zu, um dich noch geschützter und sicherer zu fühlen.

Die Schulterbrücke

So gehst du vor:

- Begib dich in die Rückenlage.
- Stell deine Füße hüftbreit hinter deinem Becken auf, sodass du mit den Spitzen deiner Mittelfinger gerade noch so deine Fersen berühren kannst.
- Presse die Fußsohlen satt in die Matte und hebe dein Becken an.
- Platziere für die passive Version einen Yoga-Block oder alternativ ein Kissen unter deinem Kreuzbein. Senke deine Hüfte darauf ab.
- Lege deine Arme entspannt neben dem Körper ab.
- Finde die für dich perfekte Position – du solltest dich hier rundum wohl fühlen können.
- Verbleibe in der Entspannungshaltung mit geschlossenen Augen für mindestens 2 Minuten.

Tipp: Spiele mit den verschiedenen Höheneinstellungen des Yoga-Blocks, um die für dich passende Höhe der Hüfte zu bestimmen.

Das regenerative Shavasana

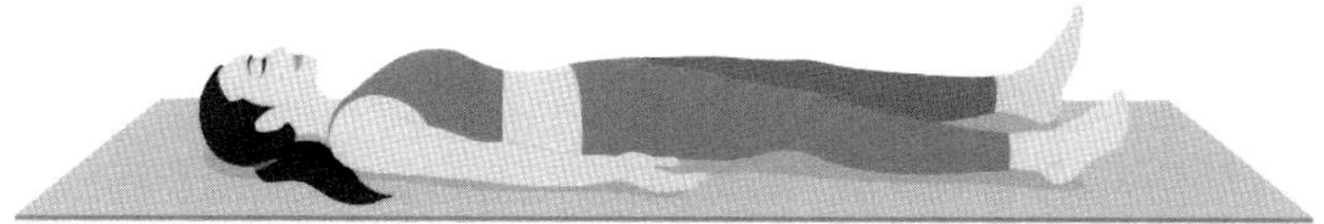

So gehst du vor:

- Begib dich in die Rückenlage mit ausgestreckten Beinen.
- Bring eine gefaltete Decke unter deinen Kopf.
- Platziere ggf. ein Bolster unter deinen Knien.
- Deck dich, wenn du möchtest, mit einer Decke zu.
- Bedecke deine geschlossenen Augen mit einem Tuch oder Ähnlichem.
- Lege deine Arme abgespreizt vom Körper locker auf dem Boden ab.
- Finde die für dich perfekte Position – du solltest dich hier rundum wohl fühlen können.
- Verbleibe in der Entspannungshaltung mit geschlossenen Augen für mindestens 10 Minuten.

Auch, wenn niemand schmerzhafte Situationen erleben möchte, so ist keiner vor diesen gefeit. Jeder muss sich während seines Lebens mehrfach mit schwierigen Erlebnissen auseinandersetzen. Während einige Menschen große Probleme damit haben und sogar gesundheitlich darunter leiden, zeichnet resiliente Menschen aus, dass diese daran sogar wachsen. Dies wird posttraumatisches Wachstum genannt und führt bei Betroffenen nach einer Krise zu einem positiven Wandel im Leben.

Posttraumatisches Wachstum: Die Transformation durch eine Krise

Zunächst ist es immer schwer, einem Schicksalsschlag oder einem Trauma etwas Gutes abzugewinnen. Und trotzdem ist es möglich, dass vielen Menschen genau dies gelingt und sie als Konsequenz sogar eine Transformation auf der persönlichen Ebene durchleben. Posttrau-matisches Wachstum beschreibt genau diese Veränderung zum Positiven, die durch einen inneren Prozess nach einem traumatischen Erlebnis ausgelöst wird. Dabei beschränkt sie sich nicht auf das alleinige Durchstehen und Bewältigen eines Problems durch den Betroffenen, der dann anschließend in den Ausgangszustand zurückkehrt. Posttraumatisches Wachstum geht einen Schritt weiter und beschreibt Menschen, denen es gelungen ist, über ihren vorherigen Zustand hinauszuwachsen. Hier geschieht eine Transformation, die denjenigen sich selbst in seiner Persönlichkeit ganz anders wahrnehmen lässt. Seine Sichtweisen, seine Werte, seine Moral und sein Verständnis für Spiritualität verändern sich, er bewertet sein Leben sogar auf eine andere Art. Seine Prioritäten verschieben sich. Er entdeckt neue Chancen in seinem künftigen Werdegang, die ihn dazu animieren, das Leben in eine neue Richtung zu lenken. Menschen, die ein posttraumatisches Wachstum durchlebt haben, wird zudem nachgesagt, dadurch ihre Beziehungen zu anderen Menschen noch wärmer, herzlicher und intimer zu pflegen. Ihre zwischenmenschlichen Verbindungen gehen immer tiefer und das erlebte Leid und der verspürte Schmerz fördern in ihnen die Fähigkeit zur Empathie. Dieses neu gewonnene Mitgefühl gilt nicht nur anderen Menschen, sondern auch sich selbst. Diese Persönlichkeiten beschreiben häufig, dass sie sich durch das Durchstehen der Krise noch stärker und widerstandsfähiger fühlen, wodurch sich ihr Selbstvertrauen – auch bezüglich künftiger Herausforderungen – erheblich verbessert, ganz unter dem Motto: „Wenn ich das überlebt habe, werde ich auch alles Weitere überstehen können." Alles in allem entwickeln Menschen, die nach einer Krise ein posttraumatisches Wachstum erleben, eine neue Lebensperspektive, die sich im großen Stil auf sämtliche Bereiche ausdehnt.

Die Kunst des Neuanfangs

Dass dies ein tiefgreifender Prozess ist, der zudem nicht einfach so geschieht, sollte jedem bewusst sein. Jeder erlebt diese Transformation auf eine ganz persönliche Art und Weise, denn die uns innewohnenden Paradigmen und Denkmuster, die wir uns im Laufe des Lebens angeeignet haben, werden durch das erlebte Trauma stark durchgeschüttelt. Schließlich ist nicht jeder Mensch gleich positiv eingestellt, optimistisch und resilient. Alles, was der Betroffene zuvor von der Welt und ihrer Funktionsweise geglaubt hat, wird durch die Krise in Frage gestellt, weshalb diese Menschen das Gefühl haben, alles neu bewerten zu müssen – einschließlich sich selbst.

Eine Krise stellt eine Konfrontation mit einer schmerzhaften Wirklichkeit dar, die der Betroffene zuvor nicht wahrgenommen hat und nun einen Prozess der persönlichen Veränderung in ihm auslöst. Ein traumatisches Ereignis geht an niemandem spurlos vorbei. Glaubenssätze, Auffassungen und Meinungen werden dabei einmal komplett auseinandergenommen und müssen schließlich wieder zusammengesetzt werden, sodass die Erkenntnisse, die durch die Konfrontation mit der zuvor unbekannten Realität entstanden sind, in das persönliche kognitive Muster wieder hineinpassen. Das ist durchaus schmerzhaft für den Betroffenen, denn während dieses Wachstumsprozesses muss er immer wieder mit seinen negativen Empfindungen und Erinnerungen umgehen. Verschwinden werden diese nie, was akzeptiert werden muss, doch die Art und Weise, wie sie bewältigt werden, lässt denjenigen daran wachsen. Es ist sogar unverzichtbar, dass negative Emotionen immer wieder durchlebt werden, denn ansonsten gäbe es keinen Anreiz für den Geist, sich unterbewusst sowie bewusst neue Strategien zur Bewältigung zu überlegen. Je mehr eine Persönlichkeit Selbstreflexion betreibt und je besser sie sich emotional ausdrücken kann, desto bessere Bewältigungsstrategien besitzt diese und desto höher ist auch die Chance auf eine Transformation infolge einer Krisensituation. Die logische Konsequenz ist, dass der Mensch, nachdem er ein posttraumatisches Wachstum durchlebte, nicht mehr derselbe ist, der er einmal war.

Hilfreiche Tipps für das Erkennen von Chancen in Krisen

• **Stelle dich deinen Herausforderungen.** Es wird nicht besser werden, wenn du deinen Kopf in den Sand steckst und nur darauf hoffst, dass die Schwierigkeit einfach von selbst vorüberzieht. Eine Krise ist dazu da, um dir eine Botschaft zu überbringen und um dich zu persönlichem Wachstum anzuregen. Stell dich ihr deshalb und finde heraus, was du lernen kannst.

• **Schließe mit dem ab, was du nicht mehr ändern kannst.** Es hat keinen Zweck, etwas zu versuchen, was nicht möglich ist, wie zum Beispiel, bereits Geschehenes rückgängig zu machen. Lerne, mit der Vergangenheit abzuschließen. Doch was du verändern kannst, ist der gegenwärtige Moment. Du besitzt die Macht, diesen so zu gestalten, wie du es möchtest.

• **Betrachte die Krise mit einem positiven Mindset.** Glaube daran, dass alles im Leben zu deinem Besten geschieht. Wenn du also gerade eine schwierige Phase durchlebst, dann hat das einen Grund und es wird dir dabei helfen, persönlich zu wachsen.

Beispiel:

Du wurdest soeben von deinem Vorgesetzten gekündigt und bist am Boden zerstört. Nach einiger Zeit erinnerst du dich daran, dass du das Leben aus einer möglichst positiven Betrachtungsweise sehen willst, und überlegst, welche Chance in deiner derzeitigen Krise stecken könnte. Dir fällt Folgendes auf: Eigentlich hast du deinen alten Job gehasst und bist sogar ganz froh, dass du endlich dazu gezwungen wirst, dir etwas Besseres zu suchen. Von allein hast du dich nämlich nicht getraut, zu kündigen. Doch nun stehen dir viele Türen zu einem erfüllteren Beruf offen.

- **Nutze schwierige Zeiten für Reflexion.** Wenn es dir nicht gut geht, sind diese Empfindungen ein Zeichen dafür, dass etwas in deinem Leben nicht stimmt. Wenn du mithilfe von Reflexion ergründen kannst, welche Faktoren genau dich unglücklich machen, kannst du deine Lebensqualität um einiges erhöhen.
- **Besinne dich auf dich selbst.** Im hektischen Alltag und während der angespannten Phase einer Herausforderung ist es nur zu leicht, im Stress zu versinken, ohne es so richtig zu bemerken. Nimm dir deshalb unbedingt Zeit und Raum für dich selbst, indem du dich in der Natur aufhältst, in die Stille gehst oder regenerative Entspannungsübungen praktizierst.
- **Übe dich in Selbstfürsorge.** Je besser es dir körperlich und geistig geht, desto besser bist du für die Krise gewappnet und desto eher kannst du dich auf die Chancen dahinter konzentrieren. Entdecke neue Interessen und probiere Unbekanntes aus, was eine effektive Bewältigungsstrategie für Krisen sein kann.
- **Trau dich, nach Hilfe zu fragen.** Wenn du dich in einer negativen Gedankenspirale befindest und nur noch das Schlechte in der derzeitigen Situation erkennen kannst, zögere nicht, nach Hilfe zu fragen. Deine Mitmenschen könnten dir interessante neue Sichtweisen aufzeigen, dich zu einer Veränderung motivieren oder von deren eigenen Krisen inklusive der erfolgreichsten Bewältigungsstrategien berichten.
- **Suche nach dem Sinn hinter der Krise.** Wenn du einen Grund findest, warum es wichtig ist, dass du diese Herausforderung durchstehst, wird es dir leichter fallen, genau dies zu tun. Dadurch kannst du jede noch so schwierige Krise bewältigen.

Beispiel:

Du durchlebst eine heftige und dramatische Scheidung, die dich auf allen Ebenen schwer fordert. Doch du verlierst nicht deinen Mut und die Motivation, diese Krise durchzustehen, weil du nämlich ein festes Ziel vor Augen hast: Es ist dir ein tiefes inneres Anliegen, anderen Menschen in ähnlichen Lagen wie deiner derzeitigen mit deinen Erfahrungen beizustehen. Dein Sinn ist es, diese Herausforderung zu bestehen, um anderen damit zu helfen.

• **Sei dankbar für die Herausforderungen, an denen du wachsen darfst.** Dankbarkeit ist und bleibt ein wichtiges Werkzeug, um aus der Opferhaltung heraus und rein in das Schöpfersein zu treten. Wenn du dankbar für die Krisen bist, die in deinem Leben geschehen, kannst du die Chancen dahinter erkennen.

• **Erkenne, dass du selbst für dein Glück verantwortlich bist.** Wenn du ein zufriedenes und erfülltes Leben führen möchtest, ist es essentiell, sich ein solches zu kreieren, denn niemand anders kann dies für dich tun. Du trägst die volle Verantwortung.

Übung: Selbstverantwortung übernehmen – vom Opfer zum Schöpfer

Wenn du deine Sichtweise zu bestimmten herausfordernden Lebenssituationen und Herausforderungen änderst, kannst du die damit empfundenen inneren Widerstände dagegen wahrnehmen und selbst entscheiden, wie du weiter vorgehst. Viele Menschen betrachten sich als Opfer des Schicksals, das mit ihnen macht, was es will. Diese Einstellung führt zu Frustration und Passivität – man sieht keinen Sinn darin, sich zu wehren, denn „es hat ja eh keinen Zweck". Doch das muss nicht so sein. Mit dieser Übung kehrst du zurück in die Eigenverantwortung und übernimmst somit wieder die Führung über dein Leben.

So gehst du vor:

• Nimm dir Schreibutensilien oder dein Tagebuch hervor und notiere Sätze über Dinge, von denen du glaubst, sie tun zu *müssen*. Beginne jede Aussage mit „Ich muss ...".

Beispiel:
„Ich muss jeden morgen früh aufstehen und zur Arbeit gehen."
„Ich muss die Kinder von der Schule abholen."

• Lies dir die Sätze laut vor. Was empfindest du dabei? Fühlst du dich frustriert und genervt oder sogar wütend?

- Formuliere die Sätze nun so um, dass jedes „Ich muss“ durch ein „Ich entscheide mich dafür / zu ...“ ersetzt wird.

Beispiel:

„Ich muss jeden morgen früh aufstehen und zur Arbeit gehen.“ ⊠ „Ich entscheide mich dafür, jeden morgen früh aufzustehen und zur Arbeit zu gehen.“

„Ich muss die Kinder von der Schule abholen.“ ⊠ „Ich entscheide mich dazu, die Kinder von der Schule abzuholen.“

- Ergänze deine Sätze anschließend mit einer Begründung. Dafür fügst du „..., weil ich / denn ich möchte ...“ am Ende der Aussagen ein.

Beispiel:

„Ich entscheide mich dafür, jeden morgen früh aufzustehen und zur Arbeit zu gehen, weil ich meiner Familie ein geregeltes Einkommen und damit eine gute Lebensqualität ermöglichen möchte.“

„Ich entscheide mich dazu, die Kinder von der Schule abzuholen, denn ich möchte, dass sie sicher zu Hause ankommen.“

Lies dir nun diese neuen Formulierungen deiner ursprünglichen Sätze laut vor. Was fühlst du dieses Mal?

Du kannst nun dieselbe Übung mit anderen Satzanfängen durchführen. Hier zwei Beispiele: „Ich kann nicht ...“ → „Ich will nicht ..., weil ich ...“ oder „Ich brauche unbedingt ...“ → „Ich wünsche mir ..., denn ich möchte ...“. Vergiss nicht, auch hier vorher und nachher in dich hineinzuspüren, wie stimmig sich die Umformulierung für dich anfühlt und was dieser feine Unterschied in deinem Gefühlserleben ausmacht.

6. Werkzeug: Kommunikation und Konfliktlösung

EFFEKTIVE KOMMUNIKATION

Worte sind nicht gleich Worte: Zwei Menschen sprechen über ein und dieselbe Sache. Der eine kann sich mit seinem Zuhörer verbinden und einigen, der andere löst einen emotionalen Konflikt aus. Was ist hier passiert? Was machte den einen erfolgreich und was machte den anderen erfolglos? Was genau unterscheidet die beiden Sprecher voneinander?

Der Schlüssel zu einem harmonischen und unterstützenden Miteinander mit deinen Mitmenschen ist eine effektive Kommunikation. Als Wesen, die von Natur aus sozial sind, ist es uns ein inneres Bedürfnis, eine Verbindung zu anderen aufzubauen, was über den Selbstausdruck durch die Sprache gelingen kann. Innerhalb der Kommunikation zwischen dir und deinen sozialen Kontakten spielen die bereits vorgestellten Fähigkeiten des Verständnisses und der Empathie eine grundlegende Rolle. Kannst du diese innerhalb deiner Gespräche vermitteln, fühlen sich andere Menschen bei dir sicher, verstanden und selbstbewusst.

Für die Resilienz ist es wichtig, dass die Verbindung zu anderen Menschen hergestellt und bewahrt wird. Fehlkommunikation, ungeklärte Konflikte, Missverständnisse, Vertrauensverlust und Frustration können diese soziale Bindung und damit die psychische Widerstandsfähigkeit bedrohen. Missverständnisse sind dabei die Abweichung zwischen dem Gesagten und dem Verstandenen. Das passiert, wenn der Sender eine Botschaft übermittelt, die vom Empfänger jedoch aufgrund von einer abweichenden Interpretation, einer unklaren Kommunikation auf Seiten des Senders oder einem Mangel an Kontext vom Empfänger falsch verstanden wird.

Beispiel:
A fragt **B** am Mittagstisch Folgendes: „Was ist das Grüne da in der Suppe?"
B antwortet patzig: „Du musst sie ja nicht essen!"
A hat eine Frage gestellt, die **B** anders interpretiert hat, nämlich als Kritik. **B** bewertete **A**s Frage als Angriff auf seine Kochkünste und reagierte deshalb genervt. Doch **A** wollte einfach nur wissen, was das Grüne ist, ohne die Suppe zu bewerten, weil **A** viele Lebensmittelallergien besitzt und deswegen auf Nummer sicher gehen muss.

Willst du effektiv kommunizieren, bedeutet dies, dass du in der Lage dazu bist, von vorneherein Ziele für das Gespräch zu definieren, konkrete Informationen verständlich zu übermitteln sowie aktives Zuhören zu betreiben. Das Ziel ist hier, dass du schnellstmöglich und mit so wenig Konflikten wie möglich deine Ziele erreichst, deine Mitmenschen für deine Themen motivierst oder gar für deine Ideen und Wünsche begeisterst. Außerdem beugt die effektive Kommunikation potenzielle zwischenmenschliche

Krisen vor, indem unter anderem respektvoll und ehrlich miteinander umgegangen wird und Kompromisse geschlossen werden. Das vermindert sozialen Stress und führt zu einer resilienten Kommunikation, die wiederum die zwischenmenschliche Bindung stärkt. Die Resilienz innerhalb des Informationsaustauschs zeugt von einem respektvollen und auf Vertrauen, Empathie und Unterstützung aufbauenden Miteinander. Hier liegt der Schlüssel für wachsende und gedeihende Beziehungen, die dich auch in Krisenzeiten auffangen können.

Die Bedeutung der nonverbalen Kommunikation

Die nonverbale Kommunikation, also das, was du ohne Worte mithilfe deiner Körpersprache ausdrückst, ist in vielen Fällen sogar von größerer Bedeutung als das Gesprochene, was die verbale Kommunikation darstellt. Das liegt daran, weil der Mensch eben nicht nur den Hörsinn während der Kommunikation mit anderen einsetzt, sondern sich unbewusst durch das Lesen von Mimik, Gestik und Körperhaltung ein Bild von seinem Gegenüber macht. Stell dir einmal vor, du stehst vor einem Arbeitskollegen, der dich mit grimmiger Miene, hochgezogener Augenbraue und verschränkten Armen anspricht: *„Kannst du mal bitte daran denken, das Druckerpapier aufzufüllen, wenn du das letzte Blatt genommen hast?"* Allein seine Körperhaltung würde dazu führen, dass du dich vermutlich sogar kritisiert oder angegriffen fühlst. Würde der Kollege ein und dieselben Worte verwenden, dabei jedoch mit geöffneten Armen neben dir stehen und ein leichtes Lächeln nach der Frage zeigen, würdest du die Bitte vermutlich deutlich freundlicher auffassen.

Ein anderes Beispiel: Die Aussage „Das ist ja interessant" kann je nach Betonung und den mitgesendeten nonverbalen Signalen entweder echtes Interesse oder das komplette Gegenteil – Desinteresse – zum Ausdruck bringen. Ironie beziehungsweise Sarkasmus funktionieren, weil Worte auf eine spezielle Art ausgesprochen werden, indem der Tonfall variiert wird.

Die Körpersprache verrät einiges über unsere innere Welt, sogar dann, wenn wir selbst schweigen. Die Bewegungen, die wir mit den Händen, Fingern, Füßen und Schultern machen, und die Zeichen, die in unserem Gesichtsausdruck zu lesen sind, machen sogar bis zu 93 % der gesamten

Kommunikation aus. Das geschieht im großen Umfang unbewusst. Wir finden einen Menschen immer dann glaubwürdig und authentisch, wenn dessen nonverbale Signale mit seinen Aussagen übereinstimmen. Die Kanäle der Körpersprache kommen folgendermaßen zum Ausdruck:

Mimik

Zur Mimik zählen die Bewegungen der Gesichtsmuskulatur, einschließlich Augen, Mund und Lippen, Wangen und Stirn. Sie zeigen stets unsere Emotionen an, die wir bei jedem Menschen ablesen können, unabhängig davon, wie gut wir diesen kennen. Die 7 Grundemotionen mit ihrer typischen Mimik sind folgende:

- Bei **Freude** ist die Stirn entspannt, es bilden sich kleine Fältchen vom Lachen, die Wangen werden nach oben gezogen, die Mundwinkel heben sich und die Nasenflügel gehen auseinander.

- Bei **Angst** werden die Augenbrauen und die Nase hochgezogen und die Augen sind weit geöffnet. Die Mundwinkel ziehen sich auseinander.

- Bei **Trauer** hängen die oberen Lider und die Mundwinkel nach unten, die Wangen hängen schlaff und der Blick wirkt verloren.

- Bei **Wut** werden die Augen zusammengekniffen, die Lippen werden aufeinandergepresst und die Nasenflügel öffnen sich weit.

- Bei **Ekel** sind die Oberlippe und die Nase nach oben gezogen, während sich die Unterlippe gleichzeitig nach vorn schiebt. Dadurch entstehen Falten zwischen den Nasenflügeln und den Mundwinkeln.

- Bei **Verachtung** ist der Blick starr, der Mund wird einseitig angehoben und die Oberlider hängen nach unten.

- Bei **Überraschung** sind die Augen besonders weit, bei angespannten Wangen, geöffnet und auch der Mund ist leicht offen.

Gestik

Die Gestik beschreibt die Bewegungen der Gliedmaßen, einschließlich der Schultern und des Kopfes. Sie ist dazu da, die verbale Kommunikation zu unterstreichen, sie dient aber auch der wortlosen Kommunikation, zum Beispiel, wenn wir jemandem ein einfaches Handzeichen geben. Die Gestik gibt zudem Aufschluss darüber, wie wir uns selbst einstufen: Selbstbewusstsein und Macht kommen durch langsame Bewegungen, eine aufgerichtete Körperhaltung sowie symmetrische Gesten zum Ausdruck. Zudem ist die Stimme des Betroffenen fest und klar. Eine leise und zittrige Stimme bei gleichzeitig hektisch wirkenden Bewegungen und einer gebeugten Haltung signalisiert ein mangelndes Selbstbewusstsein.

Berührungen

Wie wir uns selbst und andere während der Kommunikation berühren, gibt weitere Informationen bezüglich unserer ausgesendeten Botschaften. Ob es das Schulterklopfen oder die Umarmung ist, der Händedruck oder eine fast zu übersehende Berührung an einer bestimmten Körperstelle: Sie können, wenn authentisch und nicht aufdringlich eingesetzt, Bindungen stärken und die Stimmung heben, denn menschliche Berührungen sind überlebenswichtig und wirken stressreduzierend.

Blickkontakt

Die Augen sprechen Bände und können nicht lügen. Der Blickkontakt kann Sympathie, Interesse und Akzeptanz signalisieren. An den Augen des Gegenübers lesen wir ab, ob dieser glaubwürdig und vertrauenswürdig für uns ist. Von den meisten Individuen wird ein Blickkontakt von 3 Sekunden als angenehm empfunden, danach wirkt er gar aggressiv und bedrohlich. Achte auch auf die Pupillen: Bei positiver Erregung, Sympathie und Freude weiten diese sich, bei Angst und Wut werden sie hingegen kleiner.

Verhalten

Das Auftreten und das allgemeine Erscheinungsbild eines Menschen bilden einen weiteren Kanal der Körpersprache, der seine Persönlichkeit zum Ausdruck bringt. Selbst die Art, wie er gekleidet ist, gibt Aufschluss darüber, wie er sich fühlt und was er von sich selbst hält.

Abstand

Es gibt eine sogenannte Distanzzone, die die Intimsphäre eines Menschen abgrenzt. Bei jedem Menschen ist diese unterschiedlich groß, doch im Durchschnitt liegt sie bei etwa einer Armlänge Abstand.

Der Abstand zwischen zwei Menschen, die sich unterhalten, zeigt deutlich, wie diese zueinander stehen.

- Unterschreitet er die Armlänge Abstand, bezeichnet man die Zone als **Intimzone**, in die nur der Partner oder die Familie eindringen darf.
- Darüber hinaus liegt die **persönliche Zone**, die Freunden und Bekannten vorbehalten ist.
- Bei einem Abstand von mehr als der doppelten Armlänge bis zu 3,6 Meter Abstand spricht man von der **sozialen Zone**, die im Alltag und im Beruf eingehalten wird.
- Ab 3,6 Meter spricht man von der **öffentlichen Zone**, die von Fremden respektiert wird.

Stimme

Bei der Stimme, als Kanal der Körpersprache, ist nicht der Inhalt der Worte wichtig, sondern die Art, *wie* Dinge ausgesprochen werden. Dabei bestimmen die Lautstärke, die Betonung einzelner Buchstaben, Worte oder Sätze, die Sprachmelodie, das Tempo und die Stimmlage, was der Sprecher ausdrücken möchte. Zusammenfassend lässt sich sagen, dass sich Kommunikation aus einem komplexen Verhältnis zwischen Ausgesprochenem, der Betonung, Mimik, Gestik und der Körperhaltung, aber auch durch Emotionen und Erfahrungen gestaltet.

Hilfreiche Tipps für mehr effektive Kommunikation

- **Bring möglichst unmissverständlich zum Ausdruck, was du meinst.** Klare Worte lassen wenig Raum für Interpretationen. Vermeide, abzuschweifen, und bleib beim Thema. Je deutlicher du sagen kannst, was du benötigst und was dir wichtig ist, desto höher ist die Chance, dass dein Gegenüber dies auch verstehen kann.

- **Achte auf den Kontext**. Vergiss nicht, dein Gespräch auf die Umwelt auszurichten. Eine effektive Kommunikation kann unter anderem ruiniert werden, wenn du versuchst, deinen Gesprächspartner vor anderen Menschen zu ermahnen oder zu kritisieren. Zudem kann Lärmbelästigung, ein ungeeigneter Moment oder der falsche Ort ein tiefgründiges Gespräch, das auf dem Ausdruck von Emotionen und Gedanken basiert, verhindern.

- **Gehe freundlich gestimmt in die Kommunikation**. Begegnest du deinem Gesprächspartner von vorneherein arrogant oder abgeneigt, so wird dieser das unweigerlich spüren und ebenfalls mit mehr oder weniger intensiver Abneigung darauf reagieren. Eine effektive Kommunikation ist so nicht möglich. Bleib deshalb freundlich und aufgeschlossen.

- **Betreibe aktives Zuhören**. Wenn du ernsthaft verstehen möchtest, was dein Gegenüber sagt, und darauf eingehen willst, ist ehrliches Interesse an diesem wichtig. Frage nach, wenn du etwas nicht verstanden hast. Auch das Paraphrasieren ist eine gute Technik des aktiven Zuhörens.

- **Paraphrasiere**. Beuge Missverständnissen vor, indem du das Gesagte kurz mit deinen eigenen Worten wiederholst, um so sicherzustellen, dass du es auch korrekt verstanden hast. Das Feedback deines Gesprächspartners wird dir Aufschluss darüber geben.

- **Halte Sprechen und Zuhören im Gleichgewicht**. Achte darauf, dass jeder Beteiligte die Chance erhält, zu Wort zu kommen und sich auszudrücken. Wenn das Verhältnis zwischen Sprechen und Zuhören aus dem Gleichgewicht gerät, kann das schnell zu Frustration, Langeweile oder Abneigung führen.

• **Gib konstruktives Feedback**. Lass deinen Gegenüber wissen, wie seine Kommunikation bei dir angekommen ist. Dabei nenne neben Dingen, die verbessert werden können, auch Dinge, die gut gelaufen sind. Dies sollte immer ohne andere Zuhörer geschehen und mit einer positiven und wohlwollenden Haltung ausgeführt werden.

• **Richte dich auf Feedback ein**. Nimm die Kommentare und Vorschläge des anderen nicht persönlich, sondern nutze sie, um dich zu verbessern oder um etwas zu lernen.

• **Bleibe offen und respektvoll**. Vorurteile und Schubladendenken können dazu führen, dass sich beide Kommunikationsparteien nicht aufeinander einlassen können. Respekt ist der Weg, damit sich jeder verstanden fühlt und wohlfühlt.

• **Mach deinen Mitmenschen ernst gemeinte Komplimente**. Wann immer du etwas an deinem Gegenüber bewunderst oder schätzt, drücke es aus. Damit verstärkst du das gegenseitige Öffnen füreinander.

• **Respektiere die Ansichten des anderen**. Eine grundlegende Eigenschaft eines effektiven Gespräches ist der Respekt vor der Meinung deines Gegenübers. Alles andere würde eine Unterschätzung oder vielleicht sogar Beleidigung von diesem bedeuten, was keine gute Basis für ein echtes und faires Miteinander darstellt. Natürlich darfst du argumentieren und diskutieren, doch sollte immer die Akzeptanz der Verschiedenheit von mehreren Standpunkten vorhanden sein.

• **Sei empathisch**. Sich in den anderen hineinzuversetzen, zeugt von echtem Interesse. Du wirst besser kommunizieren können, indem du Sympathie und Vertrauen durch Mitgefühl aufbaust.

• **Achte den persönlichen Raum deines Gegenübers**. Wenn du dich auf den anderen ernsthaft einlässt, wirst du bemerken, wann ein Thema zu privat ist und etwas mehr Distanz gewünscht wird. Solltest du unbeabsichtigt in den persönlichen Raum deines Gesprächspartners eindringen und diesem zu nahe treten, könnte das für Unwohlsein auf dessen Seite führen, was gute Kommunikation unterdrückt.

• **Drücke aus, was in dir vorgeht**. Wenn du von dir aus sagst, warum du so fühlst, wie du fühlst, vermeidest du Missverständnisse auf Seiten deines Gegenübers aufgrund von Fehlinterpretationen. Wenn du beispielsweise einem Freund mit der Aussage „Ich kann heute nicht" absagst, lässt das sehr viel Raum für Missverständnisse. Du könntest stattdessen deinen inneren Konflikt darlegen und somit für mehr Verständnis sorgen, indem du sagst: *„Ich würde mich heute wirklich gerne mit dir treffen, aber ich habe noch so viel zu tun und befürchte, meine Aufgaben nicht rechtzeitig erledigen zu können, wenn ich zu dir komme."*

• **Bleibe authentisch**. Auch, wenn man es nicht immer konkret benennen kann, spürt man es einfach, wenn jemand etwas anderes sagt, als er denkt und fühlt. Wenn du ernst genommen werden willst und Respekt erwartest, achte darauf, dass du deine Worte mit dem in Einklang hältst, was in dir vorgeht.

• **Halte Blickkontakt**. Über die Augen kannst du eine zusätzliche Verbindung zu deinem Gesprächspartner aufbauen, die das Gesagte und Gehörte unterstreichen. Wird der Blick stets abgewendet oder kann er nicht ertragen werden, so zeugt dies von Desinteresse oder Unsicherheit – dies sind beides Dinge, die einer effektiven Kommunikation im Wege stehen. Doch hin und wieder den Blick des anderen zu suchen und diesen ohne angestrengtes Starren zu erwidern, kann sehr ausdrucksvoll sein.

• **Wähle ein geeignetes Kommunikationsmedium**. Bestimmte Gespräche gehören nicht übers Smartphone geregelt. Missverständnisse können schnell dann entstehen, wenn das Gegenüber keine Chance hat, die nonverbale Kommunikation zu analysieren, weshalb insbesondere emotionale und relevante Themen besser nicht während eines Telefonats oder im Rahmen eines Chats besprochen werden. In anderen Kontexten, wie zum Beispiel im Beruf, können Kanäle wie E-Mail oder Telefon durchaus sinnvoll sein.

Übung: Effektive Kommunikation mit Spaß

Bei dieser Übung benötigst du eine beliebige zweite Person und etwas Platz. Sie fördert das genaue Zuhören und Befolgen von Anweisungen, ebenso musst du in der Lage sein, dich in den anderen hineinversetzen und klare Anweisungen geben zu können. Hier ist effektive Kommunikation gefragt, denn ansonsten wird es zu starken Verwirrungen kommen. Deshalb deckt diese Übung einen Mangel in dieser Kompetenz auf, weil sie sofortiges Feedback durch die Reaktion des Übungspartners bringt. Ganz nebenbei macht diese Übung richtig Spaß und verbessert nicht nur die Teamfähigkeit und Zusammenarbeit, sondern schafft zudem Vertrauen zwischen dir und dem Partner. Zu guter Letzt wird dir durch diese Übung deutlich gemacht, welche Verantwortung du eigentlich mit deiner Kommunikation besitzt. Welche Worte du verwendest und wie du diese zum Einsatz bringst, kann potentiell andere Menschen verletzen oder eben glücklich machen. Deshalb solltest du deine Sprache stets mit Achtsamkeit gebrauchen.

So gehst du vor:

- Begib dich in eine geeignete Umgebung. Das kann einerseits ein Raum im Haus oder in der Wohnung sein oder ein Ort an der frischen Luft.
- Bereite einen kleinen „Hindernisparcours“ vor, ohne dass der andere dabei ist. Du kannst zum Beispiel Stühle, Kissen oder Decken im Wohnzimmer so arrangieren, dass man diese später gut umschiffen muss, statt einfach geradeaus gehen zu können.
- Verbinde deinem Übungspartner mit einer Augenbinde oder einem Schal die Augen und führe ihn sicher in den Raum mit dem Hindernisparcours.
- Leite den blinden Partner nun langsam, nur durch deine Beschreibungen, durch den Parcours, sodass dieser weder auf Kissen tritt, gegen Stühle läuft noch sich an der Wand stößt. Achte akribisch auf deine Aussagen, um den Übungspartner sicher zu leiten. Du selbst bewegst dich währenddessen nicht von der Stelle, denn das Ziel ist, dass du lediglich deine Stimme gebrauchst, um glasklare, eindeutige und unzweifelhafte Anweisungen zu geben.

• Anschließend tauscht ihr die Rollen: Lass dir nun von deinem Übungspartner die Augen verbinden und dich durch einen neuen Parcours leiten, um nun deine Fähigkeit des genauen Zuhörens und des Befolgens von Anweisungen zu trainieren.

KONFLIKTLÖSUNGSKOMPETENZ

Konflikte sind Teil des Lebens, ob es interpersonelle oder intrapersonelle sind. Erstere finden zwischen zwei oder mehreren Individuen zum Beispiel innerhalb der Familie oder eines Unternehmens statt, zweitere werden innerhalb einer Persönlichkeit mit sich selbst ausgetragen. Verhindern lassen sich diese Reibungspunkte nicht, umso wichtiger ist es, dass du eine gut ausgebildete Konfliktlösungskompetenz besitzt, damit Probleme nicht eskalieren, sondern schnellstmöglich und vor allem störungsarm bereinigt werden. Konflikte lösen bei allen Beteiligten negativen Stress aus und vermindern somit das allgemeine Wohlbefinden. Wenn Resilienz mit zur Lösungsfindung eingebracht wird, kann das Problem nicht nur besser entschärft, sondern es kann die Wiederherstellung der Zufriedenheit bei allen Beteiligten gewährleistet werden. Resilienz fördert demnach eine stressfreiere Kommunikation.

Die Phasen des Konfliktes

Konflikte sind Prozesse, die dynamisch verlaufen. Mit jeder neuen Information verändert sich die Situation und entwickelt sich weiter. Dennoch kann man zwischen 4 grundlegenden Phasen differenzieren, die sich in ihren Merkmalen unterscheiden. Da sich mit fortschreitendem Prozess die Parteien immer weiter entfremden können und eine Lösung dadurch weiter in die Ferne rückt, ist es sinnvoll, Konflikte möglichst früh zu erkennen und an einer Lösung zu arbeiten.

• **Die erste Phase**: Der Konflikt ist zwar noch verdeckt, dennoch bemerkt bereits mindestens eine Partei ein latentes Problem. Die Anzeichen hierfür halten sich noch in Grenzen und es gibt noch keinen sichtbaren Grund für eine Auseinandersetzung.

Beispiel:
A und B sind gute Freunde, die sich stets alles, was im Leben so passiert, erzählen. Die letzten Tage jedoch erleben sich beide recht schweigsam einander gegenüber, was ungewöhnlich ist. Sie sind trotzdem freundlich zueinander, doch irgendetwas scheint anders zu sein.

- **Die zweite Phase**: Der Konflikt wird sichtbar. Es kristallisiert sich langsam ein Streit heraus, bei dem die Beteiligten sich auf der sachlichen Ebene halten und zu Kompromissen bereit sind.

Beispiel:
A spricht endlich ein Problem bei B an. A erläutert sachlich, was stört und was falsch gelaufen ist. B reagiert darauf ebenso emotional kontrolliert und lässt mit sich reden.

- **Die dritte Phase**: Der Konflikt verlagert sich auf die emotionale und zwischenmenschliche Ebene. Hier werden die Konfliktgegner mit Vorwürfen beruhend auf der Gefühlswelt belastet.

Beispiel:
Selbst nach mehreren Gesprächen scheint sich der Konflikt zwischen A und B noch nicht gelöst zu haben. Langsam zeigen sich stärkere Emotionen, die nicht mehr aus den sachlichen Gesprächen herausgehalten werden können. A ist einfach zu sehr verletzt von B und nimmt es B übel, dass er sich nicht bessert. Diese mangelnde Geduld und das Ausmaß der Kritik von A frustrieren B und führen dazu, dass B sich noch weniger auf As Wünsche einlassen kann.

- **Die vierte Phase**: Der Konflikt artet in einen destruktiven Kampf aus, bei dem ein „Feind“ bekämpft wird, bei dem alle Mittel recht sind, selbst dann, wenn man selbst darunter leidet.

Beispiel:
Die Fronten zwischen A und B verhärten sich. Anklagen und Verurteilungen werden hin- und hergeschoben, sodass es eigentlich gar nicht mehr um das ursprüngliche Problem geht, sondern nur noch darum, wer „gewinnt“ und wer recht behält.

Strategien der resilienten Konfliktlösung

Betrachtet man die unterschiedlichen Parteien eines Konfliktes, ist es wichtig für ein effektives Konfliktmanagement, alle gleichermaßen wertzuschätzen. Jeder hat einen persönlichen Grund, warum er so denkt, fühlt und handelt, wie er es tut. Deswegen wird hier eine möglichst neutrale und wertfreie Einstellung gegenüber den Beteiligten vorausgesetzt.

Zur Konfliktlösung gehören zunächst das Zusammenfassen, Ordnen und Strukturieren der gesammelten Informationen. So kommen auch mögliche Widersprüche zu Tage, die es zu klären gilt. Wie du weiter vorgehen kannst, unterscheidet sich davon, ob ein sachlicher, zwischenmenschlicher, emotionaler oder eskalierter Konflikt vorliegt.

Lösung sachlicher Konflikte

Die Lösung sachlicher Konflikte ist relativ leicht zu erreichen, da weder Emotionen noch zwischenmenschliche Probleme involviert sind. Da diese in der Regel der zweiten Phase des Konfliktes entsprechen, können hier Strategien effektiver zum Wirken kommen, noch bevor das Problem ausartet. Wichtig ist, dass die Parteien miteinander ins Gespräch kommen und sie sich darüber bewusst werden, was genau für ein Konflikt vorliegt. Hier sollte der Sachverhalt jeweils aus der Ich-Perspektive beschrieben werden, denn Du-Botschaften wirken schnell wie ein Angriff, was wiederum die Situation weiter anspannen würde. Hinter jedem Konflikt stehen zudem Persönlichkeiten mit unerfüllten Bedürfnissen. Achte darauf, dass diese offengelegt und in Wünsche umformuliert werden. Dies ist ein wichtiger Schritt zu einem lösungs- und nicht problemorientierten Denken.

Die Parteien sollten selbstständig und gemeinsam an mehreren Vorschlägen zur Beseitigung des Problems arbeiten. Dadurch bekommen alle Beteiligten das Gefühl, mitentscheiden zu dürfen und aktiv an dem Prozess beteiligt gewesen zu sein. Es gilt, die beste Lösung zu akzeptieren, selbst, wenn diese durch eine andere Partei vorgeschlagen wurde. Alle sollten gleichermaßen in die Umsetzung der Lösung eingebunden werden. Zudem sollte der Dialog zwischen allen Beteiligten weiterhin aufrechterhalten werden, für den Fall, dass Verbesserungen während des Lösungsprozesses vorgenommen werden müssen.

Beispiel:

Konflikt: Kollege A wurde von Kollege B gebeten, eine Aufgabe zu übernehmen und abzuarbeiten. A erledigte diese jedoch nicht fristgerecht, wodurch B vom Chef ermahnt wurde. Nun ist B sauer auf A.

Konfliktlösung: A und B setzen sich zum Gespräch zusammen. B spricht in Ich-Botschaften aus, warum er sauer ist: „A, ich habe dich darum gebeten, dich um die Aufgabe zu kümmern. Nun wurde ich vom Chef ermahnt, weil die Aufgabe nicht fristgerecht abgegeben wurde. (Beschreibung der Sachlage) Es ist mir wichtig, dass die Aufgaben unter meiner Verantwortung fristgerecht abgegeben werden, weil ich viel Wert auf Pünktlichkeit und Zuverlässigkeit lege. (Erklärung des Bedürfnisses nach Zuverlässigkeit) Würdest du mir bitte mitteilen, was passiert ist und warum du die Aufgabe nicht fristgerecht eingereicht hast? (Formulierung des Wunsches nach Erklärung)" Daraufhin antwortet A: „Mir war nicht bewusst, dass die Abgabefrist bereits gestern war. (Beschreibung der Sachlage) Ich wollte sehr gute Arbeit leisten, weil ich perfektionistisch bin, und habe mir deshalb länger als sonst Zeit gelassen mit der Aufgabe. (Erklärung des Bedürfnisses nach guter Leistung) Würdest du mir beim nächsten Mal bitte mitteilen, wann genau der Abgabetermin angesetzt wird? (Formulierung des Wunsches nach Klarheit)"

Durch die Erklärung der Sachlage während des Gespräches klärte sich auf, dass es ein Missverständnis bezüglich des Abgabetermins gegeben hat, das erst jetzt, während des Dialoges, den Kollegen A und B bewusst wird.

Lösung zwischenmenschlicher Konflikte

Zwischenmenschliche Konflikte sind schwieriger zu bewältigen, weil die Parteien in der Regel nicht mit der Persönlichkeit des anderen zurechtkommen. Da niemand die Identität eines anderen Menschen verändern kann und sollte, können diese Konflikte nicht durch einfaches Reden miteinander geklärt werden. Das ist zum Beispiel der Fall, wenn im Beruf ein Team aus Kollegen extern zusammengestellt wird.

Hier ist es wichtig, dass sichergestellt wird, dass der Konflikt nicht eskaliert. Dies ist durch festgesetzte Rahmenbedingungen mit indiskutablen

Regeln möglich, an die sich beide Beteiligten im besten Fall halten. Gegebenenfalls sollten Konfrontationen gemieden werden, zum Beispiel, wenn ein Kollege das Team verlässt.

Lösung emotionaler Konflikte

Ist ein Konflikt emotionaler Natur, ist er meist bereits in einem fortgeschrittenen Stadium, mit der Tendenz, verhärtet zu sein. Innerhalb eines Gespräches mit der Intention, die Situation zu klären, kommt es nicht selten zu einem Streit. In diesem Fall ist es hilfreich, das Gespräch zu unterbrechen, um es zurück in lösungsorientierte Bahnen zu lenken. Wichtig ist, dass keiner der Beteiligten über andere dominiert. Hier ist die Verpflichtung der Parteien zur Einhaltung der Gesprächsregeln wichtig.

Trotzdem dürfen die vorhandenen Emotionen nicht unterdrückt werden, sondern sie sollen sogar zum Ausdruck kommen, denn bei emotionalen Konflikten steht nämlich nicht wie sonst das Thema im Vordergrund, sondern vielmehr die Gefühlslage. Hier entscheidet die Art und Weise, wie mit dieser umgegangen wird: Wenn alle Parteien möglichst neutral mit ihren Empfindungen umgehen, diese aus der Meta-Ebene betrachten, dann können sie die Emotionen sogar dafür wertschätzen, dass sie eine Botschaft übermitteln wollen. Ist dieses Fundament gelegt, können sie die Situation wie bei sachlichen Konflikten lösen.

Lösung eskalierter Konflikte

Wenn Konflikte eskaliert sind, kommst du nicht mehr mit Gesprächen weiter. Da die Grundlage eines Konfliktgespräches die Freiwilligkeit aller Beteiligten ist, kann dies auch nur fruchtbar sein, wenn der Wunsch bei jeder Partei vorhanden ist, eine Lösung zu erwirken. Hat sich die Situation jedoch so weit verschärft, dass sich eine Feindschaft zwischen den Beteiligten aufgebaut hat, kann nicht mehr von Konfliktlösung, sondern nur noch von Schadensbegrenzung gesprochen werden. Eine Möglichkeit wäre, dass eine Partei den Konflikt, zum Beispiel durch Kündigung, verlässt. Die zweite Möglichkeit besteht in der Übernahme durch eine höhere Instanz, wie durch ein Gericht.

Konflikttypen und deren Hintergründe

Wie du gelesen hast, können Probleme abhängig von der Phase und der Ebene, in der sie sich befinden, unterschiedlich gelöst werden. Darüber hinaus neigen wir aufgrund unserer Persönlichkeit dazu, Herausforderungen anders anzugehen als unsere Mitmenschen. Das sogenannte Thomas-Kilmann-Modell veranschaulicht die verschiedenen Konflikttypen und deren Art und Weise, mit Problemen umzugehen. Die Matrix unterscheidet dabei zwischen der Dimension des **Kooperationswillens oder der Rücksichtnahme**, also der Orientierung an den Interessen anderer Menschen, und der Dimension des **Durchsetzungsvermögens oder der Selbstbehauptung**, was sich auf die Orientierung an den eigenen Interessen bezieht. Dadurch ergibt sich eine Grafik, die die Erfinder des Modells Kenneth Thomas und Ralph Kilmann in 5 verschiedene Konfliktstile unterteilt haben. Dabei gibt es hier kein „Richtig" und kein „Falsch", denn Probleme sind stets abhängig von der entsprechenden Situation. Deshalb muss je nach Konflikt entschieden werden, welche Strategie die optimale ist. Schauen wir uns das einmal kurz genauer an.

Der Raushalter: Niemand kann gewinnen

Bei diesem Konflikttyp sind sowohl das Durchsetzungsvermögen als auch der Kooperationswille sehr niedrig ausgeprägt. Daraus ergibt sich eine Haltung des Vermeidens: Der Raushalter bevorzugt es, Konflikten einfach aus dem Weg zu gehen, indem er darauf verzichtet, seine eigenen wie auch die Interessen anderer zu wahren. Er hofft darauf, dass sich das Problem wie von selbst löst, und tut so, als hätte es nichts mit ihm zu tun. Er weigert sich, eine Position zu beziehen, und hält sich einfach raus.

Dieser Konflikttyp ist sinnvoll bei banalen Problemen beziehungsweise bei solchen, bei denen ein Lösungsversuch grundsätzlich zwecklos ist und eh niemand gewinnen könnte, zum Beispiel, wer die schönste Kaffeetasse benutzen darf.

Der freundliche Helfer: Du gewinnst, ich verliere

Ist das Durchsetzungsvermögen zwar niedrig, aber der Kooperationswille hoch, so spricht man vom Typ des freundlichen Helfers. Diese Persönlichkeiten schenken ihren eigenen Interessen weniger Beachtung als denen ihrer Mitmenschen. Sie nehmen ihre eigenen Vorstellungen einfach nicht so wichtig und glauben, nachzugeben sei besser, als dass die Situation eskaliert. Sie kommen anderen immerzu entgegen und erfüllen leicht deren Forderungen, weshalb es bei diesem Typ nicht selten zur Aufopferung kommt.

Der freundliche Helfer ist besonders bei Konflikten sinnvoll, in denen der andere deutlich im Vorteil ist, weil er zum Beispiel ein Experte ist und die bessere Lösung präsentiert. Doch auch Probleme, bei denen man sich eh keinen Gewinn in der Zukunft vorstellen kann, ist dieser Konflikttyp passend, zum Beispiel, wenn man einem Freund bei seiner Abschlussarbeit hilft und selbst davon nichts hat.

Der Problemlöser: Wir beide gewinnen

Der Problemlöser besitzt ein hohes Durchsetzungsvermögen bei gleichzeitig hohem Kooperationswillen. Er glaubt nicht daran, dass man einem Konflikt je aus dem Weg gehen könnte, und geht deshalb auf diesen zu. Er kann nicht akzeptieren, dass ein Problem unlösbar sein soll, und sucht aktiv nach Lösungen, die nicht nur für ihn, sondern auch für seine Mitmenschen passend sind. Dabei integriert er auch die Sichtweisen anderer und arbeitet mit diesen gemeinsam, getreu dem Motto „4 Augen sehen mehr als 2“, an der Konfliktlösung.

Dieser Konflikttyp ist insbesondere bei komplexen Situationen sinnvoll, bei der der perfekte Lösungsansatz für alle Beteiligten benötigt wird, zum Beispiel, wenn es um ein Problem zwischen mehreren Unternehmen geht, die alle das Gefühl brauchen, einen Vorteil aus der Sache zu ziehen, weil sie sich sonst aus dem lukrativen Deal herausnehmen würden.

Der harte Kämpfer: Ich gewinne, du verlierst

Bei diesem Konflikttypen ist zwar das Durchsetzungsvermögen hoch, doch der Kooperationswille ist niedrig. Der harte Kämpfer sieht sich eher in der Position der Führung, statt mit seinen Mitmenschen gemeinsam an der Lösung eines Problems zu arbeiten. Es liegt in seiner Natur, zu konkurrieren und zu dominieren, weshalb er seine eigenen Interessen höher stellt als die der anderen. Er will gewinnen, er will Macht verspüren und er will sie durchsetzen – weil er fest davon überzeugt ist, dass sein Weg der einzig richtige ist.

Konflikte, bei denen schnell wichtige Entscheidungen getroffen werden müssen, sind passend für den Konflikttyp des harten Kämpfers, zum Beispiel, wenn es um rasche Unternehmensentscheidungen wie einen kurzfristigen Deal geht, für den sich der Chef sofort entscheiden muss, wenn er ihn haben will.

Der Kompromissfinder: Niemand gewinnt, niemand verliert

Zwischen niedrigem und hohem Durchsetzungsvermögen und zwischen niedrigem und hohem Kompromisswillen liegt die goldene Mitte verborgen: der Kompromiss. Menschen, die diesem Konflikttyp entsprechen, suchen nach Lösungen, die für alle akzeptabel sind, einschließlich für sich selbst. Dabei sind sie bereit, ihre eigenen Interessen hinten anzustellen, insofern es die Beseitigung des Problems vereinfacht beziehungsweise beschleunigt. Trotz aller Bemühungen des Kompromissfinders ist sich dieser dennoch durchaus bewusst, dass nicht in jedem Fall eine perfekte Win-win-Lösung gefunden werden kann.

Dieser Konflikttyp ist sinnvoll bei Übergangslösungen oder bei Problemen, bei denen alle Beteiligten Ziele mit gleicher Gewichtung verfolgen, zum Beispiel, wenn alle daran interessiert sind, dass die Umwelt mit der Lösung geschützt wird.

Übung: Konfliktlösungskompetenz steigern durch kreative Kommunikation

Diese Übung ist eine Partnerübung. Es regt deine Kreativität an und fordert dich dazu auf, neue Wege zu finden, um trotz schwierigerer Umstände kommunizieren zu können. Dadurch trainierst du deine Fähigkeit der Problemlösung.

So gehst du vor:

• Setzt euch beide mit dem Rücken aneinander. Gib deinem Übungspartner einen Zettel und einen Stift. Nun bist du an der Reihe: Überlege dir ein einfaches Objekt, dass du dem Partner beschreiben kannst, damit dieser es nur anhand deiner Worte zeichnen kann. Beginne nun, das gewählte Objekt zu beschreiben, ohne jedoch das Objekt an sich zu benennen.

Beispiel:

Objekt: Haus

Beschreibung: Male ein liegendes Rechteck. Zeichne oben links, oben rechts und unten links ein kleineres Quadrat hinein. Zeichne unten rechts hochkant ein kleineres Rechteck ein, das etwas größer als die kleinen Quadrate ist. Zeichne ein Dreieck oben auf dem großen Haupt-Rechteck.

• Lass deinen Übungspartner anhand deiner Beschreibungen zeichnen, ohne dass du sehen kannst, was er malt. Vergleiche das Ergebnis nun mit dem Objekt, das du beschreiben wolltest. Wie ähnlich sieht das Gezeichnete deiner Vorstellung?

• Hole dir Feedback von deinem Übungspartner ein: Welche Worte, Sätze oder Formulierungen haben bei ihm für Verwirrung oder Unverständnis gesorgt? Welche Beschreibungen waren eindeutig? Was hättest du in deiner Kommunikation seiner Meinung nach besser machen können? Überlegt euch gemeinsam, wie man das Objekt, das du ausgewählt hast, so hätte beschreiben können, dass es eindeutig und glasklar hätte gezeichnet werden können.

• Wiederholt anschließend diese Übung mit dir als Zeichner und deinem Übungspartner als Beschreiber.

Versuche, dich in ihn hineinzuversetzen, als würdest du gedanklich mitzeichnen, damit du besser und klarer kommunizieren kannst. Lass deiner Kreativität bei der Beschreibung freien Lauf, doch vergiss nicht, dass die besten Ergebnisse hier durch Eindeutigkeit, Klarheit und Zielgerichtetheit entstehen. Formuliere kurze und prägnante Sätze mit geläufigen und leicht verständlichen Worten. Vermeide verschachtelte Sätze oder Floskeln, die für Verwirrung sorgen könnten. Je weniger irritierende Füll- oder umschreibende Wörter du benutzt, desto verständlicher wird deine Beschreibung für den anderen sein.

DIE BEDÜRFNISORIENTIERTE KOMMUNIKATION IN DER ZWISCHENMENSCHLICHEN BEZIEHUNG

Resilienz beschreibt die Fähigkeit, eine gesunde Beziehung zu sich selbst, aber auch zu anderen Menschen aufzubauen, was als Grundlage für ein gesundes und freudvolles Leben gesehen wird. Die Gestaltung einer solchen Verbindung zum eigenen Selbst sowie zur Umwelt geschieht in erster Linie über die Kommunikation. Wir haben uns bereits angesehen, welche Eigenschaften diese effektiv machen und wie Konflikte gelöst werden können. Nun soll dir ein Konzept vorgestellt werden, das sich auf die Bedürfnisse der Beteiligten konzentriert und das Ziel verfolgt, diese zu erfüllen. Die sogenannte Gewaltfreie Kommunikation (GFK) nach dem amerikanischen Psychologen Marshall B. Rosenberg (1934-2015) ist eine wundervolle, lebensbejahende Art, sich auszudrücken und auf seine Mitmenschen zuzugehen. Sie fördert das Wohlbefinden und den Frieden aller Parteien und nimmt damit eine besondere Stellung unter den Formen der Kommunikation ein.

Die Gewaltfreie Kommunikation: Innere Widerstandsfähigkeit durch Ausdruck der Bedürfnisse

Die Gewaltfreie Kommunikation stellt die Resilienzfaktoren der Selbstwirksamkeit, der Kohärenz und die Entwicklung sowie den Ausdruck eines realistischen Selbstbildes in den Vordergrund, wodurch sie zwischenmenschliche Beziehungen positiv prägt und so die psychische Widerstandsfähigkeit stärkt.

Diese Kommunikationsform basiert auf der Wertschätzung – und zwar sowohl für die eigenen Empfindungen als auch für die anderer Menschen. Sie ermöglicht es, ein Gleichgewicht zwischen Empathie gegenüber dem Gesprächspartner und authentischer Selbstfürsorge herzustellen. Durch echte Wertschätzung stellt sich wiederum ein Gefühl der Kohärenz ein. Durch den Fokus auf die Bedürfnisse sind die Beteiligten zudem förmlich dazu „gezwungen", sich mit sich selbst auseinanderzusetzen: Sie müssen sich selbst ergründen und besser kennenlernen, um zu verstehen, welche tiefen Wünsche sie hegen und welche Ursachen hinter ihren Worten und ihrem Verhalten liegen. Die Gewaltfreie Kommunikation fordert dabei den Betroffenen auf, seine Bedürfnisse auf eine konstruktive Weise mitzuteilen und Fähigkeiten zu entwickeln, um diese zu erfüllen – hier kommt selbstwirksames Handeln zum Einsatz. Zudem erfordert diese Kommunikationsform die Übernahme von Verantwortung, denn jeder ist für sein eigenes Glück selbst verantwortlich. Die eigenen Gefühle und Emotionen werden angenommen und genutzt, um mehr Zufriedenheit herzustellen. Das innere Erleben soll nicht einfach ausgehalten, sondern aktiv genutzt werden, um das persönliche Leben zum Besseren zu gestalten. Dadurch wird deutlich, wie wichtig es ist, das Bewusstsein dafür zu stärken, dass der Zustand des eigenen körperlichen und geistigen Befindens selbst gesteuert werden kann und sogar muss.

Die gewaltfreie Kommunikation ist ein sehr einfühlsames Handlungskonzept, um eine Verbindung zum eigenen Gefühl und zu anderen Menschen aufzubauen. So können Konflikte nicht nur entschärft und gelöst, wie etliche Beispiele aus der Praxis beweisen, sondern sogar von vorneherein überflüssig gemacht werden. Die Gewaltfreie Kommunikation vertritt nämlich die Annahme, dass Konflikte immer dann geschehen, wenn Menschen ihr inneres Empfinden, ihre Bedürfnisse und Wünsche nicht verstehen und auf eine angemessene Art ausdrücken können. Dabei führt alles auf eine friedliche Lösung des Konfliktes zwischen mehreren Parteien hin, wobei jede die Chance erhält, sich selbst besser kennenzulernen, zu Wort zu kommen und Bitten auszudrücken. Ob mit dem Partner, mit den Kindern oder mit den Kollegen: Die Gewaltfreie Kommunikation gestaltet zwischenmenschliche Beziehungen harmonischer, sodass in Beziehungen mehr Liebe und auch in beruflichen Kontexten mehr Empathie und Zufriedenheit Einzug halten können.

In 4 Schritten zur Gewaltfreien Kommunikation

Möchtest du friedlich kommunizieren, kannst du dich dabei an den 4 Schritten der gewaltfreien Verständigung orientieren:

- Beobachtung (A),
- Gefühl (B),
- Bedürfnis (C) und
- Bitte (D).

„Wenn ich A sehe, dann fühle ich B, weil ich C brauche. Deshalb möchte ich jetzt gerne D.“ – Marshall B. Rosenberg

Schritt 1: Beobachtung

Die Gewaltfreie Kommunikation betrachtet die Beobachtung als den ersten Schritt. Es ist die Beschreibung des aktuellen Geschehens, wobei sich die Situation auf einen bestimmten Kontext und einen Zeitrahmen bezieht. Diese Beobachtung sollte stets objektiv erfolgen, denn ist sie subjektiv, könnten Konflikte entstehen, weil einer der Gesprächspartner diese als Kritik auffasst.

Beispiel:
„Du leistest schlechte Arbeit.“ (Bewertung) ⊠ „Deine Leistung überzeugt mich heute nicht.“ (Beobachtung)

Bewertungen, die beim ersten Schritt der Beobachtung vermieden werden sollten, können durch Worte wie „immer“ oder „nie“ aufgezeigt werden, sobald sie als Übertreibung verwendet werden. So birgt der Satz „Du hast nie Zeit für mich“ Konfliktpotential in sich, weil er als Angriff aufgenommen werden könnte.

Schritt 2: Gefühl

Der zweite Schritt beschäftigt sich mit den Gefühlen hinter den eigenen Aussagen. Die Gewaltfreie Kommunikation animiert die Gesprächspartner dazu, das eigene innere Erleben wahrzunehmen und so deutlich wie möglich auszudrücken. Zugegeben: Das ist gar nicht einfach, denn meistens, wenn wir glauben, unsere Gefühle zu beschreiben, sind es nur unsere Gedanken oder wir interpretieren Handlungen anderer. Diese Verwirrung wird dadurch verstärkt, weil diese Äußerungen ebenfalls mit den Worten „Ich fühle …“ beginnen können.

Beispiel:
„Ich fühle mich unterdrückt.“ (Interpretation des Verhaltens eines anderen Menschen, das von diesem als Angriff gewertet werden könnte) -> „Ich bin frustriert.“ (eigenes Gefühl)

Umso wichtiger ist es, dass klare und unmissverständliche Sätze formuliert werden, wobei Interpretationen, wie im Beispiel, vermieden werden. Nachfolgend einige mehr davon: „Ich fühle mich …

- angegriffen.“
- betrogen.“
- eingeschüchtert.“
- hintergangen.“
- ignoriert.“
- manipuliert.“
- missachtet.“
- nicht respektiert.“
- vernachlässigt.“

Gefühle jeder Art, ob gut oder schlecht, sind hingegen genau das, was stattdessen ausgedrückt werden sollte und die einen Hinweis darauf geben, ob die eigenen Bedürfnisse entweder erfüllt oder nicht erfüllt werden. Hier eine Übersicht mit Beispielen zum Verständnis:

Positive Gefühle	**Negative Gefühle**
• aufgeregt	• ängstlich
• begeistert	• angespannt
• enthusiastisch	• besorgt
• erleichtert	• deprimiert
• gelassen	• enttäuscht
• glücklich	• frustriert
• hoffnungsvoll	• genervt
• motiviert	• nervös
• optimistisch	• unzufrieden
• zufrieden	• zornig

Schritt 3: Bedürfnis

Im dritten Schritt gilt es, hinter die Kulissen zu blicken, um zu erkennen, welche Ursache dem Gefühl aus dem zweiten Schritt zugrunde liegt. Es besteht nämlich immer eine Verbindung zwischen dem, was du empfindest, und deinen Bedürfnissen, auch wenn du diese nicht immer gleich erkennen kannst. Je besser es dir gelingt, die Wünsche hinter den Gefühlen aufzudecken, ob bei dir selbst oder bei anderen, desto einfühlsamer wirst du kommunizieren und reagieren.

Werden Bedürfnisse indirekt durch Interpretationen oder Bewertungen zum Ausdruck gebracht, fassen die meisten Menschen dies als Kritik oder Angriff auf, gegen den sie sich automatisch wehren wollen. Deshalb ist es wichtig, klare Formulierungen zu verwenden, die möglichst wenig missverstanden werden können.

Zudem trifft niemand anderen die Schuld für die eigenen Gefühle. Wenn du dich frustriert oder traurig fühlst, liegt das in erster Linie daran, weil du dich unbewusst dazu entschieden hast, mit Frustration beziehungsweise Traurigkeit auf einen anderen Menschen zu reagieren. Dieser mag zwar einen Anlass gegeben haben, doch die Verantwortung für deine Gefühlslage liegt stets bei dir selbst. Diese Eigenverantwortung kannst du mit Aussagen zum Ausdruck bringen, bei denen du in der Ich-Person bleibst. Die folgende Struktur hat sich als wertvoll herausgestellt: „Ich fühle ..., weil ich ..."

Beispiel:
„Du machst mich wütend, weil du nie auf meine Anrufe reagierst." (Die Schuld wird beim anderen gesucht und die Verantwortung für die eigenen Gefühle wird abgegeben) -> „Ich fühle mich wütend (Gefühl), wenn du nicht auf meine Anrufe reagierst, weil ich dir unbedingt etwas Wichtiges mitteilen möchte." (Bedürfnis; Annahme der Eigenverantwortung und Aufbau der Verbindung zwischen Bedürfnis und Gefühl)

Schritt 4: Bitte

Die Gewaltfreie Kommunikation sieht die Bitte als den vierten und letzten Schritt der friedlichen Verständigung an. Nachdem die Gefühle und Bedürfnisse kommuniziert wurden, ist es wichtig, dass der Gesprächspartner zum Abschluss erfährt, worum er konkret gebeten wird. Dafür muss jedoch der Sprecher genau wissen, was er braucht. Hierfür sollte er Gebrauch von einer positiven Handlungssprache machen, bei der er also nicht sagt, was der andere lassen soll, sondern direkt ausspricht, welche Handlung erwünscht ist.

Beispiel:
„Ich möchte nicht, dass du jeden Abend mit deinen Freunden ausgehst." (negative Handlungssprache: Es wird nicht deutlich, was gewünscht ist) -> „Ich möchte, dass du mindestens einmal die Woche einen Abend mit mir zu Hause verbringst, weil ich gerne mehr Zweisamkeit mit dir erleben möchte." (positive Handlungssprache: Die konkrete Bitte wird unmissverständlich und ohne Interpretationsspielraum dargelegt)

In manchen Fällen kann es passieren, dass dein Gegenüber nicht genau verstanden hat, was dein Wunsch ist. Sollte hier noch Unsicherheit bestehen, frag einfach nach. Bitte deinen Gesprächspartner darum, deine Aussage zu wiederholen – daran kannst du gut erkennen, welche Botschaft bei ihm angekommen ist. Kläre gegebenenfalls die Lage, sollte ein Missverständnis entstanden sein.

Zudem ist es in manchen Situationen angebracht, zu erfragen, was der andere fühlt, welche Meinung er hat und ob er bereit zur Umsetzung ist, nachdem du deine Bitte vorgebracht hast. Hier liegt nämlich ein wichtiger Knackpunkt versteckt: Die Antwort deines Gegenübers deckt auf, ob deine Bitte tatsächlich eine echte Bitte war oder ob es sich um eine Forderung handelte. Auf Letzteres reagiert der Mensch nämlich meistens mit Abwehr und Beurteilung. Bemerkst du, dass du durch den anderen für deinen Wunsch kritisiert oder bewertet wirst und dieser dem nicht nachkommt, war es eine Forderung. Bei einer echten Bitte hingegen reagieren die meisten Menschen eher einfühlsam und möchten dem Wunsch nachgehen.

KOMMUNIKATION IM DIGITALEN ZEITALTER

Im Zeitalter des Internets, der Smartphones und Computer, der globalen Vernetzung und Digitalisierung sollte man meinen, Verständigung gelinge der Menschheit besser denn je. Doch ist das tatsächlich so?

Ein zweischneidiges Schwert

Die Kommunikation zwischen Individuen innerhalb der Gesellschaft passt sich den technologischen Entwicklungen an. Früher war der direkte Austausch von Angesicht zu Angesicht die Norm, wobei selbst die schriftliche Verständigung per Brief über den Postweg eine Besonderheit darstellte. Heutzutage ist alles anders: Die Kommunikationsmedien haben sich mit der Digitalisierung stark verlagert. Sowohl im privaten Leben als auch innerhalb des beruflichen Kontextes hat die Bedeutung des Smartphones so rasant zugenommen, dass heute kaum noch jemand dieses für ein paar

Stunden am Stück beiseitelegen kann, geschweige denn komplett ohne dieses auskommt. Was früher noch das direkte Gespräch war, sind heute die Textnachrichten, Bilder und Videos. Auch eine indirekte Form der Kommunikation hat sich durch die sozialen Medien herauskristallisiert.

Das digitale Zeitalter hat seine großartigen Vorteile – keine Frage. Doch in Bezug auf die sprachliche Verständigung zwischen den Menschen haben sich einige Konsequenzen des bequemen Textens und Telefonierens über das Smartphone gezeigt. Dabei fällt nämlich die nonverbale Kommunikation weg, denn wir können unseren Gesprächspartner schließlich nicht vollumfänglich sehen. So entgehen uns wichtige Details bezüglich der Mimik, Gestik oder Körpersprache, die eine bedeutsame Rolle spielen. Zwar versuchen wir, unseren Nachrichten mit Smileys mehr Ausdruck und Emotionen zu verleihen, doch dass Emojis nur ein billiger Abklatsch echter Gesichtszüge sind, liegt auf der Hand. Auch die Betonung einzelner Worte ist beim Telefonieren nicht immer klar wahrnehmbar. Es besteht nun viel mehr Raum für Missverständnisse, denn wir können das Gesagte aufgrund der fehlenden Informationen nicht immer richtig interpretieren, wie wir es im direkten Austausch abseits der Online-Welt könnten. Dadurch sind wir außerdem nicht immer in der Lage, richtig zu reagieren, geschweige denn dies unmittelbar in dem Moment der größten Relevanz zu tun. Das birgt großes Konfliktpotential.

Trotzdem profitiert die Menschheit vom digitalen Zeitalter, denn die Kommunikation zwischen Individuen kann so deutlich vereinfacht und beschleunigt werden. Es ist äußerst vorteilhaft, zwischen diversen Kommunikationswegen je nach Situation wählen zu können, und genau dies sollten wir auch tun: Wichtige Gespräche gehören nach wie vor persönlich geklärt, während unmissverständliche Arbeitsaufträge per E-Mail und einfache Terminabsprachen auch per Textnachricht erfolgen können. Die Digitalisierung beeinflusst also durchaus die Art und Weise, wie der Mensch die Sprache zum Einsatz bringt, jedoch nicht, dass er dies grundsätzlich tut. Trotz potentieller Schwierigkeiten stirbt die zwischenmenschliche Verständigung nicht aus, sie erweitert sich einfach nur in Ihrem Spektrum.

Virtuelle Empathie

Es ist nicht immer einfach, Mitgefühl in der digitalen Welt vorzufinden. Der Mensch ist meist direkter, wenn er online ist, als er es in der realen Welt wäre. Denke nur einmal an die ganzen „Hater“ und „Shitstorms“, bei denen Beleidigungen unter der Gürtellinie ausgeteilt werden, die diejenigen mit großer Wahrscheinlichkeit niemals hervorbringen könnten, wenn sie einem echten Menschen gegenüberstehen würden. Empathie im Internet ist also nichts Selbstverständliches.

Während du online Zeit verbringst, fehlt dir der zwischenmenschliche Austausch, wie er bei einem klassischen Gespräch stattfinden würde. Du verbringst hingegen eigentlich nur Zeit mit dir selbst, wobei es nur darum geht, die persönliche Haltung zu veröffentlichen. Statt in einen Austausch mit anderen zu gehen, fokussierst du dich lediglich auf das, was du selbst über Stimme und Schrift zum Ausdruck bringen willst. Ohne einem anderen Menschen persönlich gegenüberzusitzen, dessen nonverbale Körpersprache zu interpretieren und seine Emotionen im Moment des Gesagten zu lesen, fällt es dir sehr schwer, dich in andere hineinzuversetzen. Die Fähigkeit des Mitfühlens setzt voraus, dass die Empfindungen eines Mitmenschen für dich erlebbar und erfahrbar werden, was jedoch bei einem Post im Internet nicht unbedingt gegeben ist. Für die mangelnde Empathie fehlt das unmittelbare Feedback durch die gegenüberliegende Seite. Bei der Kommunikation ist das menschliche Gehirn darauf ausgerichtet, dass es eine sofortige Rückmeldung in Form von Worten, Gestik, Mimik oder der Körpersprache vom Gesprächspartner erhält. Das ist selbstverständlich auf den Seiten der sozialen Medien oder bei Blogbeiträgen nicht gegeben. Es fehlt einfach an einem „greifbaren“ Gegenüber, mit dem ein Austausch möglich wäre. Gleichzeitig wird die Ebene der Gefühle fast komplett ausgeschlossen und allein das Wort dient der Kommunikation. Diese Bedingungen machen eine virtuelle Empathie nahezu unmöglich.

Eine echte zwischenmenschliche Verbindung und Kommunikation können durch die digitale Verständigung durchaus ergänzt und erweitert werden, doch sie sollte diese unter keinen Umständen ersetzen. Empathie entsteht auf der Basis von Emotionen, die nur mangelhaft online zum Ausdruck kommen können, wie du gelesen hast. Demnach braucht virtuelles Mitgefühl analogen Austausch, ansonsten könnte der Mensch nach und nach verlernen, seine Gefühle innerhalb des Miteinanders zu zeigen.

Tipps für mehr effektive digitale Kommunikation

- **Wähle das optimale Kommunikationsmedium**. Wenn ein direktes Gespräch nicht möglich ist, bleibt nur der Kontakt über das Smartphone oder den Computer. Doch du hast die Wahl, ob du telefonierst oder doch eine Nachricht verschickst. Wähle je nach Anlass klug. Eine einfache Textnachricht ist bei simplen Arbeitsanweisungen, in denen Emotionen keine Rolle spielen, ausreichend, doch bei der Klärung eines Streits mit dem Partner ist die nonverbale Ebene von so großer Wichtigkeit, dass nur ein persönliches Gespräch in Frage kommen sollte.

- **Hinterfrage die Wichtigkeit deiner digitalen Posts**. Nicht alles, was du sagen möchtest, bringt dich oder andere wirklich weiter. Manche Dinge interessieren die Mitmenschen auch einfach nicht und sind deshalb unnötig. Frage dich vor dem Posten: „Ist das, was ich schreiben will, wirklich wichtig? Verletzt es andere Menschen? Ist es interessant und bringt es andere weiter?“

- **Bleibe stets höflich.** Rufe dir in Erinnerung, dass hinter jedem Bildschirm ein Mensch sitzt. Behandle ihn so, wie du selbst gern behandelt werden möchtest.

- **Sage virtuell nur das, was du auch in der realen Welt sagen würdest.** Um verletzende und beleidigende Aussagen zu vermeiden, hinterfrage zunächst vor dem Abschicken der Nachricht, ob du dies deinem Gegenüber auch von Angesicht zu Angesicht sagen könntest. Wenn nein, lohnt es sich, den Text noch einmal zu überarbeiten.

- **Nutze digitale Kommunikation als Werkzeug, nicht als Selbstzweck.** Kommunikation ist etwas, das dir dabei helfen soll, Herausforderungen zu bewältigen und Projekte zu meistern. Sie sollte nicht verwendet werden, um dich davon abzuhalten. Gebrauche sie also, wenn du Botschaften sofort an Menschen übermitteln musst, die hier und jetzt für dich nicht anders zu erreichen sind, doch missbrauche die sozialen Medien nicht dazu, um dein

Selbstbewusstsein durch die Kommentare und Likes von anonymen Personen bezüglich deiner schönen Urlaubsbilder zu stärken.

• **Drücke dich möglichst unmissverständlich aus**. Zweideutigkeiten, Ironie oder Sarkasmus bergen die Gefahr, Missverständnisse zu verursachen, weshalb du dich stets daran erinnern solltest, deine Worte mit Bedacht zu gebrauchen.

• **Fasse dich kurz und prägnant**. Bringe deine Anliegen auf den Punkt, denn je mehr Ausschweifungen du verwendest, desto mehr Missverständnisse könnten entstehen.

• **Übe dich in virtueller Empathie**. Auch, wenn es schwierig scheint: Versetze dich in die Lage des anderen, wenn du im Internet Informationen veröffentlichst. Dabei kann es helfen, dass du dir vorstellst, wie du selbst reagieren würdest. So vermeidest du harsche Kommentare oder sogar ungewollte Beleidigungen.

• **Mache Gebrauch von Emojis**. Auch, wenn Emojis zugegebenermaßen nur einen Versuch darstellen, Emotionen zum Ausdruck zu bringen, so sind sie dennoch besser als nichts. Emotionale Distanz, die durch den Ausschluss von Gefühlen aus der Kommunikation hervorgerufen wird, gehört zu einer der größten Herausforderungen der digitalen Kommunikation.

• **Finde die Balance zwischen Online- und Offline-Zeiten**. Das Leben findet in der realen Welt statt. Lass das Smartphone einmal weg und begib dich an die frische Luft. Besser noch: Begrenze deine Online-Zeit täglich auf eine Stunde.

• **Pflege deine sozialen Kontakte in erster Linie im persönlichen Kontakt**. Ohne die Kommunikation von Angesicht zu Angesicht wird es sehr schwer, echtes Vertrauen und eine authentische Verbindung auf zwischenmenschlicher Ebene aufzubauen.

Übung: Erholung durch digitale Entgiftung

Der Konsum von Medien über das Smartphone kann tatsächlich ein großer Stressfaktor für den Körper und Geist sein, der eine echte und tiefgehende Regeneration einschränkt. Denn das Scrollen durch verschiedene Bilder und Inhalte ist keineswegs so entspannend, wie es scheint. Die rapiden aufeinanderfolgenden neuen Reize müssen vom Gehirn aufgenommen, sortiert und verarbeitet werden, was innerlich unruhig macht. Eine Auszeit vom Klingeln, Bimmeln und Chatten kann deswegen eine wahre Erholung für Körper, Geist und Seele sein. Es ist wie eine digitale Entgiftungskur, die dem gesamten Organismus ermöglicht, verbrauchte Reserven wieder aufzufüllen. Sie reduziert das Stresslevel, steigert die Konzentrationsfähigkeit, regt die Kreativität an, motiviert und schenkt echte, keine oberflächliche Erholung.

So gehst du vor:

- Ermittle deine tatsächliche Zeit pro Tag, die du vor digitalen Anwendungen sitzt. Bei vielen Smartphones kannst du das über die Funktion „Bildschirmzeit" herausfinden. Notiere deine Ergebnisse über 7 Tage hinweg in deinem Tagebuch und führe dir vor Augen, wie viel Zeit du deinem Smartphone schenkst, bevor du mit der Entgiftungskur beginnst.
- Vermeide immer dann den Gebrauch des Smartphones, wenn es nicht unbedingt notwendig ist – ob auf dem Weg zur Arbeit, beim Besuch bei Freunden oder während des Wartens auf den Bus. Lege alle digitalen Geräte beiseite, wenn du isst oder etwas anderes nebenbei tust.
- Beherzige die sogenannte 20-20-20-Regel, während du vor dem Bildschirm sitzt. Dabei betrachtest du alle 20 Minuten einen 20 Fuß (entspricht etwa 7 Metern) entfernten Gegenstand für 20 Sekunden. Außerdem legst du alle 20 Minuten das Smartphone beiseite, um für 20 Sekunden mindestens 20 Schritte zu gehen. Das verschafft dir eine kurze Auszeit und durchbricht das so häufig auftretende „bewusstlose" Scrollen durch die sozialen Medien und dergleichen.

- Vermeide die Kommunikation über das Smartphone, wenn du sie auch direkt und persönlich erledigen kannst. Verlagere deine Gespräche wieder von der Online- zurück in die Offline-Welt. Ein Treffen ist besser als ein Telefonat, aber ein Telefonat ist besser als eine Nachricht.
- In jeder Situation, in der man sich ablenken möchte oder sich langweilt, nach dem Smartphone zu greifen, ist eine Gewohnheit, die sich mit der Zeit etabliert hat. Diese gilt es, zu durchbrechen. Achte also darauf, wann dir dies passiert, und vermeide diese Affekthandlungen. Dabei kann es helfen, den Klingelton auf lautlos zu stellen und die Push-Nachrichten zu deaktivieren. Checke deine Nachrichten nur noch einmal in der Stunde oder besser noch seltener.
- Greife nach dem Aufwachen nicht gleich zum Smartphone. Lass mindestens 1 Stunde nach dem Verlassen des Bettes vergehen, bevor du wieder online bist.
- Schalte am Abend vor dem Zubettgehen dein Smartphone mindestens 2 Stunden vorher ab und freue dich über den positiven Einfluss auf dein Einschlaf- und Schlafverhalten.
- Lass auch während deiner Freizeitbeschäftigungen und Hobbys dein Smartphone außen vor. Beim Wandern ist es wichtiger, die Natur zu genießen, ebenso wie es beim Treffen mit den Freunden wichtiger ist, den Freunden statt den sozialen Medien deine Aufmerksamkeit zu schenken.
- Nutze deine Urlaube, um deine digitale Entgiftungskur auszuweiten. Schalte dein Smartphone nur dann ein, wenn es wirklich notwendig ist, lass es ansonsten auf dem Zimmer.

7. Werkzeug: Resilienz in Beziehungen und Familie

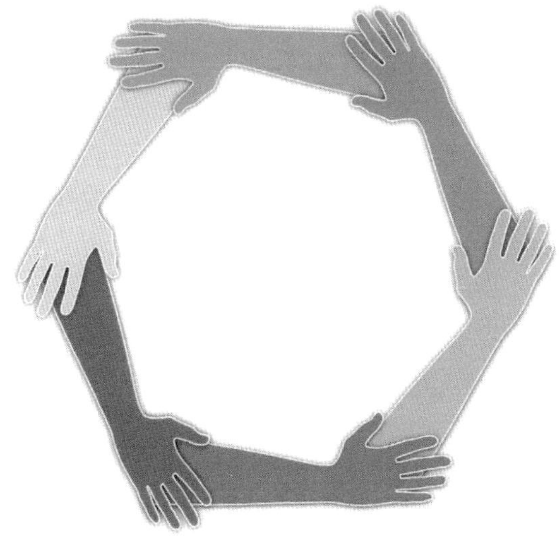

FAMILIE UND RESILIENZ

Familienresilienz: Von starkem Zusammenhalt und unerschütterlicher Unterstützung

Die Wichtigkeit sozialer Netzwerke und zwischenmenschlicher Verbindungen in Bezug auf die Fähigkeit der Resilienz ist bereits an mehreren Stellen dieses Buches deutlich geworden und deren Rolle zieht sich durch das gesamte Thema. Dabei stellt die Familie eine besondere Resilienzstütze dar, denn die Verwandten besitzen einen enormen Einfluss auf den Einzelnen. Zudem kann auch eine Familie als Ganzes widerstandsfähig sein. Im Vergleich zur Resilienz eines Individuums, die von Widerstandsfähigkeit, Humor, Flexibilität, Adaptabilität, Selbstwertschätzung, Selbstwirksamkeit und mehr geprägt wird, priorisiert die Resilienz der Familie insbesondere Faktoren wie Problemlösung, Stressmanagement, Emotionsregulierung und die Fähigkeit der gemeinsamen Zielsetzung sowie -erreichung.

Die sogenannte Familienresilienz beschreibt bestimmte innere Haltungen, Eigenschaften, Fähigkeiten und Strategien von Familienmitgliedern und der Familie als Einheit, die sie dazu befähigen, auf kritische Situationen widerstandsfähig und adaptiv zu reagieren, um sie so gemeinsam zu bewältigen. Typische Krisen innerhalb der familiären Gemeinschaft stellen zum Beispiel

- Krankheit,
- Trennung und Scheidung,
- Armut,
- Altern,
- Arbeitslosigkeit,
- Trauma,
- Flucht und
- die Geburt eines Kindes

dar. All diese und weitere Ereignisse erschüttern die vorhandenen Strukturen und fordern alle Beteiligten auf, sich der Veränderung anzupassen. Gelingt ihnen dies, zeichnet sich ein starker Bund zwischen den Mitgliedern ab, was nicht nur jedem einzelnen Rückhalt im Leben bietet, sondern auch der Familie im Gesamten.

Eine resiliente Verwandtschaft ist geprägt von Merkmalen des Schutzes und der Wiederherstellung. Innerhalb ihres Kreises wird stets offen kommuniziert, es wird sich gegenseitig Wertschätzung entgegengebracht und allgemein viel Zeit miteinander verbracht. Werte sowie Glaubenssysteme, zum Beispiel bezüglich der Sinnhaftigkeit oder Spiritualität, ähneln sich stark oder stimmen miteinander überein. Deshalb ist es nicht verwunderlich, dass der Zusammenhalt in jeder Lebenslage an oberster Stelle steht und sich eine tiefgreifende Bindung zwischen den Mitgliedern aufbaut. Die aufgezählten Merkmale führen zu der Fähigkeit, selbst in herausfordernden Zeiten gemeinsam Strategien zu entwickeln, um zu überleben. Jede beteiligte Person handelt entsprechend dem Wunsch der familiären Gemeinschaft und beugt sich zum Wohle aller. Die Fähigkeit zur Resilienz unterscheidet sich zwischen den einzelnen Individuen, wodurch sich von Familie zu Familie unterschiedliche Gesamtwiderstandsfähigkeiten herausbilden. Das Besondere bei einer resilienten Gemeinschaft ist, dass vergangene Erfahrungen und die Eigenschaften einzelner Mitglieder dazu beitragen können, dass Defizite von anderen ausgeglichen werden. Die Familie birgt somit den Vorteil, als Gesamtheit von Individuen Krisen bewältigen zu können, die für ein paar Schultern zu schwer gewesen wären. So kann die Belastung jedoch auf mehrere Schultern verteilt werden, wodurch diese leichter zu tragen ist.

Die Vorteile resilienter Familien

Jede Familie durchlebt von Zeit zu Zeit mehr oder weniger herausfordernde Krisen, die es zu bewältigen gilt, ob es der Verlust eines langjährigen Haustiers, der Umzug in eine neue Gegend oder ein finanzieller Engpass ist. Resiliente Familien besitzen den Vorteil, diese Herausforderungen lösungsorientiert zu betrachten und die Chancen dahinter zu erkennen. Ein positives Mindset erlaubt dabei das Wachstum der Gemeinschaft als Ganzes. Dabei geht es nicht um einen kurzfristigen Anstieg des Wohlergehens durch ein einziges gutes Gefühl, sondern um das langfristige positive Denken, das den Einzelnen und seine Familie befähigt, sinnvolle Entscheidungen zu treffen und das Leben in die richtige Richtung zu lenken. Ein positives Mindset kann unter anderem durch

- Dankbarkeit,
- die Konzentration auf den gegenwärtigen Moment, durch die Ausübung der bewussten Atmung,
- das Hinterfragen negativer Gedanken,
- Visualisierung von Erfolg und Zielerreichung sowie
- Achtsamkeit

aufgebaut werden. Vieles davon wurde bereits in vergangenen Kapiteln besprochen. Die Beziehungen zwischen den einzelnen Mitgliedern profitieren enorm von dem gemeinsamen Lösen von Problemen. Die Widerstandsfähigkeit ermöglicht einen konstruktiven Umgang mit Konflikten und Stress, was die Positivität und Harmonie innerhalb der Verwandtschaft fördert. So können nicht nur neue Kontakte aufgebaut, sondern auch bestehende Beziehungen gepflegt werden. Familiäre Resilienz kann also dazu beitragen, stabile soziale Netzwerke der einzelnen Individuen zu kultivieren, was wiederum deren persönliche Widerstandsfähigkeit stärkt und somit der Familienresilienz zugutekommt – eine positive Aufwärtsspirale ist entstanden.

Mit dem Wissen um eine unerschütterliche Unterstützung durch Verwandte sind Erwachsene in der Lage, besser mit Stress umgehen zu können. Sie erleben eine mentale und emotionale Stabilität, die durch die starke Einheit Halt erfährt. Das wirkt sich natürlich unweigerlich auf die berufliche Entwicklung aus, denn die Resilienz, die der Betroffene durch die Familie mitbekommt, trägt er in sein privates Leben und seine Karriere. Durch die Familienresilienz wächst die allgemeine Zufriedenheit, denn eine positive Einstellung zum Leben, die selbst in schwierigen Situationen aufrechterhalten werden kann, lässt das eigene Dasein erfüllter erscheinen.

Dabei sind es nicht nur die Erwachsenen, die zur Resilienz beisteuern. Schon früh lernen deren Nachkommen, die in eine resiliente Familie geboren werden, wie die persönliche und die familiäre Widerstandsfähigkeit gestärkt werden kann. Außerdem wird diesen eine breite Palette von Methoden bereitgestellt, wie die Probleme des Lebens gemeistert werden können. Die Kinder sind von Anfang an ein Teil einer resilienten Gemeinschaft und erleben am eigenen Leib mit, welche Strategien zur Bewältigung von Krisen sinnvoll sind und wie diese am effektivsten zum Einsatz kommen.

Resilienz hat einen gewaltigen Einfluss auf die Familie, aber auch auf den Einzelnen, denn durch diese Fähigkeit können die Gesundheit und das Wohlbefinden der Mitglieder auf lange Sicht verbessert werden.

Hilfreiche Tipps für mehr Resilienz innerhalb der Familie

- **Finde und stärke Gemeinsamkeiten**. Lebe gemeinsame Leidenschaften von Sport, Kunst oder anderem auch zusammen aus. Plane mindestens einmal die Woche Zeit für gemeinsame Aktivitäten, die die Bindung stärken und gemeinsame Werte aufbauen.

- **Adressiere familiäre Probleme, wenn diese auftreten**. Werden Konflikte totgeschwiegen und nicht ernst genommen, können sie sich zu noch größeren Problemen aufblasen. Kläre sie deshalb lieber sofort, um mögliche Unstimmigkeiten zu beseitigen, die die Resilienzfähigkeit innerhalb der Familie reduzieren. Setzt euch gemeinsam an einen Tisch und räumt alle eure derzeitigen Themen aus dem Weg.

- **Bringe deinen Verwandten Empathie entgegen**. Zeige Interesse und Verständnis für die Dinge, die dir anvertraut werden. So baut sich eine starke Bindung zwischen dir und deinen Familienmitgliedern auf, die auf Gegenseitigkeit beruht.

- **Unterstütze deine Familie, wo immer du kannst**. Es gibt kaum etwas Bedeutenderes, als zu wissen, dass man auf seine Liebsten zu 100 Prozent zählen kann, wenn man einmal in Schwierigkeiten ist. Mache auch deinen Verwandten dieses Geschenk. Unterstützung muss dabei nicht immer nur materieller oder monetärer Natur sein, sie kann auch auf emotionaler Ebene geschehen.

- **Fördere den Optimismus**. Rede deinen Verwandten gut zu und bleibe stets am Positiven orientiert, wie weiter oben mit dem „positiven Mindset“ beschrieben wurde. Damit entwickelst du dich zu einem lebenden Beispiel eines lösungsorientiert eingestellten Menschen, der an das Gute glaubt. Das wirkt förmlich ansteckend auf deine Familie, wodurch du nicht nur deine eigene, sondern auch deren Resilienz förderst.

Übung: Familiäre Traditionen und Rituale etablieren

Familienrituale und gemeinsame Traditionen schweißen die Mitglieder zusammen und sorgen für den Aufbau einer engen und sicheren Verbindung. Sie steigern nicht nur das Wohlbefinden von allen, sondern stellen auch eine angenehme und vertraute Atmosphäre innerhalb der Familie her. Traditionen schaffen eine gemeinsame Identität als durch Blut verbundene Gemeinschaft und schaffen schöne Erinnerungen, die man sich immer wieder gerne ins Gedächtnis ruft. Etabliere auch du feste Rituale und stärke dadurch die Bindung zwischen dir und deinen Liebsten. Die folgenden Punkte dienen dir hierbei zur Inspiration:

- Plant gemeinsame Familienausflüge. So verbringt ihr wertvolle Momente auch außerhalb des Alltages miteinander. Achtet darauf, dass alle Reisenden bei der Wahl des Ziels und der Aktivitäten mitentscheiden können, damit alle Freude daran haben können.

- Nehmt stets eure Mahlzeiten gemeinsam ein. So stellt ihr sicher, dass ihr jeden Tag Zeit füreinander findet, um über den Tag oder bestimmte Dinge zu sprechen.

- Gib deinen Liebsten stets einen Kuss oder eine Umarmung zum Abschied. Es ist nicht immer leicht, morgens den Schutz der Familie zu verlassen, insbesondere für kleinere Kinder. Ein kleines Ritual zum Abschied kann noch einmal die Liebe zueinander verdeutlichen und die Trennung erleichtern.

- Kocht einmal in der Woche gemeinsam. Dabei kann jedem Familienmitglied eine konkrete Rolle übertragen werden, zum Beispiel das Einkaufen, das Zerkleinern der Zutaten und das Decken des Tischs.

- Beginnt Familienprojekte, bei denen alle zusammenarbeiten. Das könnte zum Beispiel das gemeinsame Ausmisten der Habseligkeiten sein oder eine Arbeit im Garten. Dies sorgt nicht nur für Erfolgsgefühle innerhalb der Gruppe, sondern fördert auch die Teamfähigkeit.

- Veranstaltet Familientreffen, zum Beispiel zu Feiertagen oder Geburtstagen.

• Etabliert eine sogenannte „Familiensprechstunde“ alle zwei Wochen, bei der kleinere oder auch größere Probleme angesprochen werden können. So vermittelst du deiner Familie das Gefühl, dass du stets dafür sorgen möchtest, dass jeder gehört wird, es allen gut geht und das jeder seine Ängste zum Ausdruck bringen darf.

• Integriert einen lustigen Spieleabend in der Woche. Macht die klassischen Gesellschaftsspiele, wie Uno, Mensch ärgere dich nicht oder Monopoly, zu einem Grund, damit sich alle für ein paar Stunden für viel Spaß versammeln.

• Mögt ihr keine Spiele, ersetzt das Abendprogramm einfach durch einen Film oder eine Serie.

RESILIENTE PARTNERSCHAFT

Dass die Liebesbeziehung ein Schutzfaktor der Resilienz ist, wird durch eine höhere Lebenszufriedenheit, eine bessere körperliche und geistige Gesundheit und eine höhere Leistungsfähigkeit deutlich. Dies zeigt die Wissenschaft nur allzu deutlich: In einer Studie aus dem Jahr 2006 mit dem Titel „Cleaning up their act: the effects of marriage and cohabitation on licit and illicit drug use“ (zu Deutsch: Die Auswirkungen von Ehe und Zusammenleben auf den legalen und illegalen Drogenkonsum) konnten Greg Duncan, Bessie Wilkerson und Paula England darlegen, dass Menschen, die in einer Partnerschaft leben, weniger Nikotin konsumieren und einen gesünderen Lebensstil führen. Auch das Risiko, an akuten beziehungsweise chronischen Krankheiten, wie Grippe, Herzinfarkt oder Krebs, zu leiden, sinkt durch die Verbundenheit zu einem Liebespartner, wie eine Untersuchung mit der Bezeichnung „Similarity of the relations between marital status and subjective well-being across cultures“ (zu Deutsch: Zusammenhänge der Beziehungen zwischen Familienstand und subjektivem Wohlbefinden in verschiedenen Kulturen) bewies, die im Jahr 2000 von Ed Diener, Carol Gohm, Eunkook Suh und Shigehiro Oishi durchgeführt wurde. Eine weitere Studie mit dem Titel „Marital biography and health at mid-life“ (zu Deutsch: Ehebiografie und Gesundheit in der Lebensmitte), die im Jahr 2009 von Mary Elizabeth Hughes und Linda Waite durchgeführt wurde, und die Studie mit der Bezeichnung „Marriage and health: his and hers" (zu Deutsch: Ehe und Gesundheit: für ihn und sie) aus dem Jahr 2001 von J. Kiecolt-Glaser und T. Newton, konnten aufzeigen, dass Menschen, die in Partnerschaften leben, sogar eine geringere Mortalitätsrate besitzen, die bei Frauen bei 50 % und bei Männern bei 250 % liegen soll. Allein, sich in einer Beziehung zu befinden, erweist sich als ein wichtiger Resilienzfaktor, der die Bewältigung des Lebens mit all seinen kleinen und größeren Herausforderungen erleichtert. Der Effekt ist jedoch umso größer, je glücklicher die Liebesbeziehung wahrgenommen wird.

Die Balance von Autonomie und Symbiose

Der Mensch wünscht sich Selbstbestimmung und Eigenständigkeit, Distanz und Freiraum – selbst innerhalb einer Beziehung. Dieses Bedürfnis nach **Autonomie** hat nichts mit Rücksichtslosigkeit gegenüber den Mitmenschen zu tun, sondern bedeutet, dass keiner der Partner sich innerhalb der Gemeinschaft „auflöst" und es nur noch ein „Wir" gibt, das das „Du" und „Ich" ersetzt. Viele Menschen bevorzugen eine Partnerschaft, in der Autonomie großgeschrieben wird. Es ist ihnen wichtig, dass sie auch noch ein Leben außerhalb der Beziehung führen können, mit dem der Partner nichts zu tun hat. Somit sind beide Beteiligten unabhängig von den Ideen, Aktivitäten und sozialen Kontakten des anderen.

Legen die Partner hingegen Wert auf eine **symbiotische** Beziehung, würden sie sich tendenziell eher als Paar, statt als einzelne Persönlichkeiten definieren. Die Partnerschaft übernimmt für sie eine Art übergeordnete Einheit, als gäbe es statt dem „Du" und „Ich" ein gemeinsames „Ich". Die Partner unternehmen den Großteil aller Aktivitäten gemeinsam, teilen alles miteinander und treten stets im „Doppelpack" auf.

Resiliente Partnerschaften pendeln sich zwischen Autonomie und Symbiose ein. Für eine langfristig erfolgreiche und widerstandsfähige Beziehung ist die Auflösung des „Ichs" als Individuum, wie es bei der Symbiose geschehen kann, hinderlich. Deshalb ist in einer gesunden und resilienzstärkenden Partnerschaft stets der Ausgleich durch Autonomie vorhanden. Es besteht zwar ein starkes „Wir-Gefühl", doch dieses untergräbt nicht die Einzigartigkeit der einzelnen Partner. Eine solche resiliente Beziehung berücksichtigt und erfüllt bestimmte Bedürfnisse, denen wir uns nun widmen wollen.

Bedürfnisse in Partnerschaften

Laut des Psychotherapeuten Richard Erksine hat der Mensch Bedürfnisse, die nur innerhalb zwischenmenschlicher Beziehungen befriedigt werden können. Die folgende Liste präsentiert dir 5 Beispiele:

- **Sicherheit**: Dieses Bedürfnis beschreibt den Wunsch des Menschen, sich im Beisein eines anderen sowohl körperlich als auch emotional sicher zu fühlen. Wir möchten unser wahres Ich zeigen können, ohne dafür verurteilt oder zurückgewiesen zu werden.

- **Akzeptanz**: Der Mensch möchte sich von seinem Partner verstanden und angenommen fühlen. Dieser nimmt eine so bedeutsame Rolle in seinem Leben ein, dass es unabdingbar ist, von diesem Akzeptanz zu erhalten.

- **Wertschätzung**: Innerhalb einer resilienten Beziehung ist es wichtig, dass beide Partner gleichermaßen die Bedürfnisse, Emotionen, Empfindungen, Sichtweisen und Handlungen des anderen ernst nehmen und wertschätzen, selbst wenn diese sich von den eigenen unterscheiden. Damit wird gleichzeitig die Einzigartigkeit des anderen akzeptiert.

- **Einflussnahme**: Dieses Bedürfnis drückt den Wunsch aus, in einem gewissen Maß Einfluss auf den Partner ausüben zu können. Es ist von Beziehung zu Beziehung unterschiedlich und vom jeweiligen Verständnis von Autonomie und Symbiose abhängig, wo hier die Grenze liegt.

- **Liebe**: Im Menschen ist das Bedürfnis verankert, nicht nur tiefe Zuneigung und Wertschätzung durch den Partner zu erfahren, sondern dies selbst frei zum Ausdruck bringen zu können. Fürsorge, Achtung, Respekt und Dankbarkeit füreinander sind Merkmale, die eine gesunde Partnerschaft ausmachen. Die Liebe schweißt zusammen.

Hilfreiche Tipps für mehr partnerschaftliche Resilienz

• **Wähle einen Partner, der deine Ansichten bezüglich Autonomie und Symbiose teilt.** Partnerschaften, in denen sich die Partner bezüglich des Verhältnisses zwischen Autonomie und Symbiose einig sind oder zumindest ähnliche Ansichten vertreten, halten länger als jene, bei denen der eine etwas anderes will als der andere. Stelle also bereits bei der Partnerwahl sicher, dass ihr beide euch eine potentielle Beziehung ähnlich vorstellt. Seid ihr bezüglich eurer Ansichten, wie autonom jeder Partner innerhalb der Partnerschaft sein sollte, einer Meinung? Wie wichtig ist euch symbiotisches Verhalten? Wie ist es bei euch beiden in vergangenen Beziehungen abgelaufen?

• **Erkenne deine Beziehungsbedürfnisse.** Resiliente Beziehungen basieren darauf, dass die Partner wissen, was sie brauchen und beim jeweils anderen suchen. Versuche, zu ergründen, welche Aspekte dir persönlich besonders am Herzen liegen, beispielsweise Akzeptanz oder Liebe.

• **Kommuniziere deine Beziehungsbedürfnisse.** Nachdem du erkannt hast, welche Bedürfnisse du hegst, ist es wichtig, dass du diese zum Ausdruck bringst. Je effektiver dies gelingt, desto eher werden sie befriedigt und desto harmonischer und glücklicher wird die Beziehung werden. Eine gute Hilfestellung für diesen Tipp bietet das 5. Werkzeug der Resilienzschmiede.

• **Schenkt euch gegenseitigen Respekt.** Respekt ist die Basis jedes zwischenmenschlichen Kontaktes. Zu respektieren bedeutet, den Partner als Einzigartig und anders als man selbst anzuerkennen – und ihn genau dafür zu lieben.

• **Bringt euch Wertschätzung entgegen.** Erfreue dich an den unauffälligen und den sichtbaren Dingen am Partner, die ihn in deinen Augen großartig machen. Was schätzt und liebst du so sehr an deinem Partner? Zeige und kommuniziere dies.

• **Fördere das Beste in deinem Partner.** Das Bedürfnis des Menschen nach Beachtung und Anregung durch andere kann befriedigt werden, wenn du deinen Partner unterstützt, indem du das Beste in ihm förderst.

- **Verpflichte dich deinem Partner.** Hast du dich für deinen Partner entschieden, so setze diese Wahl in Gedanken, Worten und Taten um. Sei mit ganzem Herzen bei deiner Liebe, statt dir in Gedanken zum Beispiel andere Optionen offenzuhalten, mit anderen Menschen zu flirten oder gar fremdzugehen. Dies ist ein wichtiger Baustein für echtes Vertrauen zueinander. Sprich mit deinem Partner darüber und klärt ab, ob ihr euch füreinander verpflichten wollt und könnt. Setzt selbst die Grenzen fest und überlegt, was diese Entscheidung für eure Beziehung konkret bedeutet.
- **Baue tiefes Vertrauen auf.** Vertrauen basiert auf einem erfüllten Bedürfnis nach Sicherheit. Eröffne deinem Partner einen sicheren Raum, in dem er sich dir völlig authentisch und echt zeigen kann, ohne dass du ihn bewertest oder zurückweist. Ehrlichkeit ist die Basis des Vertrauens und sollte immer oben stehen. Erzählt euch gegenseitig von Dingen, die euch in der Vergangenheit bewegt haben, und lasst euch an tiefen Empfindungen teilhaben. Wichtig ist es, dass ihr euch nicht zu kontrollieren versucht, die Privatsphäre des Partners, einschließlich des E-Mail-Accounts und des Smartphones, bleibt absolut tabu. Vertrauen ist etwas, das nicht einfach von jetzt auf gleich da ist, denn es kann nur mit der Zeit entstehen. Wenn ihr offen und ehrlich bleibt, wird diese wundervolle Eigenschaft gemeinsam mit eurer Beziehung wachsen.
- **Zeige deinem Partner gegenüber Toleranz und Geduld.** Wir sind alle nur Menschen und manchmal brauchen wir ein bisschen länger, um aufeinander zuzugehen, uns Dinge einzugestehen oder uns zu entschuldigen. Schenke deinem Partner etwas Geduld und Toleranz.
- **Akzeptiere deinen Partner für seine Persönlichkeit.** Jeder besitzt Stärken wie auch Schwächen, die du bei deinem Partner akzeptieren solltest. Diese Facetten machen einen Menschen so höchst individuell und einmalig.
- **Stelle dich auf deinen Partner ein.** Nachzugeben und einzulenken ist nicht dasselbe wie aufzugeben und zu verlieren. Sich auf den Partner einzustellen ist mit viel Verständnis und Mitgefühl verbunden und zeugt von deinem Willen, eine gesunde und resiliente Beziehung aufzubauen.

- **Geht gemeinsamen Interessen nach**. Das Erleben von gemeinsamen Abenteuern und gleiche Erinnerungen an vergangene Ereignisse, die man zusammen durchgestanden hat, schweißen dich und deinen Partner zusammen. Um Resilienz zu kultivieren, ist es also wichtig, dass ihr gemeinsamen Interessen nachgeht und so gemeinsame Erfahrungen und Erinnerungen schafft.
- **Entwickle Konfliktbewältigungstechniken**. Je besser jeder Partner mit Konflikten umgehen kann, desto besser können Herausforderungen innerhalb der Beziehung gemeistert werden. Eigne dir deshalb Kompetenzen in diesem Bereich an.
- **Schenkt euch gegenseitig emotionale Unterstützung**. Emotionale Unterstützung bedeutet, füreinander da zu sein, wenn die Gefühle überkochen. Zu wissen, dass der Partner die Arme öffnet, wenn man selbst traurig ist, fördert die Resilienz im Einzelnen und innerhalb der Partnerschaft.
- **Bewältigt Krisen gemeinsam.** Werde dir bewusst, dass du nicht allein bist, sondern auch auf die Fähigkeiten und Kompetenzen deines Geliebten zurückgreifen kannst. Gemeinsam Probleme zu bewältigen, ist enorm förderlich für die Kultivierung der Widerstandsfähigkeit.
- **Kultiviert die Liebe zueinander**. Liebe will gelebt werden. Bringe deine eigene Zuneigung und Dankbarkeit für deinen Partner durch Worte und Taten zum Ausdruck. Nimm jedoch auch die Liebesbekundungen deines Geliebten dankbar an. Suche aktiv nach Liebesbeweisen, wie es zum Beispiel in der Übung „Liebesbeweise“ beschrieben wird.

Aktives Zuhören und Empathie entwickeln

Zuhören ist nicht einfach nur dasitzen und den anderen sprechen lassen, während man selbst schweigt. Es geht nicht darum, sich selbst den Mund zu verbieten. Echtes Zuhören ist mehr, als nur den Gegenüber ausreden zu lassen. Eine gelingende und resiliente Partnerschaft umfasst die Fähigkeit beider Parteien, aktiv zuhören zu können, was so viel bedeutet, wie mit voller Aufmerksamkeit beim Gegenüber zu bleiben. Man lässt sich weder von anderen Dingen ablenken noch wird das Gesagte interpretiert oder verurteilt. Dem liegt der authentische Wunsch zugrunde, den Partner ernsthaft und tiefgründig verstehen zu wollen. Es ist das Interesse am Gegenüber, das uns dazu befähigt, aktiv zuhören zu können. Das bringt viele Vorteile mit sich, denn so lassen sich Missverständnisse vermeiden und Konflikte schneller lösen. Die Konzentrationsfähigkeit, Achtsamkeit und emotionale Intelligenz verbessern sich, während gleichzeitig tiefes Vertrauen aufgebaut und bestehendes gefestigt wird. Dadurch kann zwischen den Partnern eine viel intensivere, engere und intimere Bindung entstehen. Wenn es an die Praxis geht, können dir 3 wichtige Punkte für das Erlernen von aktivem Zuhören weiterhelfen. Diese gelten übrigens nicht nur für eine Partnerschaft, sondern für jede Form von zwischenmenschlicher Beziehung – ob im privaten oder beruflichen Kontext.

- **Stelle sicher, dass du Störfaktoren beseitigst.** Dein Smartphone, andere Menschen oder deine unerledigten Aufgaben haben in dem Moment, in dem du deinem Partner aktiv zuhören möchtest, keine Priorität. Wenn du sicherstellen kannst, dass dich keine externen Faktoren aus einem tiefen Gespräch herausreißen können, ist der erste Schritt getan, um deine Aufmerksamkeit deinem Partner zu schenken.

- **Akzeptiere die Ansichten deines Partners.** Interpretationen, Bewertungen und Verurteilungen haben beim aktiven Zuhören nichts zu suchen. Wenn dir dein Gegenüber etwas erzählt, dem du nicht zustimmst, ist das in Ordnung, denn du bist nicht verpflichtet dazu, andere Meinungen zu übernehmen. Doch du könntest versuchen, dich für die Ansichten des anderen zu öffnen und dich darauf einzulassen. Wer weiß, vielleicht erweitert dieser Blick über den sprichwörtlichen Tellerrand deinen Horizont?

- **Stelle Fragen.** Aktives Zuhören setzt Interesse am anderen Menschen voraus, was durch das Stellen der richtigen Fragen bekundet wird. Durch diesen Schritt kannst du das Gespräch noch mehr vertiefen. Du könntest zum Beispiel folgende Dinge fragen: „Was hat es mit dir gemacht, das zu erleben, wovon du mir gerade erzählt hast?“, „Wie hat sich das für dich angefühlt?“, „Was hat dich dazu bewegt, dies zu tun?“

Achte beim aktiven Zuhören zudem auf deine Körpersprache, die offen und interessiert wirken sollte. Deinen Blickkontakt schenkst du deinem Gegenüber, denn wo deine Augen sind, ist auch deine Aufmerksamkeit. Lasse deine Interpretationen und Schlussfolgerungen einmal außen vor und konzentriere dich eher auf das, was dein Partner sagt. Kommentare und Aussagen wie „Ah, ich verstehe …“ oder „Das kann ich nachvollziehen …“ zeugen von deinem Willen, zu verstehen. Sollte sich dann trotzdem noch ein Fragezeichen bei einer Aussage deines Gegenübers auftun, frage einfach noch einmal nach und stelle sicher, dass du alles richtig verstanden hast. Aktives Zuhören ist eine Kompetenz, die zwei Liebende eng miteinander verbinden kann und die uns zudem die Möglichkeit schenkt, unsere **Empathie** für andere Menschen zu verbessern. Sich in den Partner gedanklich und emotional einfühlen zu können, ist eine Schlüsselkompetenz für Bindungsfähigkeit. Empathie ist das, was dem aktiven Zuhören zugrunde liegen muss, denn erst, wenn der Wunsch besteht, den Partner verstehen und sich in ihn hineinversetzen zu wollen, kann man aktiv zuhören.

Das Gefühl, ernsthaft von einem geliebten Menschen verstanden zu werden, ist etwas, wonach jeder Mensch mehr oder weniger intensiv strebt. Wir alle wollen, dass die uns Nahestehenden auf uns eingehen, ohne uns zu bewerten. Dabei bezieht sich die emotionale Empathie auf die Fähigkeit, Gefühle und Emotionen in anderen Menschen mitfühlen zu können, indem man sich in deren Lage versetzt. Die kognitive Empathie hingegen umfasst das Einfühlungsvermögen in die Gedanken des anderen, indem seine Perspektive eingenommen wird.

Empathie ist eine Bereicherung für jede Art von Beziehung, einschließlich einer Partnerschaft. Wenn auch du von der Steigerung der gegenseitigen Zuneigung zueinander, von der Stärkung der Verbindung zwischen euch und dem besseren Umgang bei potentiellen Problemen und Konflikten in deiner Liebesbeziehung profitieren möchtest, könnten dir die folgenden Punkte weiterhelfen:

- **Setze dich mit deinen eigenen Gefühlen und Gedanken auseinander.** Ja, du hast richtig gehört: Indem du Selbstreflexion betreibst, trainierst du deine Fähigkeit, Empfindungen wahrzunehmen – erst bei dir selbst und später dann bei anderen Menschen.
- **Praktiziere aktives Zuhören.** Stelle deine eigenen Sorgen, Probleme und To-dos zurück, wenn du deinem Partner aktiv zuhörst. Erst, wenn du deinen Fokus vollständig auf das Gesagte und die nonverbale Kommunika-

tion deines Partners legst, kannst du seine Empfindungen wahrnehmen und dich in ihn hineinversetzen.

- **Versetze dich in die Lage deines Gegenübers.** Stelle dir einmal vor, du selbst wärst in der Situation, die dir dein Partner soeben beschrieben hat. Was würdest du denken, fühlen und tun? Dieses Gedankenspiel, bei dem du eine neue Perspektive einnehmen musst, hilft dir dabei, empathisch zu reagieren.

- **Gib mit deinen eigenen Worten wieder, was du verstanden hast.** Unnötige Missverständnisse können vermieden werden, wenn du sichergehst, dass du es richtig verstanden hast. Als ein Teil des aktiven Zuhörens ist es wichtig, dass du falsche Interpretationen und Missverständnisse aufdeckst, indem du nachfragst, wenn dir etwas unklar ist.

Übung: Liebesbeweise

Die folgende Übung wird dir deutlich machen, wie viel Liebe zwischen dir und deinem Partner herrscht. Liebe ist das, was jede Beziehung zusammenhält, und das, was eine Partnerschaft besonders resilient gestaltet. Je mehr Verbundenheit ihr füreinander empfindet und je öfter ihr euch dies verdeutlichen könnt, desto mehr Sicherheit und Vertrauen wirst du in deiner Beziehung zu deinem Geliebten finden. Gehe mit dieser Übung auf die Suche nach Beweisen für die Liebe.

So gehst du vor:

- Nimm dir gemeinsam mit deinem Partner Zeit für diese Übung. Jeder von euch benötigt einen Stift und einen Zettel, um die Überlegungen der folgenden Punkte zu dokumentieren:

- Notiert jeder für sich Situationen aus der Vergangenheit oder Gegenwart, in denen ihr die Liebe des Partners gespürt habt. Es sollten mindestens 3 an der Zahl sein, es dürfen jedoch gern mehr sein. Es ist unwichtig, wie bedeutungsvoll dir die Geste erscheint, denn du kannst jeden noch so „unbedeutenden“ Moment angeben, wenn dieser dich die Liebe deines Partners hat spüren lassen.

- Ruf dir die Momente so detailliert in Erinnerung wie möglich. Wie hast du dich in diesen Situationen jeweils gefühlt? Welche Empfindungen sind in dir hochgekommen? Hast du deine Gefühle unmittelbar zum Ausdruck gebracht? Wenn ja, wie hat das ausgesehen?
- Überlege dir, welche Bedürfnisse dein Partner bei dir in diesen konkreten Situationen erfüllt hat. Welche Bedeutung haben diese Wünsche für dich in Bezug auf dein Leben und deine Beziehung?
- Gebt euch gegenseitig genügend Zeit, um die Fragen zu beantworten. Solltet ihr mehr benötigen, habt ihr immer die Wahl, die Übung auf später zu verschieben, um ausführlich zu überlegen. Warte jedoch nicht zu lange, denn es ist wichtig, dass du die Situationen konkret vor Augen hast, wenn du die Übung mit deinem Partner fortsetzt.
- Wenn ihr beide eure Überlegungen abgeschlossen habt, erzähle deinem Geliebten davon. Lies deine Notizen vor oder erzähle frei, wichtig ist nur, dass du den Zettel nicht einfach kommentarlos übergibst, sondern deinem Partner während des Erzählens deine Emotionen zeigst. Drücke all deine Dankbarkeit und Wertschätzung für deinen Partner aus, während du ihn in aller Ausführlichkeit daran teilhaben lässt, wie die Situation in seinen Augen abgelaufen ist. Halte die Liebe nicht zurück, sondern lasse sie übersprudeln und hülle den anderen darin wie in eine weiche Decke ein. Macht aus, wer mit seinen Antworten beginnt. Der Sprecher sollte genügend Zeit haben, um sich auszudrücken, ohne dass der Zuhörer durch Kommentare unterbricht. Der, der gerade dran ist, sollte der Einzige sein, der spricht, und erst dann, wenn dieser sein Okay gibt, darf der andere zu Wort kommen. Tauscht nun die Rollen des Sprechers und Zuhörers.

RESILIENTE KINDER UND JUGENDLICHE

Es ist nicht so, dass der Mensch ein bestimmtes Alter besitzen muss, um resilient zu sein und diese Fähigkeit weiter fördern zu können. Auch Kinder können durchaus widerstandsfähig sein und so lernen, mit Stress und Misserfolgen, wie schlechten Schulnoten oder dem Kaputtgehen eines Lieblingsspielzeugs, umzugehen. Ihre Bezugspersonen tragen neben anderen elterlichen Pflichten die Verantwortung, Kompetenzen wie Belastbarkeit, Adaptabilität, Widerstandskraft oder Flexibilität bei ihrem Nachwuchs zu fördern, damit dieser einen positiv orientierten, gesunden und erfolgreichen Weg ins künftige Leben einschlägt.

Resilienz ist eine Fähigkeit, mit der der Mensch nicht geboren wird. Sie entwickelt sich erst aus der zwischenmenschlichen Interaktion des heranreifenden Menschen mit seinen Bezugspersonen und seiner Umwelt. Diese Entwicklung verläuft jedoch nicht gradlinig, denn ein Kind durchlebt immer wieder Zeiten, in denen es resilienter ist, sowie Zeiten, in denen es wieder mental verletzlicher wird. Kinder und Jugendliche sind besonders sensibel in Phasen, in denen sie von einer Entwicklungsstufe zur nächsten übergehen, wie zum Beispiel bei der Einschulung oder während der Pubertät. Als wesentlicher Faktor der Resilienz des Menschen gilt eine stabile emotionale Bindung zu mindestens einer Bezugsperson während der Kindheit. Umso wichtiger ist es, dass du deinem Kind mit Dingen wie dem Austausch von körperlichen Zärtlichkeiten, z. B. Umarmungen und Kuscheln, Unterstützung, Zuverlässigkeit und Wertschätzung begegnest. Während der Zeit des Heranreifens vom Baby und Kleinkind hin zum Jugendlichen wird der Grundstein für eine starke Persönlichkeit gelegt.

Was resiliente Kinder ausmacht

Kinder und Jugendliche, die Resilienz besitzen, gehen gestärkt ins Leben. Sie besitzen Werkzeuge wie Bewältigungsmechanismen für Stress und können deshalb auch mit Herausforderungen umgehen. Sie gehen Krisen aktiv an, statt sich ihnen machtlos zu fügen. Zudem zeichnen sich diese Kinder durch eine gewisse emotionale Stabilität aus, da sie ihre Empfindungen einerseits besser wahrnehmen und reflektieren, für diese Verständnis aufbringen und auch die Sichtweise anderer Menschen bezüglich des eigenen Verhaltens nachvollziehen können. Andererseits scheuen sie sich nicht davor, ihre Emotionen auf eine angemessene Art zum Ausdruck zu bringen, was wiederum Selbstkontrolle erfordert. Widerstandsfähige Kinder besitzen zum Beispiel die Fähigkeit, sich in Momenten des Stresses selbst beruhigen zu können. Sie wissen, welche Dinge ihnen guttun, welche nicht und wie sie sich Unterstützung und Hilfe besorgen, sollten sie diese benötigen. Des Weiteren ist Resilienz ein Faktor, der das Selbstbewusstsein des jungen Menschen fördert, indem sie den Fokus auf die persönlichen Talente und Fähigkeiten legt. Wer weiß, worin er gut ist und wie er dies zum Einsatz bringt, kann sich realistischere Ziele setzen und kreative Lösungen für Probleme finden. Den Kindern ist ihr eigener Wert bewusst und sie sind davon überzeugt, dass ihre Worte und Taten etwas bewirken. In herausfordernden Zeiten der Krise befreit dieser Glaube die jungen Erwachsenen von der Angst, eh nichts ausrichten zu können und machtlos sowie ohnmächtig zu sein. Selbst die schulischen Leistungen können sich mit dem Aufbau von Resilienz verbessern, denn resiliente Kinder sind in der Regel besser darin, sich zu konzentrieren und zu lernen. Die psychische Widerstandsfähigkeit wirkt sich außerdem auf die sozialen Kompetenzen der Kinder und Jugendlichen aus, denn zwischenmenschliche Beziehungen aufzubauen und zu kultivieren, erfordert ein gewisses Maß an Einfühlungsvermögen und Mitgefühl. Außerdem können soziale Konflikte auf eine konstruktive Weise gelöst werden.

Exkurs: Selbstregulation
Mit dem Begriff der Selbstregulation werden verschiedene Eigenschaften und Fähigkeiten einer Person zusammengefasst, die der Selbstbeherrschung dienen. Es geht daher um die Regulation von Impulsen und Wünschen sowie um die Bedürfnisbefriedigung. Im Sinne der Selbstregulation ist der Mensch dazu geneigt, sich selbst Ziele zu setzen. Diese Ziele führen im Verlauf der Entwicklung zu weiteren Handlungen. Im Verlauf der Selbstregulation kommt es zur ständigen Überprüfung ebendieser Ziele. Sollte es im Rahmen dieser Überprüfung zu einer negativen Bewertung kommen, werden die Handlungen reguliert und angepasst. Demnach bezieht sich die Fähigkeit der Selbstregulation auf die Kompetenz, die eigenen Verhaltensweisen, Emotionen sowie kognitiven Prozesse je nach Begebenheiten zu regulieren, sie anzupassen und zu lenken.

Hilfreiche Tipps zur Förderung von Resilienz bei Kindern und Jugendlichen

- **Gib deinem Kind Vertrauen und Sicherheit**. Vermittle deinem Nachwuchs das Gefühl, dass er zuhause bei seiner Familie stets körperlich und emotional sicher ist. Hierhin kann dein Kind zurückkehren, um Kraft zu tanken, um sich zu erholen und um Unterstützung zu bitten. Dies bildet das Fundament einer resilienten Persönlichkeit.
- **Vermittle deinem Kind Optimismus**. Humor und positives Denken sind wunderbare Dinge, die deinem Kind zeigen, dass es wichtig ist, an das Gute zu glauben und sich auf die schönen Seiten des Lebens zu konzentrieren. Erinnere dein Kind auch in schwierigen Zeiten daran, welche Chancen sich hinter einem Problem verbergen können. Humor bringt dann Leichtigkeit in den Prozess der Lösungsfindung und Zielerreichung.
- **Kommuniziere mit deinem Kind unmissverständlich und klar.** Erkläre deinem Nachwuchs, warum du dies und jenes tust, um ihm die Chance zu geben, zu verstehen und es beim nächsten Mal besser zu machen. Eine gute Kommunikation beschränkt sich jedoch nicht nur auf das Sprechen, sondern auch auf das Zuhören. Schenke deinem Kind deshalb in wichtigen Momenten deine ungeteilte Aufmerksamkeit. Versuche selbst, es zu verstehen, indem du es ausreden lässt und seine Sichtweise annimmst, auch wenn diese von deiner eigenen abweicht.
- **Gib deinem Kind gewisse Regeln und Strukturen vor**. Neben Freiraum benötigt dein Nachwuchs auch klare Routinen und Grenzen, die ihm Halt und Sicherheit geben. Diese bilden die Basis für die Fähigkeit zur Eigenverantwortlichkeit und Disziplin. Es lehrt dein Kind, sich gewissen Strukturen anzupassen, und es fördert somit seine Adaptabilität sowie Resilienz.
- **Ermutige dein Kind zur Übernahme von Selbstverantwortung und Selbstständigkeit.** Wenn ihr gemeinsam Regeln und deren Konsequenzen bei Nichteinhaltung ausgemacht habt, lernt dein Nachwuchs, dass er selbst für seine Handlungen verantwortlich ist.

- **Traue deinem Kind etwas zu**. Wenn du an deinen Nachwuchs glaubst, vermittelst du diesem das Gefühl, dass er stark und clever genug ist, Dinge selbst auszuprobieren und Probleme selbst zu lösen, ohne dass ein Erwachsener dabei gebraucht wird. Kinder sind zum Beispiel durchaus in der Lage, sich selbst anzuziehen, auch wenn das manchmal bedeutet, dass das T-Shirt falsch herum angezogen wurde und die Schuhe links und rechts vertauscht wurden – das ist jedoch zweitrangig, denn wenn das Kind sich selbst anziehen darf, vermittelst du ihm das Gefühl, dass es das allein tun kann und fähig dazu ist. Die Feinheiten wird es mit der Zeit selbst korrigieren wollen. Diese Erfolgserlebnisse steigern unweigerlich das Selbstbewusstsein – ein wichtiger Bestandteil der Resilienz.

- **Übertrage deinem Kind Verantwortung**. Selbst jüngere Kinder sind bereits in der Lage dazu, gewisse Aufgaben zu übernehmen, solange diese in ihrem schaffbaren Rahmen liegen. Lass dir von deinem Nachwuchs zum Beispiel im Haushalt oder beim Gärtnern helfen.

- **Unterstütze dein Kind, wenn es Eigeninitiative zeigt**. Ermutige deinen Nachwuchs dazu, eigene Erfahrungen zu machen, die Selbstmotivation fördern. Sollte es Hilfe dabei benötigen, sei du als Elternteil bereit, einzuspringen, ansonsten sollte möglichst das Kind entscheiden, wann es Unterstützung braucht. Gib keine vorschnellen Ratschläge, die dem Kind das Gefühl vermitteln könnten, es allein nicht schaffen zu können. Das zeugt gleichzeitig von echtem Respekt und Geduld.

- **Lobe dein Kind mehr für seinen Einsatz und weniger für seine Ergebnisse**. Fehler sind während des Lernprozesses sehr wichtig, aus ihnen kann dein Nachwuchs viele Erkenntnisse zum Bessermachen ziehen. Deshalb solltest du ihn eher loben, wenn er sich anstrengt, als für das, was am Ende dabei herauskommt, denn das Ergebnis gibt nicht immer Aufschluss darüber, wie viel Energie und Muße das Kind in die Tätigkeit investiert hat.

- **Schätze dein Kind und seine Tätigkeiten wert**. Es ist wichtig, dass du die Talente und Begabungen deines Nachwuchses wahrnimmst und dein Lob diesbezüglich aussprichst. Wenn du das Selbstgemalte aufhängst oder Basteleien gut sichtbar als Deko hinstellst, übermittelst du deinem Kind viel mehr Wertschätzung als mit einem simplen „Gut gemacht" – was natürlich auch nicht falsch ist.

• **Ermögliche deinem Kind positive zwischenmenschliche Kontakte zu Gleichaltrigen.** Hobbys und andere Freizeitaktivitäten sind neben der Schule eine gute Möglichkeit für das Kind, aus dem sicheren Hafen des Zuhauses und der Familie in die große weite Welt hineinzuschnuppern. Hier geschehen regelmäßig Konflikte und es treten Probleme auf, mit denen sich das Kind zwangsläufig auseinandersetzen muss. Diese Konfrontationen mit Herausforderungen bereiten das Kind jedoch auf das Leben vor und fördern seine Resilienzfähigkeit. Ein gut geschützter und behüteter Nachwuchs hingegen kann nie lernen, wie er sich in schwierigen Momenten verhalten soll.

• **Sei für dein Kind ein positives Vorbild.** Kinder orientieren sich in ihrem Denken, Fühlen, Sprechen und Handeln an ihren Bezugspersonen und übernehmen deren Gedanken- und Verhaltensmuster. Umso wichtiger ist es, dass du in der Rolle als Elternteil das lebst, was du deinem Nachwuchs predigst.

Übung: Der Schatzkarton

Diese Übung soll deinem Kind seine besten und einzigartigsten Seiten an sich verdeutlichen. Sie stärkt sein Selbstbewusstsein und erinnert es auch in schwierigen Zeiten daran, was alles in ihm steckt. Das Wissen, dass es all die Fähigkeiten und Kompetenzen bereits in sich trägt, die es zum Lösen von Problemen und zum Bewältigen von Herausforderungen braucht, trägt letztendlich zur Förderung der Resilienz in deinem Kind bei.

So geht ihr vor:

- Für dieses Spiel benötigst du ein paar kleine Zettel und einen Stift.
- Lass dein Kind sich selbst ein Kompliment machen über etwas, was es an sich besonders gern mag oder was ihm gut gelungen ist. Das Kompliment wird auf einem Zettel festgehalten. Entweder es schreibt es selbst auf oder du übernimmst dies. Die Aussagen könnten zum Beispiel so beginnen:
  - „Ich bin ... (zum Beispiel: ein guter Schüler, ehrlich, freundlich)"
  - „Ich mag ... (zum Beispiel: meine Familie, Handball, Omas Essen)"
  - „Ich fühle mich gut, wenn ... (zum Beispiel: ich beim Fußball ein Tor schieße, ich in der Schule eine 1 schreibe, Papa mit mir Witze macht)
  - „Ich kann gut ... (zum Beispiel: tanzen, meiner Mama in der Küche helfen, Bilder malen)
- Lege diesen Zettel zusammengefaltet in einen Schuhkarton oder eine andere Box.
- Wiederhole diese Übung immer einmal wieder, wenn es sich anbietet, sodass eine kleine oder größere Sammlung von Zetteln – Schätzen – mit jeweils einer wunderschönen Seite deines Kindes entsteht. Nach und nach sollte sich also der Schuhkarton mit verschriftlichten Komplimenten füllen, die dein Kind für sich selbst gefunden hat.
- Wann immer dein Kind einmal traurig ist oder an sich selbst zweifelt, bitte es, in den Schuhkarton zu greifen und einen beliebigen Zettel vorzulesen. So kann es sich selbst daran erinnern, wie großartig es ist und wie viele Schätze es besitzt.

FREUNDSCHAFT UND SOZIALE UNTERSTÜTZUNG

Die Bedeutung sozialer Unterstützung und was Freundschaften ausmacht

Echte Freundschaften machen das Leben leichter und erträglicher, aber auch spannender und lustiger. Es kann alles geteilt werden: Freude wie auch Leid. Und genau das macht Freundschaften aus. Menschen, die mehr soziale Kontakte haben, weisen ein dauerhaft niedrigeres Stresslevel auf als diejenigen mit weniger zwischenmenschlichen Beziehungen. Freunde tragen demnach maßgeblich zu einem höheren Wohlgefühl bei, wie eine Studie aus dem Jahr 2011 mit dem Titel „How Friendship Network Characteristics Influence Subjective Well-Being“ (zu Deutsch: Wie Merkmale von Freundschaftsnetzwerken das subjektive Wohlbefinden beeinflussen) zeigte, in der Mariska van der Horst und Hilde Coffé entdeckten, dass die Probanden weniger gestresst und allgemein gesünder waren, die einen Freundeskreis hatten. Wichtig ist dabei, zu erwähnen, dass der positive Effekt umso größer ist, je persönlicher der Kontakt ist: Insbesondere Treffen von Angesicht zu Angesicht steigen das subjektive Wohlbefinden des Menschen. Deutlich weniger effektiv ist das Telefonieren oder die Kommunikation über das Smartphone.

Eine echte Freundschaft kultiviert ein **gutes Gefühl**. Gespräche oder gemeinsame Aktivitäten bringen beiden Parteien Freude und eine gute Stimmung. Bis diese echte Verbindung auftritt und sich damit dieses Gefühl einstellen kann, benötigt es jedoch **Zeit**. Diese ist die Grundlage für eine Beziehung, denn nur so kann ein ausgiebiger Austausch stattfinden, der am besten persönlich geschieht. Zudem erfordert es **Reziprozität**, also das gegenseitige Interesse füreinander. Es beschreibt das ausgewogene Geben und Nehmen zwischen den Freunden. Nur so kann **Intimität** entstehen, denn eine tiefe Freundschaft baut auf der emotionalen Verbindung auf, die entsteht und wächst, wenn man sich füreinander öffnet. Dazu gehören Gespräche über das eigene Innenleben, wozu neben tiefen Wünschen und den authentischen Gefühlen auch Schwächen und Ängste gehören. Dies wiederum setzt **Vertrauen** in den anderen voraus, denn um sich zu öffnen und Probleme und Sorgen zu teilen, bedarf es eines Gefühls des Vertrauens dem Freund gegenüber sowie des Wissens, dass dieser mit den sensiblen Informationen wertschätzend umgehen wird. Man muss sich der **Verlässlichkeit** bewusst sein können, dass man auch in schwierigen Zeiten Unterstützung erhalten wird. Ein Experiment des Freiburger Universitätsprofessors Dr. Markus Heinrichs zeigte die Bedeutung von Freundschaften in Bezug auf stressige und herausfordernde Situationen: Teilnehmer erhielten die Aufgabe, vor Zuschauern eine freie Rede zu halten sowie im Kopf mathematische Aufgaben zu lösen – für die meisten Menschen ist dies ein echter Stressfaktor. Über Speichelproben wurde der Cortisolspiegel der Teilnehmer gemessen, wodurch festgestellt werden konnte, wie hoch deren Stresspegel war. Erstaunlicherweise zeigten Teilnehmer, die eine Unterstützung durch Freunde, die nur 10 Minuten anhielt, bekamen, einen deutlich niedrigeren Cortisolspiegel als jene, die sich allein auf die Aufgabe vorbereiten mussten. Eine resiliente Freundschaft geht sprichwörtlich durch dick und dünn. Gemeinsam Durchgestandenes schafft geteilte Erinnerungen und schweißt so richtig zusammen. Wer einmal eine schwere Krise mithilfe eines Freundes durchgestanden hat, der weiß, dass er auf diesen in jeder Lebenslage zählen kann. Mit jeder überstandenen Herausforderung wird eine Freundschaft also immer resilienter.

Hilfreiche Tipps für die Pflege von Freundschaften

- **Halte den Kontakt.** Auch wenn ihr euch eine längere Zeit einmal nicht persönlich sehen könnt, ist es wichtig, dass ihr zumindest über den Bildschirm den Kontakt aufrechterhaltet. Ein Telefonat oder nur Textnachrichten – dies ist zumindest besser als gar keine Kommunikation. Versuche doch einmal beim nächsten Mal einen Videoanruf, der hat den Vorteil, dass ihr euch gegenseitig sehen könnt, während ihr telefoniert.
- **Vergiss keine wichtigen Ereignisse.** Den Geburtstag des Freundes möchte man nun wirklich nicht vergessen. Doch auch ein kurzer Gruß oder ein paar motivierende Worte bei Jahrestagen, Hochzeitstagen oder wichtigen Prüfungen sind Gesten, die jeder zu schätzen weiß. Trage dir Termine wie diese stets in deinen Kalender ein, damit du sie nicht aus den Augen verlierst.

- **Nimm deinen Freund so an, wie er ist.** Akzeptanz der Persönlichkeit und Respekt vor anderen Sichtweisen bilden eine wichtige Basis für eine gelingende resiliente Freundschaft. Bring deshalb deinem Freund das entgegen, was du dir selbst von ihm wünschen würdest, damit du dich in seiner Nähe gut fühlst.
- **Bleibe aufrichtig, authentisch und offen.** Echte Freundschaft kann nur entstehen und gehalten werden, wenn beide Parteien sich voll und ganz aufeinander einlassen können. Oberflächliche Kontakte werden sich demnach nie zu resilienten Freundschaften entwickeln können, solange keine Intimität durch Aufrichtigkeit, Authentizität und Offenheit entsteht.
- **Übe dich im Zuhören.** Manchmal braucht man einfach nur jemanden, der einem bei den Ausführungen der persönlichen Sorgen und Nöte zuhört. Es geht nicht um Ratschläge, sondern schlichtweg um das Gefühl, dass ein anderer vertrauenswürdiger Mensch einem selbst seine Aufmerksamkeit schenkt. Sei hin und wieder dieser Mensch für deinen Freund.
- **Entwickle Freude am Geben und Nehmen.** Eine echte Freundschaft ist keine Einbahnstraße, denn nur dann, wenn von beiden Seiten gegeben und genommen wird, kann Resilienz entstehen. Beruht die soziale Verbindung nicht auf Gegenseitigkeit, kann auch keine Verlässlichkeit und Unterstützung in Krisenzeiten verlangt werden.
- **Nehmt euch Zeit füreinander.** Unternehmt spannende Dinge, geht gemeinsamen Interessen nach oder verbringt einfach Zeit bei einem gemütlichen Tee. Es ist nicht immer wichtig, was genau ihr tut, sondern eher, dass euch beiden eure Freundschaft wichtig genug ist, um sie mit Aufmerksamkeit und Zeit zu nähren und zu stärken.
- **Freue dich für den anderen.** Feiert gemeinsam die Erfolge des Einzelnen und gönne dem anderen von Herzen alles Glück der Welt. Falls du Schwierigkeiten damit hast, mache dir zuerst bewusst, was alles Gute in deinem Leben ist, damit kultivierst du automatisch das Gefühl der Freude, welches du nun leichter für andere aufbringen kannst.
- **Sprich Probleme konstruktiv an.** Kommuniziere es, wenn dich etwas am anderen stört, doch achte darauf, nicht anklagend zu sein, sondern lösungs- sowie bedürfnisorientiert zu bleiben. Bleibe stets in der Ich-Form. Sage beispielsweise nicht „Du hast mich verletzt“, sondern „Das hat mir weh

getan", so bringst du deinen Freund nicht in die Rolle, sich verteidigen zu müssen.

- **Lerne, zu verzeihen.** Jeder macht einmal Fehler und viele davon wurden nicht einmal mit Absicht begangen, zum Beispiel, wenn aus Versehen ein Treffen vergessen wurde, weil man zu viel um die Ohren hatte. Wenn es angebracht ist, solltest du lernen, Nachsicht zeigen zu können – deinem Freund, aber natürlich auch dir selbst gegenüber. Vermittle deinem Freund das Gefühl, dass du in schwierigen Zeiten für ihn da sein wirst und dass er auf deine Unterstützung zählen kann.

Übung: Ein Blumenstrauß aus Worten

Bei dieser Übung geht es darum, dass ihr euch gegenseitig zeigt, was ihr einander bedeutet. Dabei schenkt ihr euch nicht nur gegenseitig Zeit und Wertschätzung, sondern pflegt eure Freundschaft zudem durch den Aufbau von Intimität und das Zeigen echter Gefühle. Das stärkt eure Verbindung ungemein und erinnert euch noch einmal daran, wie sehr ihr aufeinander zählen könnt.

So geht ihr vor:

- Bitte deinen Freund darum, dir einen „Blumenstrauß" aus positiven Worten zu schenken. Dieser sollte alles Gute beinhalten, was er in dir und eurer gemeinsamen Freundschaft sieht. Ob das vergangene Erlebnisse sind, Erinnerungen an Zeiten, in denen du ihm geholfen und beigestanden hast, oder einfach Charaktereigenschaften, die er an dir liebt – der Kreativität sind keine Grenzen gesetzt. Auch bei der Gestaltung und der Übergabe des „Blumenstraußes" gibt es keine Grenzen. Es könnte ein Bild sein, eine Fotokollage oder ein Gedicht. Lass dich von deinem Freund überraschen.
- Das Gleiche gilt auch für dich: Fertige auch du einen „Blumenstrauß" aus positiven Worten an, den du deinem Freund schenkst.
- Vereinbart einen Termin für ein Treffen, an dem ihr euch eure „Blumensträuße" übergeben wollt. Ihr könntet dies auch mit einem gemeinsamen Restaurantbesuch oder mit einem gemütlichen Abend bei einem guten Film und ein paar Snacks verbinden.

Ausblick: Resilienz langfristig etablieren

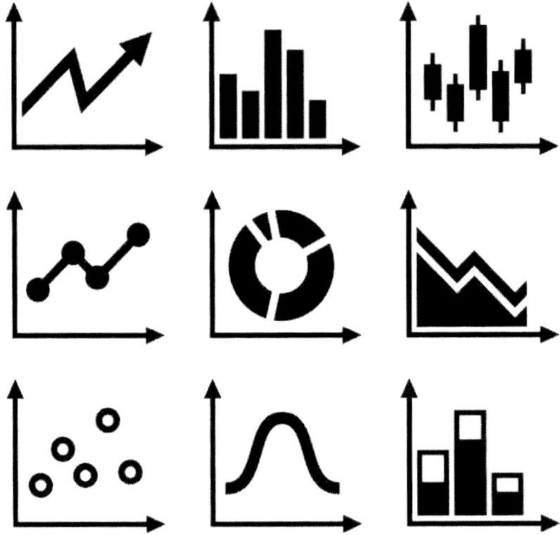

NACHHALTIGKEIT UND RESILIENZ

Nachhaltige Resilienz bezieht sich auf Ressourcen, die langfristig zur Verfügung stehen und deren Nutzung zukunftsfähig sind – die also nicht nur in guten Zeiten erreichbar sind. Das führt wiederum dazu, dass eine geringere Abhängigkeit zu äußeren Bedingungen besteht, denn persönliche Ziele können auch dann erreicht werden, wenn schwierigere Zeiten nahen. Nachhaltige Resilienz umfasst also die Fähigkeit, unter der Berücksichtigung von Umweltbedingungen handlungsfähig zu bleiben.

Der Begriff „Nachhaltigkeit“ fügt der psychischen Widerstandskraft des Menschen die Komponente „Langfristigkeit“ hinzu. Unternehmen, die zum Beispiel nicht nachhaltig agieren, nutzen bestehende Ressourcen so lange aus, bis diese vollkommen erschöpft sind, bevor sie sich anderen Quellen widmen, mit denen dasselbe geschieht. Das sieht man unter anderem bei der Ausbeutung von Mitarbeitern, die so lange zu Höchstleistungen getrieben werden, bis sie unter dem Druck zusammenbrechen. Dann müssen neue Mitarbeiter gefunden und eingearbeitet werden. Auch, wenn dieses Handlungsprinzip auf kurze Sicht gesehen sehr profitabel ist für das Unternehmen, so ist es langfristig immer kosten- und zeitintensiver. Ein nachhaltiges Unternehmen hingegen hat es sich zum Ziel gemacht, zukunftsfähig zu werden, sodass es Ressourcen nutzt, die auch langfristig gesehen zur Verfügung stehen. Dabei wird die Möglichkeit, dass eine grundlegende Veränderung beziehungsweise eine Krise früher oder später auftreten wird, mit in Betracht gezogen. Dadurch fokussiert sich das Unternehmen automatisch auf seine Anpassungsfähigkeit, die essenziell für Resilienz und damit für die Fähigkeit ist, sich im Falle einer wirtschaftlichen Krise den Gegebenheiten anzupassen, um zukunftsfähig zu bleiben.

Resilienz muss sich jedoch nicht zwangsläufig nur auf die persönliche, soziale oder ökonomische Ebene beziehen. Auch im ökologischen Sinne kann Resilienz auftreten, was mit der Fähigkeit der Umwelt gleichzusetzen ist, nach einer Krise wieder in ihren Normalzustand zurückzuspringen. So zeigt sich zum Beispiel die Resilienz eines Kiefernwaldes, nachdem der Borkenkäfer, dessen Brut sich durch den Stamm frisst, Einzug gehalten hat. Ob im persönlichen, sozialen, ökonomischen oder ökologischen Kontext: In jedem dieser Systeme können durch ein einschlagendes Ereignis die bestehenden Muster und Strukturen außer Kontrolle geraten. Das kann zum Beispiel im persönlichen Bereich der Tod eines geliebten Menschen, im Unternehmen das Ausbleiben von Verkäufen oder im Wald der beschriebene Schädling, der die Pflanzen dezimiert, sein. Egal, was genau die Krise ist, sie wird in jedem Fall einen Verlust bedeuten, der einen Nachteil für das System darstellt. Hier zeigt die Fähigkeit der Resilienz, wie lange dieser Nachteil anhält: Ist er kurzfristig, bedeutet dies, dass man sich den neuen Rahmenbedingungen anpassen kann und eine große Widerstandsfähigkeit besteht, die dem System sogar zu einem neuen Aufschwung verhilft. Echte Resilienz, ob nun im persönlichen, sozialen, ökonomischen oder ökologischen Bereich, macht es also notwendig, gewohnte und alte Handlungsmuster zu überdenken und durch neue zu ersetzen. Betrachten wir zum Beispiel einmal den Klimawandel, so wird deutlich, wie sehr wir unser Verhalten an die Krise anpassen müssen, um das einst vorhandene Gleichgewicht der Natur wiederherzustellen, um die ökologischen Konsequenzen einzudämmen. Nachhaltigkeit ist der Schlüssel zu diesem Problem.

WIE DIE NATUR DIE RESILIENZ STÄRKT – NACHHALTIGKEIT LEICHT GEMACHT

Resilienter zu werden und dabei nachhaltig zu sein, ist leichter als gedacht, denn das, was du dazu benötigst, umgibt dich bereits: die Natur. Beziehst du die natürliche Umgebung in deine Lebensgestaltung ein, wirst du nicht nur dein persönliches Wohlbefinden steigern und widerstandsfähiger werden, sondern du wirst dich gleichzeitig automatisch auf das besinnen, was wichtig ist, nämlich Mutter Natur als der Ursprung der Menschheit, den es zu bewahren gilt.

Die Natur zu betrachten, ist entspannend

Es reicht der Blick aus dem Fenster auf Grünflächen oder das Betrachten eines Fotos, auf dem die Natur zu sehen ist, um den Menschen zu entspannen und seine Gesundheit zu fördern. Das liegt an dem Phänomen, was Forscher „beliebig skalierbar“ nennen: Betrachten wir die Natur, ist es egal, wie weit wir heran- oder herauszoomen, denn es ist immer die gleiche Anzahl von Details in Form von Blättern oder einzelnen Zweigen eines Baumes erkennbar. Für die Verarbeitung dieser Daten benötigt das menschliche Gehirn äußerst wenig neuronale Aktivität, also verschiedene Gehirnfunktionen, was die Betrachtung der Natur sehr leicht macht. Andere unnatürliche Bilder hingegen fordern das Gehirn so stark, dass wir schnell erschöpft sind. Dazu zählen zum Beispiel

- Gebäude,
- Treppen,
- Gänge,
- Straßen oder
- ein Text.

Hier zeigen sich, selbst bei größerer Vergrößerung, kaum noch Details – das Bild ist also weniger skalierbar und damit unangenehm zu betrachten.

Die Geräusche der Natur reduzieren Stress

Selbst nach einer Aufregung erholt und entspannt sich der Mensch schneller wieder, wenn er sich natürlichen Geräuschen aussetzt. Dies kann zum Beispiel das Plätschern eines Baches, das fröhliche Zwitschern der Vögel oder das Rauschen der Blätter sein. Diese wirken sogar Depressionen entgegen, reduzieren Schmerzen, lassen den Puls und den Blutdruck abnehmen, heben die Laune und verbessern die kognitiven Fähigkeiten. Das sogenannte Waldbaden ist eine wundervolle Möglichkeit, um von diesen Vorteilen zu profitieren. Dabei klingt es komplexer, als es eigentlich ist, denn hinter der Bezeichnung verbirgt sich ein besonders achtsamer Spaziergang durch einen Wald. Nimm dir einmal bewusst Zeit für ausgiebiges Schlendern zwischen den Bäumen hindurch und achte auf jedes noch so kleine Detail. Was kannst du alles mit deinem Hörsinn wahrnehmen? Lass dich von der Natur und ihren Melodien verzaubern, indem du dein Gehör den Gesängen der Vögel, dem Rascheln des Laubes und dem Wind zwischen den Baumkronen schenkst.

Die Farben der Natur beruhigen

Grün als Hauptfarbe in der Natur besitzt eine Wellenlänge, die seine Betrachtung für das menschliche Auge sehr mühelos macht, weshalb es so entspannend und beruhigend auf uns wirkt. Der grünen Farbe wird zudem nachgesagt, die Angst vor Versagen zu lindern, ausgleichend zu wirken und die Kreativität zu verbessern.

Dopamin in der Natur

Dopamin ist ein körpereigener Botenstoff, der Glücksgefühle, Motivation und freudige Erregung verursacht. Es ist essenziell für ein selbstwirksames und erfülltes Leben, das von Lernen und persönlichem Wachstum angereichert ist. Während innerhalb der modernen Zivilisation die Ausschüttung von Dopamin künstlich durch Computerspiele, schnell zugängliche Informationen, Erotik oder Werbesports bewirkt wird, was nur leider den Nachteil hat, dass der Auslösereiz abgenutzt wird, birgt auch die Natur Dopamin-Erfahrungen. Du entdeckst eine kleine Himbeere am Waldrand, du siehst eine sich öffnende Blüte, du erblickst eine unauffällige Tierspur auf dem Boden oder erspähst den Vogel, dessen Gesang du bereits seit einigen Minuten lauschst. Diese sind im Gegensatz zu menschlich gemachten Dopamin-Momenten von besonderer Qualität, da sie einzigartig sind, Wiederholungen nicht kontrollierbar sind, Geduld erfordern und uns im Vergleich zu menschengemachten Dopamin-Erfahrungen nicht überreizen. Dadurch schüttet unser Körper genau die richtige Menge des Glücksstoffes aus, die mit unserem Organismus vereinbar ist und der derzeitigen Verfassung von Körper, Geist und Seele entspricht.

Fernab von Konkurrenz, Karriere und Konventionen

Die Natur öffnet für jeden von uns zu jeder Zeit bereitwillig ihre Arme und begrüßt uns bedingungslos. Sie stellt keine Anforderungen oder Erwartungen an dich. Du musst niemand Bestimmtes sein und dich nicht auf eine bestimmte Art verhalten oder etwas Bestimmtes sagen, um deinen Stress an die Natur abgeben zu dürfen. All das, was dich in der Gesellschaft belastet, darf für wenige Augenblicke einfach beiseitegelassen werden. Du kannst dich so besser selbst annehmen und wieder zurück in den Kontakt mit dir selbst und deinen Ursprung gelangen. Zieh dir einmal deine Schuhe und Socken aus und stelle dich mit deinen nackten Füßen auf die natürliche Erde. Schließe die Augen und nimm diese Befreiung wahr, die sich in dir ausbreitet. Nimm mit jedem Einatmen das Geschenk der Natur an und ziehe Energie über deine Fußsohlen in deinen gesamten Körper. Mit dem

Ausatmen lässt du alles, was dich heute herunterzieht und dich daran hindert, glücklich und erfüllt zu sein, über die Fußsohlen aus dir herausströmen. So erdest du dich und findest zurück zu deinem Ursprung. Visualisiere, wie energetische Wurzeln aus deinen Fußsohlen in die Erde dringen und dich tief verankern. Du bist sicher. Nichts kann dich umwerfen. Trage dieses Gefühl mit in deinen Alltag und wiederhole die Technik, wenn du dich nach den wohligen Empfindungen der Erdung sehnst.

Die Natur stärkt dein Selbstmitgefühl

Selbstmitgefühl, das eine Kernkompetenz der Resilienz darstellt, kann durch die Verbindung mit der Natur unterstützt werden. Die natürliche Umwelt lehrt dich nämlich, dass Perfektion nicht notwendig ist, wenn es um Vollkommenheit geht. Ob Tiere oder Pflanzen, viele Dinge entsprechen nicht dem Schönheitsideal und sind dennoch vollkommen und genau richtig, wie sie sind. Hier und da ein welkes Blatt, eine Eidechse ohne Schwanz oder ein Loch im Spinnennetz. Wenn du in diesen Dingen die Schönheit und Bedeutung erkennen kannst, kannst du dies auch in deinen eigenen Schwächen und Mängeln sehen. Auch, wenn du nicht perfekt bist, so bist du genau richtig, wie du bist.

Sich selbst als ein Teil von etwas Größerem erleben

In der Natur können wir uns selbst als Baustein eines größeren Netzwerkes erfahren. Während wir uns innerhalb des alltäglichen gesellschaftlichen Lebens in erster Linie um uns selbst, *unsere* Karriere, *unsere* Familie, *unser* Einkommen und *unsere* Sorgen kümmern, richten wir, während wir in der Natur sind, den Blick auf das, was sich *außerhalb* von uns befindet. Diese Veränderung der Aufmerksamkeit reduziert Depressionen, weil sich der Mensch weniger auf sich selbst und seine Probleme fokussiert. Wir begreifen die Natur als etwas Größeres, was uns hervorgebracht hat. In Demut verneigen wir uns vor den gewaltigen Kräften, die solche Perfektion wie ein einfacher Baum, ein Fisch oder perfekt harmonierende Ökosysteme hervorgebracht haben. Plötzlich gibt es da etwas, das es sich zu beschützen und zu bewahren lohnt, weil es uns in einer so unbeständigen und schnelllebigen Welt, wie es die moderne Zivilisation ist, echten Halt gibt.

Meditation

Audiodatei 2
Meditation ‚Ein Teil von etwas Größerem'

Schließe deine Augen und stelle dir vor, du könntest dich selbst als Außenstehender betrachten, während du dasitzt und meditierst. Du kannst dich selbst von außen in dem Raum wahrnehmen, in dem sich dein Körper befindet. Visualisiere nun, wie du langsam immer höher aufsteigst, als würdest du in einem Heißluftballon sitzen, unter dem die Erde mit jedem gewonnenen Höhenmeter immer kleiner wird. Zunächst kannst du dich selbst da unten noch meditieren sehen, doch dein Körper wird immer kleiner und immer kleiner, bis du als winziger Punkt verschwindest. Du steigst immer höher in den Himmel auf, bis selbst der Planet Erde von den anderen Sternen in der Galaxie nicht mehr zu unterscheiden ist. Du befindest dich in den Weiten des Universums und begreifst dich plötzlich als einen Teil von all diesem. Es gibt etwas Größeres hinter deiner Existenz, das alles Leben im Universum miteinander vereint. Nun erscheinen dir deine Sorgen und Ängste gar nicht mehr so unbezwingbar und überwältigend. Wann immer du das Gefühl hast, dass dein Leben dich zu sehr einnimmt oder dass du in deinen Problemen zu ertrinken scheinst, komme zu dieser Visualisierung zurück und tanke Kraft in dem Gewissen, dass es etwas Größeres hinter all dem gibt. Schenke dir selbst und der Welt Liebe, zum Beispiel in Form einer goldenen Lichtkugel, die du gedanklich über dem gesamten Universum ausbreitest. Dieses wundervolle Gefühl wird sich auch auf dein persönliches Leben positiv auswirken.

LEBENSLANGES LERNEN UND PERSÖNLICHE ENTWICKLUNG

Der Weg ist das Ziel

Nun, zum Ende dieses Buches, soll noch einmal verdeutlicht werden, dass Resilienz eine Fähigkeit ist, die das ganze Leben lang wachsen und gedeihen wird. Alles, was der Mensch neu erlernt, liegt einem Prozess zugrunde, der das gesamte Leben anhält. Auch, wenn immer davon gesprochen wird, sich Ziele zu stecken und Wünsche zu erreichen, geht es in erster Linie tatsächlich nie um das Endergebnis, sondern vielmehr um den Weg dorthin. Wenn wirklich nur das wichtig wäre, was am Ende einer jeden Tätigkeit herauskommen soll, hätte der Mensch rein gar nichts hinzugelernt. Er wäre noch genauso klug wie vorher, mit dem Unterschied, dass sein Ziel erreicht wurde.

Von Fischen und Fischern

Für den Fall, dass du dich nun fragst, „Aber was ist das Schlimme daran, dass der Wunsch erfüllt wurde, und das sogar ganz ohne Aufwand?“, stell dir einmal folgendes Szenario vor: Du gibst einem armen und hungrigen Mann einen Fisch, damit er etwas zu essen hat. Das ist eine wirklich edle Geste von dir, ohne Frage, denn der Mann hat sich nichts sehnlicher gewünscht, als heute Abend satt ins Bett zu gehen. Das Problem daran ist nur leider, dass der Mann schon morgen wieder hungrig sein und er exakt denselben Wunsch äußern wird. Er hat durch deine gütige Gabe nichts hinzugelernt, weil ihm sein sehnlichstes Bedürfnis wie auf einem Silbertablett präsentiert wurde, und zwar ohne auch nur einen einzigen Finger krumm machen zu müssen.

Was wäre, wenn du dem armen und hungrigen Mann stattdessen beibringst, zu fischen, damit er sich seinen Wunsch nach einem vollen Bauch ganz aus eigener Kraft erfüllen kann? Mit dieser Geste würdest du ihm das Geschenk des Lernens machen und das Erleben des Prozesses auf dem Weg zu seinem Ziel zeigen. Du würdest dem Mann damit ermöglichen, sich selbst helfen zu können, sodass er nicht nur heute Abend glücklich und satt einschlafen wird, sondern auch an all den Tagen, die noch kommen werden. Seine neu erlernten Fähigkeiten wären eine echte Bereicherung und würden sein Leben um einiges verbessern.

Bei diesem Beispiel wird deutlich, welche Bedeutung es hat, dass der Mensch am Prozess der Zielerreichung und Bedürfnisbefriedigung beteiligt ist. Wenn dir einfach so 1 Million Euro geschenkt werden würde, ohne, dass du dafür etwas tun musstest, wird diese gewaltige Summe deutlich weniger Bedeutung für dich haben, als hättest du sie mit deinem ganzen Einsatz und deiner vollen Hingabe selbst verdient. Mach dir bewusst, dass erst der Weg hin zur Million, mit all den Krisen, die du überstehen musstest, mit all den Herausforderungen, die du bewältigen konntest, und all den Dingen, die du gelernt hast, das Endergebnis – die siebenstellige Summe auf deinem Konto – zu etwas Besonderem macht.

Genauso verhält es sich in sämtlichen Lebensbereichen. Herausforderungen, Konflikte, Traumata und Schicksalsschläge werden jedem Menschen geschehen, unabhängig von Faktoren wie Alter, Herkunft, Einkommen oder Familienstand. Auch du hast das vermutlich bereits erlebt und du wirst auch wieder Dinge erleben, die dich in deinem gesamten Wesen körperlich wie geistig fordern. Du wirst Situationen erleben, in denen du daran zweifelst, ob du fähig dazu bist, das Problem zu lösen. Und du wirst Momente haben, in denen du dich fragst, wozu dieser ganze Schweiß, die Tränen, das Leid und der Schmerz es wert sind. Dies sind die Geburtsstunden und die Prüfsteine von selbstgesteckten Zielen und Visionen. Bist du in der Lage, trotz auftretender Schwierigkeiten resilient zu bleiben, oder gibst du einfach auf? Die psychische Widerstandsfähigkeit steht dir in genau diesen Lebensphasen zur Seite. Sie stärkt dir den Rücken, wenn du unter der Last zusammenzubrechen drohst. Sie richtet dich wieder auf, wenn du dich von den Herausforderungen des Lebens hast umwerfen lassen. Sie fokussiert deinen Blick, wenn du dein Ziel doch einmal aus den Augen verloren hast. Die Resilienz ist das, was dir ein lebenslanges Lernen und persönliches Wachstum ermöglicht.

Krisen und Schicksalsschläge können sich grausam anfühlen, insbesondere dann, wenn sie uns völlig überraschend treffen. Und doch gehören sie genauso zum menschlichen Dasein dazu wie das Glück und die Erfüllung. Ja, du hast richtig gehört: Alles unterliegt ständigen Veränderungen, weshalb niemals ein bestimmter Zustand von Dauer sein kann. Niemand ist immerzu glücklich oder fröhlich, gesund oder erfüllt. Diese Empfindungen befinden sich in einem universellen Tanz mit Freude, Angst und Hoffnung, Leid, Humor und Trauer. Ohne diese ständige Veränderung könnten wir gar nicht die einzelnen Gefühle voneinander unterscheiden und zu schätzen lernen. Stell dir vor, du könntest niemals unglücklich sein, sondern wärst zu jeder Sekunde einfach nur fröhlich – hätte dieses Glück noch eine Bedeutung für dich?

Diese Frage führt uns zu weiteren Überlegungen: Wie wichtig sind Krisen und Herausforderungen tatsächlich für die Existenz des Menschen? Wie sehr bestimmen Lebensphasen, in denen einem Individuum Resilienz abverlangt wird, das persönliche Glück? Wäre ein Leben ohne Schicksalsschläge und Probleme vielleicht sogar gar nicht mehr lebenswert? Du wirst hiermit dazu ermuntert, dir deine eigenen Gedanken zu diesen Fragen zu machen. Vielleicht findest du Antworten, die dich weiterbringen.

Höchstwahrscheinlich werden wir uns darauf einigen können, dass Herausforderungen und Krisen zu jedem Leben einfach dazugehören und ihren Sinn haben – sonst gäbe es sie ja schließlich nicht. Sie sind also unvermeidlich, doch das, was deiner persönlichen Kontrolle unterliegt, ist die Art und Weise, wie du damit umgehst. Eine Schwierigkeit kann sich zu einer gewaltigen Belastung entwickeln, die dich unter ihrem Gewicht zu erdrücken scheint. Doch sie kann sich auch als eine Chance entpuppen.

Denke noch einmal an den armen und hungrigen Mann zurück. Seine Herausforderung besteht in der Beschaffung von Nahrung, die sein Überleben sichern soll. Sich jeden Tag einen Fisch zu erbetteln ist durchaus eine Möglichkeit, wie dieses Problem angegangen werden kann, doch es ist keine echte Lösung, weil das Problem dadurch nie voll und ganz verschwinden wird. Der Mann verschiebt es nur auf den kommenden Tag. Die Chance, die sich hinter der Herausforderung verbirgt und die der Mann erkennen muss, ist die des persönlichen Wachstums durch das Erlernen einer neuen Fähigkeit: das Fischen. Damit erhebt er sich aus der Opfermentalität, die ihm ins Ohr flüstern möchte, dass er ein „ach so armer und hilfloser Mann sei, dem nichts anderes übrigbleibt, als sich sein Essen zu erbetteln.“ Er steht vom Boden auf, schüttelt sich einmal, klopft sich den Staub von der Kleidung und überlegt, welche Lösung es noch geben könnte, um satt zu werden. Das ist echte Stärke. Das ist echte Resilienz.

Oder denk an das Beispiel mit den 1 Million Euro. Wenn du dich in der misslichen Lage eines finanziellen Bankrotts befindest, ist das durchaus eine Situation, die man als Krise bezeichnen kann. Doch mit der innewohnenden Resilienz weißt du, was zu tun ist: Du erkennst die Chance hinter dem Problem. Vielleicht denkst du dir, dass du eh nichts mehr zu verlieren hast, und willst es deswegen wagen, deinem Traum nachzugehen. Du entscheidest dich dazu, deine Leidenschaft in ein Unternehmen zu verwandeln. Du steckst dir ein großartiges Ziel und lässt dich damit nicht so einfach von den Launen des Lebens hin und her schubsen. Du bist der Schöpfer, du hast deinen Erfolg selbst in der Hand und du weißt dies auch. Natürlich darfst du Angst vor dem Scheitern haben und die Sorge, dass deine Idee keine Früchte tragen könnte, verspüren. Doch was dich von vielen Menschen ohne Resilienz unterscheidet, ist, dass du *trotzdem* handlungsfähig und selbstwirksam wirst. Und deine ganze Mühe, deine Tränen und dein Schweiß werden schließlich belohnt: Du hast dich von deinem finanziellen Bankrott erholt. Was du dabei auf dem Weg zu deinem Ziel gelernt hast, kann dir nun niemand mehr nehmen, und diese Fähigkeiten werden dir bis an dein Lebensende wie Werkzeuge in einem Resilienz-Werkzeugkoffer zur Verfügung stehen.

Möge dir das vorliegende Buch dabei helfen, selbst Krisen und Herausforderungen zu überstehen und sogar gestärkt daraus hervorzugehen. Die Resilienzschmiede hat dir 7 wertvolle Werkzeuge präsentiert, die dir ermöglichen, dein Leben in ein wundervolles Kunstwerk zu verwandeln. Es gibt nichts weiter zu sagen als diese eine letzte Botschaft: **Du bist der Schmied deines eigenen Glücks.**

Quellen und weiterführende Literatur

- Berndt, C. (2013). Resilienz: Das Geheimnis der psychischen Widerstandskraft. Was uns stark macht gegen Stress, Depressionen und Burnout.
- Bosley, I., & Kasten, E. (2018). Emotionale Intelligenz: Ein Ratgeber mit Übungsaufgaben für Kinder, Jugendliche und Erwachsene.
- Böhme, R. (2019). Resilienz: Die psychische Widerstandskraft.
- BZgA-Leitbegriffe: Risikofaktoren und Risikofaktorenmodell.
- Csikszentmihalyi, M. (2017). Flow. Das Geheimnis des Glücks. Klett-Cotta.
- Gruhl, M. (2022). Resilienz – die Strategie der Stehauf-Menschen: Krisen meistern mit innerer Widerstandskraft.
- Hert, I. (2022). SELBSTLIEBE: Das Geheimnis der verborgenen Liebe in uns "Selbstliebe"!
- Merk, S. (2023). Stressmanagement & Stressbewältigung - Das Praxisbuch: Wie Sie Stress gezielt abbauen und eine starke Stressresistenz aufbauen für mehr Gelassenheit und Leichtigkeit im Leben.
- Rosenberg, M. B. (2003). Gewaltfreie Kommunikation: Eine Sprache des Lebens. Junfermann Verlag.
- Seligman, M. (2005). Der Glücksfaktor. Warum Optimisten länger leben.
- Seligman, M. (2015). Flourish. Wie Menschen aufblühen. Die fünf Säulen des persönlichen Wohlbefindens.
- Sprakties, G. (2023). Spiritualität als Resilienzfaktor in Lebenskrisen: Viktor Frankls Geistbegriff und seine Bedeutung für Psychotherapie und Beratung.
- Winter, K. (2021). Empathie Ohne Stress: Wie Du Menschen Mit Deinem Mitgefühl Hilfst und Dich Vor Negativen Emotionen Schützt. Ein Praktischer Wegweiser Für Sensible Persönlichkeiten.